Thorsten Bohl

Prüfen und Bewerten im Offenen Unterricht

2. Auflage

Beltz Verlag · Weinheim und Basel

Thorsten Bohl, Jg. 1965, ist wissenschaftlicher Assistent am Institut für Erziehungswissenschaft der Eberhard-Karls-Universität Tübingen.

Alle Rechte, insbesondere das Recht der Vervielfältigung und Verbreitung sowie der Übersetzung, vorbehalten. Kein Teil des Werkes darf in irgendeiner Form (durch Fotokopie, Mikrofilm oder ein anderes Verfahren) ohne schriftliche Genehmigung des Verlages reproduziert oder unter Verwendung elektronischer Systeme verarbeitet, vervielfältigt oder verbreitet werden.

2., erweiterte Auflage 2004
Die 1. Auflage ist unter der ISBN 3-472-04729-1 im
Hermann Luchterhand Verlag GmbH, Neuwied/Kriftel, erschienen

© 2004 Beltz Verlag · Weinheim und Basel
www.beltz.de
Lektorat: Peter E. Kalb
Herstellung: Klaus Kaltenberg
Satz: Druckhaus »Thomas Müntzer«, Bad Langensalza
Druck: Druckhaus Beltz, Hemsbach
Umschlaggestaltung: Federico Luci, Odenthal
Umschlagabbildung: Bildagentur Mauritius GmbH, Mittenwald
Printed in Germany

ISBN 3-407-25298-8

Inhaltsverzeichnis

Vorwort des Herausgebers 9

Einleitung 11

1. Leitbilder des Offenen Unterrichts an Sekundarschulen 13

    Rahmenkonzeption des Offenen Unterrichts 13
    Selbstständiges Lernen und zielgerichtete Methodenvielfalt 17
    Erweiterter Lernbegriff 20
    Handlungskompetenz 20
    Lehrerleitbild und Professionalisierung des Lehrerberufs 24
    Pädagogischer Leistungsbegriff 26
    Zusammenfassung 29

2. Empirische Befunde zum Offenen Unterricht 31

    Zur Qualität Offenen Unterrichts 31
    Verbreitung Offener Unterrichtsformen im
        Unterrichtsalltag 35
    Offener Unterricht im Spiegel der Schulforschung 37
    Zusammenfassung 40

3. Begründung einer veränderten Bewertungspraxis 41

    Zum Verhältnis von Offenem Unterricht und
        Leistungsbewertung 41
    Ein erweiterter Lernbegriff benötigt veränderte
        Bewertungsformen 44
    Innovativ unterrichtende Lehrerinnen und Lehrer stärken 45
    Schülerinnen und Schüler vielfältig fördern 46
    Unterrichts- und Schulentwicklung konsequent fortsetzen 47
    Zum Verhältnis von Bewertung und pädagogischer
        Diagnostik 48
    Zusammenfassung 50

4. Leistungsbewertung bei ausgewählten Reformpädagogen ... 52

Vorbemerkungen ... 52
Leistungsbewertung bei Célestin Freinet ... 52
Leistungsbewertung in Helen Parkhursts »Dalton Plan« ... 54
Leistungsbewertung in der Jena-Plan Schule Peter Petersens ... 55
Zur Aktualisierung reformpädagogischer Bewertungsverfahren ... 56
Zusammenfassung ... 57

5. Diagnostische Grundlagen ... 58

Vorbemerkungen ... 58
Phasen des Beurteilungsverfahrens ... 58
Inferenz ... 61
Bezugsnorm ... 63
Fehlerquellen ... 66
Skalierungsformen ... 70
Zusammenfassung ... 72

6. Gütekriterien ... 73

Vorüberlegungen: Testtheoretische und qualitative Kriterien ... 73
Stützungssysteme und Konsensbildung innerhalb der Einzelschule ... 77
Prüfen und Bewerten als Teil einer pädagogischen Handlungseinheit ... 78
Beteiligungs-, Reflexions- und Rückmeldekultur ... 81
Der Kontext der einzelnen Bewertungskriterien ... 83
Fazit: Testtheoretische Gütekriterien qualitativ interpretiert ... 86
Zusammenfassung ... 87

7. Wesentliche Aspekte einer Bewertungskonzeption ... 89

Unterrichtsplanung ... 89
Beobachten und Bewerten ... 92
Zur Formulierung der Bewertungskriterien ... 95
Lernberatung ... 98
Zusammenfassung ... 103

8. Anwendungsbeispiele 104
    Bewertung bei Teamarbeit 104
    Bewertung einer Präsentation 107
    Bewertung bei Freiarbeit, Wochenplanarbeit und
        Stationenarbeit 111
    Bewertung im projektorientierten Unterricht 116
    Bewertung von Methoden- und Kommunikations-
        kompetenz 121
    Schülerselbstbewertung 124
    Schülermitbewertung 129

9. Zur Gestaltung von Zeugnissen 132
    Vorüberlegungen 132
    Am Ende der Unterrichtseinheit: Bewertungsbogen 133
    Am Ende des Schuljahres: Fachspezifische oder
        überfachliche Zeugnisbeilagen 134
    Aktuelle Prüfungs- und Zeugnisreformen in Deutschland 136
    Zusammenfassung 143

10. Entwicklungsperspektive: Portfolio 144
    Portfolio in der aktuellen Diskussion 144
    Merkmale 146
    Methodisch-didaktische Hinweise 149
    Bewertung von Portfolios 151
    Zusammenfassung 153

11. Schlussbemerkung 155

Literaturverzeichnis 157

Vorwort des Herausgebers

Endlich liegt das Buch zur Leistungsmessung und Leistungsbeurteilung im Offenen Unterricht vor. Damit konnte eine Lücke geschlossen werden, die von allen, die sich mit dieser Didaktik auseinander gesetzt haben, bisher als sehr nachteilig empfunden wurde. Sowohl Studierenden und Referendaren als auch langjährig tätigen Praktikern aller Schulformen des allgemein bildenden Schulwesens wird diese Publikation eine große Hilfe sein, um künftig auch Beurteilungsprozesse in Formen des Offenen Lehrens und Lernens sachverständig bewältigen zu können.

Die Bewegung des Offenen Unterrichts konnte sich in der zurückliegenden Dekade nicht nur auf einem qualitativ hohen Niveau in den Schulen etablieren, sondern hat sich ständig ausgeweitet. War Offener Unterricht einst hauptsächlich eine Domäne der Grundschule, so gilt dies schon lange nicht mehr. Ob Haupt- oder Realschule, Gesamtschule oder Gymnasium, Sonder- oder Berufsschule, überall werden inzwischen offene Arbeits- und Unterrichtsformen erfolgreich praktiziert, und vielfältige neue Lernkulturen sind entstanden. Allerdings tat sich sehr bald in der Schulpraxis trotz allen Engagements und aller Professionalität der Lehrerinnen und Lehrer ein großes Problem auf, das nicht ohne weiteres zu lösen war. Das traditionelle Instrumentarium der Leistungsbeurteilung passte nicht mehr. Deshalb entstand eine gleichermaßen für Schüler und Lehrer völlig unbefriedigende Situation. Auf der einen Seite prägten den Unterricht schüleraktive Lehr- und Lernarrangements mit einem hohen Anteil mit- und selbstbestimmter Informationsbeschaffung und -nutzung, und auf der anderen Seite standen für die Beurteilung der Lernfortschritte und der Lernprodukte bzw. für die rückmeldeorientierte Qualitätssicherung so gut wie keine weiterentwickelten Diagnoseverfahren zur Verfügung. Dies führte mitunter sogar dazu, den Anteil Offenen Unterrichts wieder zu reduzieren, um damit der bisher nicht gelösten Leistungsproblematik entgehen zu können. Weil die Entwicklung von grundlegenden Kompetenzen bei anspruchsvollen Leistungserwartungen zu den Kernaufgaben von Schule zählt und der Offene Unterricht zu deren Realisierung äußerst wirksam beitragen kann, war es deshalb unbedingt notwendig, über ein schulpraktisch bewährtes Instrumentarium der Leistungsmessung von Lernzuwächsen und Kompetenzveränderungen in schüleraktiven Lehr- und Lernarrangements verfügen zu können.

Dem Autor, Thorsten Bohl, ist es gelungen, ebenso kenntnisreich wie praxisbezogen die wichtigsten aktuellen Fragen und Qualitätsforderungen leistungsdiagnostischen Lehrer- und Schülerhandelns im Offenen Unterricht grundlegend zu bearbeiten. Damit verschafft er dem Leser einen fundierten Überblick über den wissenschaftlichen Sachstand und zeigt weiter auf, welche Konsequenzen daraus für eine auf neue Formen der Leistungsbeurteilung basierende Praxis zu ziehen sind. Außerdem macht die Verwendung der vielen Beispiele deutlich, wie erfolgreich die vorgeschlagenen Methoden die berechtigten Erwartungen der Praxis erfüllen können.

Ich bin davon überzeugt, dass mit der 2. Auflage nahtlos an den Erfolg der Startauflage angeschlossen werden kann. Zumal die Erweiterungen des vorliegenden Bandes um die *diagnostischen Grundlagen* wie vor allem das *Portfoliokonzept* zusätzlicher Anreiz sind, sich dieser ausgezeichneten Grundlagenlektüre zuzuwenden.

Bielefeld, im Oktober 2003 *Eiko Jürgens*

Einleitung

Der vorliegende Band thematisiert Verfahren der Leistungsbewertung im Offenen Unterricht. Leider lässt sich diese Thematik nicht unverzüglich angehen – der Begriff Offener Unterricht ist in erstaunlich großen Teilen der Lehrerschaft, besonders an Sekundarschulen, immer noch ein Reizwort: definitorisch unklar, politisch besetzt, dem Frontalunterricht gegenübergestellt, seine Effektivität bezweifelt, als nette spielerische Ergänzung zum ernsthaften (lehrer- und stoffzentrierten) und leistungsbezogenen Lernen deklassiert. Unumgänglich ist daher die Darstellung einer Rahmenkonzeption und wesentlicher Leitbilder des Offenen Unterrichts (Kap. 1), sowie eine Zusammenfassung empirischer Befunde der Unterrichts- und Schulforschung (Kap. 2). Auf dieser Grundlage erfolgt die Begründung einer veränderten Bewertungspraxis (Kap. 3). Während reformorientierter und Offener Unterricht vielfach über reformpädagogische Vorläuferinnen und Vorläufer legitimiert wird (Célestin Freinet, Helen Parkhurst, Peter Petersen u.a.), ist die Rezeption von reformpädagogischen *Bewertungsverfahren* bisher vernachlässigt worden, dieses Thema wird daher näher beleuchtet (Kap. 4). Diagnostische Grundlagen scheinen Lehrkräften auch für traditionelle Bewertungsformen nur wenig bekannt zu sein und werden im schulischen Alltag kaum berücksichtigt. Daher enthält diese zweite Auflage ein eigenes Kapitel zu diagnostischen Grundlagen (Kap. 5). In den weiteren Kapiteln werden Verfahren des Prüfens und Bewertens konkretisiert: Gütekriterien (Kap. 6), wesentliche Planungs- und Anwendungsaspekte (Kap. 7) und mehrere Beispiele (Kap. 8) werden vorgestellt. Die Beispiele beziehen sich auf gängige Varianten Offenen Unterrichts (z.B. Freiarbeit, projektorientierter Unterricht) und berücksichtigen weitere, damit einhergehende Bewertungsverfahren (z.B. Bewertung von Präsentationen, Schülerselbstbewertung). Im Kapitel 9 stelle ich Möglichkeiten der Zeugnisgestaltung und aktuelle Reformen in deutschen Bundesländern vor – hier werden unterschiedliche Entwicklungsrichtungen deutlich. Kapitel 10 befasst sich ausführlicher als in der ersten Auflage mit Portfolio, ein aktuelles Reformthema im deutschsprachigen Raum.

Überblick

Den Ausführungen liegt folgende Prämisse zu Grunde: Offener Unterricht, reformpädagogisch und empirisch begründet, ist selbstverständlicher Teil eines zeitgemäßen und unterrichtsmethodisch vielfälti-

Prämisse

gen Handlungsrepertoires von Lehrkräften – und: Jede Lehrkraft sollte potenziell in der Lage sein, für jede Unterrichtskonzeption eine adäquate Bewertungskonzeption zu entwickeln und sie situationsangemessen anzuwenden. Damit ist angedeutet, was sich als roter Faden durch den gesamten Band zieht: Zwischen einer fundierten Bewertung und einem anspruchsvollen Unterricht besteht ein enges Passungsverhältnis.

Erweiterte 2. Auflage

Der vorliegende Band wurde gegenüber der ersten Auflage erheblich überarbeitet und erweitert. Er enthält zwei neue Kapitel (diagnostische Grundlagen, Portfolio), sowie zahlreiche Aktualisierungen (z.B. zu Zeugnisreformen in Deutschland). In die Überarbeitung fließen mehrjährige Fortbildungserfahrungen mit Lehrkräften und Schulen im deutschsprachigen Raum ein. Nur an wenigen Stellen (z.B. zum Kompetenzbegriff oder zu den Chancen über Portfolio die Reflexions- und Schreibfähigkeit der leseschwachen Schülerinnen und Schüler zu verbessern) erscheint mir eine Veränderung auf Grund der deutschen PISA-Diskussion notwendig.

Thorsten Bohl

1. Leitbilder des Offenen Unterrichts an Sekundarschulen

Rahmenkonzeption des Offenen Unterrichts

Seit ungefähr 30 Jahren wird Offener Unterricht in Deutschland thematisiert. Sieht man von den vielfach benannten historischen Vorläuferinnen und Vorläufer ab, etwa aus der so genannten Reformpädagogik, so kann die Rezeption angloamerikanischer Entwicklungen als ein erster konkreter Ansatzpunkt angesehen werden, beispielsweise über den Beitrag von H. Kasper (Kasper 1967, 474ff.) über den englischen Plowden-Report. Die Thematik wurde bereits 1970 bildungspolitisch aufgegriffen: Der Strukturplan des Deutschen Bildungsrats und die Empfehlungen der Kultusministerkonferenz wiesen auf Binnendifferenzierung und Stunden freier Arbeit hin. Eine Vielzahl von Publikationen folgte bis heute. Der Offene Unterricht kann im Grundschulbereich auf eine längere Tradition verweisen als im Sekundarschulbereich, bis hin zu einer stärkeren Verankerung in Bildungsplänen und im Unterrichtsalltag.

Offener Unterricht in Deutschland

An Sekundarschulen wurde diese Entwicklung erst allmählich aufgegriffen, intensiviert durch sekundarstufenspezifische Publikationen zum Offenen Unterricht in den 80er- und 90er-Jahren (z.B. Hänsel/Müller 1988; Landesinstitut für Schule und Weiterbildung NRW 1993; Groß 1992; Mayer 1993; Sehrbrock 1993; Akademie für Lehrerfortbildung Dillingen 1994; Vaupel 1994; Krieger 1994; Jürgens 1994). Auf einen ersten Blick kann daher in Theorie und Praxis von einer stetig zunehmenden Bedeutung Offenen Unterrichts ausgegangen werden.

Bereits eine der frühesten deutschen Monografien zum Offenen Unterricht (Kunert 1978) weist eine intensive Diskussion des Begriffs auch außerhalb von Deutschland nach und beschreibt eine Vielzahl von Definitionen, Merkmalen und Theorieansätzen. Fast 25 Jahre später könnte diese Auflistung problemlos ergänzt werden. Auch Theoriebildung und methodisch-didaktische Ausarbeitung müssen nach wie vor als lückenhaft bezeichnet werden. Dies ist einerseits eine unbefriedigende Situation, weil Missverständnissen und Beliebigkeit Vorschub geleistet wird, andererseits ist es ein immanenter Wesenszug von Offenheit, sich gegen einengende Definitionen zur Wehr zu setzen. Eine einheitliche Definition, die etwa in der Lehrerbildung eine klare Orientierung bieten würde, ist bisher nicht erkennbar, trotz zahlreicher Vorschläge, etwa

Definitionen

- Wulf Wallrabensteins zehn Qualitätskriterien Offenen Unterrichts (1991, S. 170f.);
- Hans Brügelmanns Vorschlag einer Öffnung in personaler, institutioneller, methodisch-organisatorischer, inhaltlicher sowie politisch-persönlicher Öffnung (1996);
- Rainer Winkels nach wie vor trefflicher Vorschlag des beweglichen statt Offenen Unterrichts (1993, S. 12–14).

Etwas präziser ist das Begriffsverständnis bei einzelnen Unterrichtskonzepten: Freiarbeit, Wochenplanarbeit oder projektorientierter Unterricht weisen sowohl übereinstimmende als auch abgrenzbare Merkmale auf. In der schulischen Praxis ist das Begriffsverständnis wiederum deutlich uneinheitlicher: Das Spektrum variiert bei Freiarbeit etwa von fachspezifischen Arbeitsblättern bis zu äußerst differenziert vorbereiteter Lernumgebung, anspruchsvollen Lernmaterialen und einer langfristigen Unterrichtskonzeption.

Rahmenkonzeption statt Definition

Jürgens (1994, S. 26) hat auf Grund der schwierigen Sachlage versucht, über eine vergleichende Analyse unterschiedlicher Definitionen weitgehend übereinstimmende Merkmale Offenen Unterrichts herauszuarbeiten. Daraus entsteht eine *Rahmenkonzeption* Offenen Unterrichts, die keine enge Definition beschreibt, sondern vielfältige Zugänge und Realisierungsmöglichkeiten zulässt.

Eine derartige Rahmenkonzeption erscheint aus weiteren Gründen sinnvoll. Die Ausweitung *einzelner* offener Methoden in ihrer recht scharfen Abgrenzung zu weiteren Methoden (v.a. Frontalunterricht) scheint wenig Erfolg versprechend. Stattdessen gerät die *Gesamtchoreografie* des Unterrichts in den Vordergrund, die sich durch einen konzeptionell fundierten Wechsel eher offener und eher geschlossener Phasen auszeichnet und langfristig eine konsequente Ausweitung selbstständigen Lernens anstrebt. Eine derart veränderte Lernkultur ist auf anspruchsvolles Lernen in allen Bereichen des erweiterten Lernbegriffs angewiesen, wodurch wiederum motivationale und volitionale Elemente des Lernens stärker hervortreten (Weinert 1998, S. 33). Selbstständiges Lernen wird zudem nicht zwingend dadurch erreicht, dass Lernende unmittelbar selbstständig agieren, vielmehr sind Differenzierung (Welche Schülerinnen und Schüler sind eher in der Lage selbstständig zu lernen?) und detaillierte Vorbereitung (Welche methodischen Fähigkeiten sind Voraussetzung und werden auch entsprechend eingeübt und eingefordert?) notwendig. Offene Methoden sind hier zuweilen erstaunlich undifferenziert, z.B. wenn im Rahmen von Freiarbeit die gesamte Lerngruppe zeitgleich denselben Grad an Freiraum erhält.

Gesamtchoreografie des Unterrichts

Eine enge Definition Offenen Unterrichts birgt daher die Gefahr, sich – in Erfüllung strenger Ansprüche – nur in einem partiellen Segment der gesamten Unterrichtsentwicklung zu engagieren und damit den Großteil und Kernbestand des schulischen Unterrichts unverändert zu belassen. Damit wäre eine konsequente Unterrichtsentwicklung kaum erreichbar und Offener Unterricht ein eher isoliertes Reformelement.

Die in Abbildung 1 (S. 16) vorgeschlagene Rahmenkonzeption erweitert den Vorschlag von Jürgens (1994, S. 26).

Offener Unterricht kann nicht auf große Entwürfe begrenzt bleiben, sondern beinhaltet ebenso eine *Offenheit im Detail*, etwa bei der Formulierung fachspezifischer Aufgaben. Eine organisatorische Offenheit (z.B. völlig freie Wahl des Materials) bei gleichzeitiger Geschlossenheit der Aufgaben (z.B. »Fülle die fehlenden Wörter aus.«) schöpft die Differenzierungs- und Entwicklungspotenziale des Offenen Unterrichts nicht aus. Dies ist jedoch nicht ungewöhnlich, weil zahlreiche Arbeitsmaterialen (z.B. für Freiarbeit) als Übungs- und Vertiefungsangebote, seltener jedoch als anspruchsvolle, problemorientierte Aufgaben konzipiert sind. Derartige offene Aufgaben ermöglichen beispielsweise Lösungsmöglichkeiten für stärkere (z.B. einen eigenen Aufgabenteil schreiben) und schwächere (z.B. Lösungswege anbieten) Schülerinnen und Schüler, fordern sachbezogene Interaktion (z.B. argumentative Einschätzung von Lösungswegen anderer), sind kreativ angelegt (z.B. Lösung vorgeben und passende Aufgabe suchen), ermöglichen Reflexion über die gestellte Aufgabe (z.B. Realitätsbezug), fordern explizit Veränderungen der Aufgaben (z.B. zusätzliche Informationen) – um nur eine Möglichkeit zu nennen.

Offenheit im Detail

Ein interessantes Modell schlagen Urs Ruf und Peter Gallin im Rahmen ihrer dialogischen Didaktik vor (1999a, 1999b). Aufgaben sind in ihrem Modell so konzipiert, dass sie sowohl für leistungsschwächere Schülerinnen und Schüler Arbeits- und Lösungsmöglichkeiten bieten, als auch in anspruchsvolle Folgeaufgaben überführt werden können – und gleichzeitig prozessorientierten (permanente schriftliche Reflexion über den Lösungsweg) und dialogischen (sachbezogene Rückmeldung zwischen Lernenden) Prinzipien folgen.

Ein weiteres wichtiges Element der Rahmenkonzeption ist die Frage, inwiefern der Offene Unterricht Teil eines gemeinsamen Unterrichts- und Schulentwicklungsprozesses einer Einzelschule ist. Sofern einzelne Offene Unterrichtskonzepte lediglich isoliert von einigen wenigen, besonders engagierten und reformfreudigen Lehrkräften realisiert werden (und dies zusätzlich auf untere Klassenstufen begrenzt bleibt) können wesentliche Kompetenzen kaum über einen längeren Zeitraum hinweg stabil vermittelt werden. In dieser Perspektive ist Offener Unterricht eng mit dem Schulentwicklungsprozess der Einzelschule verbunden.

Offener Unterricht und Schulentwicklung

Die Realisierung Offenen Unterrichts an staatlichen Sekundarschulen unterliegt anderen Wirkungsfaktoren als an Grundschulen oder an Ver-

Abb. 1:
Rahmenkonzeption Offenen Unterrichts

Schülerhandlungen	• Zunehmendes Maß an selbstständigem Lernen. • Zunehmendes Maß an Selbst- bzw. Mitbestimmung.
Lehrerhandlungen	• Zulassung von Handlungsspielräumen und Förderung von (spontanen) Schüleraktivitäten. • Relativierung des Planungsmonopols – weitestgehend Beteiligung der Schülerinnen und Schüler. • Systematische Vorbereitung der Schüler/innen mit dem Ziel, den Grad der Selbstständigkeit sukzessiv zu erhöhen. • Konzeptionell begründeter und zielorientierter Einsatz verschiedener Unterrichtsmethoden.
Methodische Grundprinzipien	• Übendes, vertiefendes, erarbeitendes – zunehmend entdeckendes, problemlösendes, handlungsorientiertes, selbstverantwortetes, selbstständiges und kooperatives Lernen.
Aufgaben	• Im Detail durchdachte und motivierende Aufgaben (z.B. bewusste Unterscheidung von Aufgabenniveaus), offene Aufgaben.
Lern- und Unterrichtsformen	• Freiarbeit, Wochenplanarbeit, Projektorientierter Unterricht, Stationenarbeit, kooperative Lernformen, Werkstattunterricht • Insgesamt: zielgerichtete, konzeptionelle Verbindung einzelner Unterrichtsformen
Lernumgebung und -material	• Strukturierte, ästhetische, anregende Lernumgebung. • Das Material eröffnet vielfältige Lernchancen unterschiedlichen Niveaus.
Leistungsbegriff	• Vielfältiges, pädagogisch motiviertes Leistungsverständnis. • Hohes Maß an Verbindlichkeit: hohes Anspruchsniveau, klare Erwartungen, differenzierte Förderung, Beratung, Beurteilung und Kontrolle, Veröffentlichung von Leistungen.
Leistungsbeurteilung	• Möglichkeiten der Schülerselbst- und mitbewertung, der sachimmanenten Kontrolle. • Förderdiagnostisch orientierte und differenzierte Rückmeldeverfahren. • Vielfältige Beurteilungsformen. • Weiterentwicklung von Zeugnissen.
Unterrichts- und Schulentwicklung	• Weiterentwicklung des Methodenrepertoires der Lernenden (und Lehrkräfte) in mittel- bis langfristiger Perspektive. • Bereitstellung der notwendigen schulischen Räumlichkeiten (Arbeitsecken, Schülerbibliotheken, Gruppenräume). • Einbindung offener Lernphasen in eine Gesamtkonzeption des Unterrichts. • Bereitstellung von Möglichkeiten der Informationsbeschaffung, -verarbeitung, -präsentation. • Absprache, gemeinsames und ggf. einheitliches Vorgehen der beteiligten Lehrkräfte (z.B. Methodentraining, Verfahren der Leistungsbeurteilung, Lernberatung). • Einbindung Offener Unterrichtsformen in Schulprogramme und Vereinbarungen innerhalb der Einzelschule.

suchsschulen. Beispielsweise sind methodische Grundprinzipien wie Handlungsorientierung oder Schülerorientierung in höheren Klassenstufen bei zunehmender Lehrstoffzentrierung und Vorbereitung auf (individuelle, kognitiv-orientierte) Abschlussprüfungen im Unterrichtsalltag nur noch schwer einlösbar. Das Selbstverständnis mancher Lehrkräfte an Sekundarschulen, insbesondere an Gymnasien, ist immer noch stark fachwissenschaftlich und fachspezifisch ausgeprägt (Terhart 1994, S. 119 und S. 207). Eine lehrerzentrierte Stoffvermittlung erfährt innerhalb von Lehrerkollegien durchaus eine hohe Akzeptanz. Maßstab für die Qualität des Unterrichts sind häufig die Durchschnittsnoten der (Abschluss-)Klassen und nicht eine unterrichtsmethodische Vielfalt oder die Realisierung eines Offenen Unterrichts. Der hohe Stellenwert Offenen Unterrichts in der schulpädagogischen und fachdidaktischen Literatur verzerrt daher das Bild. Eine zusätzliche Problematik entsteht auf Grund des Systems der Fachlehrkräfte an Sekundarschulen: Absprachen und Kooperationen werden erheblich erschwert. Hier ist das Prinzip vom Klassenlehrer, der mehrere Fächer an einer Klasse unterrichtet, weniger ausgeprägt als z.B. an Grundschulen.

Die Einführung und konsequente Weiterentwicklung Offenen Unterrichts an staatlichen Sekundarschulen erfordert die Überwindung der parzellierenden Fachbezüge und Fächerstrukturierung. Besonders dann, wenn die Thematik des Prüfens und Bewertens hinzukommt. Der Begriff des Offenen Unterrichts muss daher sekundarstufenspezifisch diskutiert werden.

Überwindung parzellierter Strukturen an Sekundarschulen

Selbstständiges Lernen und zielgerichtete Methodenvielfalt

Eine Schülerin, die selbstständig lernen kann, ist in der Lage, sich selbst Ziele zu setzen, zur Zielerreichung angemessene Verfahren auszuwählen und anzuwenden und diese im Laufe des Prozesses zu überprüfen und gegebenenfalls zu verändern. Die Schülerin hält auch einen längeren Arbeitsprozess konzentriert durch, sie ist in der Lage zu kooperieren und gegebenenfalls aktiv und gezielt Beratung aufzusuchen. Es bedarf also kognitiver, strategischer, reflexiver, methodischer und sozialer Kompetenzen. Selbstständiges Lernen ist damit ein anspruchsvolles und vielschichtiges Ziel.

Was heißt »selbstständiges Lernen«?

Selbstständiges Lernen wird über Anleitung und Unterstützung, über eine geeignete Lernumgebung und über optimale Passung an die Lernvoraussetzungen entwickelt und gestützt. Offene Unterrichtsformen, integriert in eine zielgerichtete Methodenvielfalt, sind hierzu gut geeignet. Sie bieten eine konzeptionell begründete Plattform auf der differenzierte Arrangements bereitgestellt werden können, beispielsweise die Möglichkeit über einen längeren Zeitraum hinweg in stabilen Lernumgebungen (z.B. in Freiarbeit) den Grad des selbstständigen Lernens zu variieren und zu differenzieren (z.B. mittels Erhöhung der Aufgabenkomplexität, mittels selbstständiger Zielsetzung und -bewertung).

Von der Konzeption zur Unterrichtsplanung

Grundlegend ist in jedem Fall eine Konzeption: Was soll mit allen Beteiligten in diesem Schuljahr erreicht werden? Welche Phasen und Zwischenschritte sind notwendig? Dieser Gedanke kann bis zur konkreten Unterrichtsplanung fortgesetzt werden. Neben dem klassischen Stoffverteilungsplan ist ein differenzierter Jahresarbeitsplan sinnvoll, der über ein Schuljahr hinweg den Einsatz unterschiedlicher Arrangements (z.B. Methodentage, Projektunterricht, Freiarbeit u.a.) und Schulereignisse (z.B. Ausflüge, Schullandheim) organisiert (vgl. Schubert 1998, S. 35ff.; Bohl 1998) *und* sie mit (fach-)spezifischen Inhalten verbindet. Wird diese Planungsarbeit vernachlässigt, so besteht die Gefahr, dass eine zielgerichtete Methodenvielfalt und die damit erhofften Lernerfolge der parzellierenden Wirkung des Unterrichts- und Schulalltags zum Opfer fallen.

Selbstständiges Lernen muss schrittweise eingeübt werden. Dabei ist ein Zusammenspiel verschiedener Unterrichtsmethoden notwendig:

Selbstständiges Lernen einüben – Beispiele

- Im lehrerzentrierten Fachunterricht können Mikromethoden vorbereitet werden.
- Gruppenarbeitsphasen bereiten auf Teamarbeit in projektorientiertem Unterricht vor.
- Wochenplanarbeit kann eine stärker angeleitete Vorstufe von Freiarbeit sein.
- Freiarbeit kann über problemorientierte Aufgaben auf Projekte vorbereiten.
- Projekte können in kleinem Umfang beginnen und später zeitlich und thematisch erheblich anspruchsvoller werden.

Im Rahmen dieser Methodenvielfalt ist der zielgerichtete Wechsel zwischen offenen und geschlossenen Phasen wesentlich. In einem lehrerzentrierten Unterricht können wichtige Vorübungen für Phasen selbstständigen Lernens stattfinden. Dabei geht es nicht um ein Zurück zum lehrerzentrierten Unterricht, sondern um eine Weiterentwicklung innerhalb einer offenen Gesamtkonzeption (vgl. Gudjons 2003). Einige dieser Entwicklungsfelder seien genannt:

- *Stärkung der Methodenkompetenz* über die Vermittlung konkreter Schritte zur selbstständigen Bearbeitung von Aufgaben und Problemen, z.B. Schritte zur Texterschließung, Lesetechniken, Problemlöseschritte, Varianten zum Vokabellernen im Fremdsprachenunterricht.

- *Einsatz von Schülerinnen und Schülern als Helferinnen und Helfer,* z.B. in Übungsphasen. Lehrkräfte können dadurch in der konkreten Situation entlastet werden, allerdings ist eine Einarbeitung der Helfer notwendig. Hier erweist es sich als effektiv, wenn Lernende auch bei anderen Lehrkräften als Helferinnen oder Helfer agieren.
- *Stärkung der Selbstbewertungsfähigkeit:* Die Fähigkeit, eigene Lernprozesse, eigene Lernstärken und -schwächen wahrzunehmen, kann unter Begleitung der Lehrkräfte geübt werden.
- *Schrittweise Abgabe von Verantwortung:* Der Zusammenhang zwischen Frontalunterricht und Offenen Unterrichtsformen wird deutlich, wenn im normalen Unterricht Phasen eingeplant werden, in denen Lernende Verantwortung übernehmen. Dies kann bei kleinen Vorträgen und Hausaufgabenvorstellungen beginnen und bis zur Übernahme einer gesamten Unterrichtsstunde reichen.
- *Metagespräche über Unterrichtsmethoden und -ziele:* Schülerinnen und Schüler müssen selbst methodenkompetent werden, d.h., sie müssen lernen, welche Mikro- oder Makromethode (vgl. Klippert 1994) geeignet ist, um ein bestimmtes Ziel zu erreichen. Dies erfordert Phasen der Reflexion über den Unterricht und verschiedene Unterrichtsarrangements.
- *Wahlmöglichkeiten anbieten:* Auch außerhalb Offener Unterrichtsmethoden können Wahlinhalte angeboten werden, z.B. in Übungsphasen. Dabei können die selbstständige und kooperative Lösung, Kontrolle und anschließende Präsentation einer Aufgabe eingeübt werden.

Diese Vorübungen können zunehmend auf offene Phasen übertragen werden.

Im Grundsatz ist der Unterricht also auf eine konzeptionell begründete, zielgerichtete Methodenvielfalt und zunehmende Selbstständigkeit auszurichten.

Es geht nicht um eine beliebige Methodenvielfalt, die eher verwirrend wirken kann. Vielmehr sind einzelne Unterrichtsmethoden daraufhin zu prüfen, welchen Beitrag sie zur Erreichung grundlegender Ziele leisten. Dabei kommt der pädagogisch begleiteten und schrittweise organisierten Progression des Anspruchsniveaus eine wichtige Bedeutung zu. Lehrerzentrierte Phasen sind dabei wichtig. Langfristig gesehen, sollte ihr Umfang jedoch zu Gunsten einer zunehmenden Selbstständigkeit und Mitbestimmung von Schülerinnen und Schülern bei der Organisation des Lernens abnehmen.

Keine beliebige Methodenvielfalt

Erweiterter Lernbegriff

Den Anspruch an einen zeitgemäßen Unterricht präzisiere ich in der übergreifenden Zielsetzung Handlungskompetenz. Dieser Begriff steht in einem engem Zusammenhang zum erweiterten oder ganzheitlichen Lernbegriff (z.B. Klippert 2000, S. 35; Jürgens/Sacher 2000, S. 9). Der erweiterte Lernbegriff, vielfach konkretisiert in den Subkompetenzen

Subkompetenzen

- *fachlich-inhaltliche Kompetenz:* Fachwissen besitzen, urteilen, definieren ...,
- *sozial-kommunikative Kompetenz:* kooperieren, einfühlsam zuhören, argumentieren ...,
- *methodisch-strategische Kompetenz:* visualisieren, planen, exzerpieren, nachschlagen ...,
- *Selbst- und Persönlichkeitskompetenz:* Selbstvertrauen entwickeln, ein realistisches Selbstbild entwickeln, kritikfähig sein ...,

lässt sich derzeit als weitgehend anerkannt bezeichnen, wenn auch andere Gewichtungen durchaus üblich sind (z.B. der hohe Stellenwert der Moralkompetenz bei Peterßen 2003, S. 44ff.). Der erweiterte Lernbegriff findet sich bundesweit in aktuellen Bildungsplanreformen. Viele Expertinnen und Experten sehen darin die entscheidenden Kompetenzen einer zukunftsgerichteten Bildung (vgl. Delphi-Studie 1996/98). Nach dem hier zu Grunde liegenden Verständnis handelt es sich dabei allerdings nicht um Schlüsselqualifikationen, vielmehr ist der erweiterte Lernbegriff in ein Kompetenzmodell integriert.

Handlungskompetenz

Schlüsselqualifikationen: Entstehung

Der Grundgedanke des Begriffs Schlüsselqualifikation, wie ihn Mertens 1974 einführte, hat nach wie vor Gültigkeit: Auf Grund der exponentiell zunehmenden Wissensexplosion muss die Schule vorwiegend quer liegende Kompetenzen vermitteln, die die spätere Aneignung des jeweils notwendigen (arbeitsplatzspezifischen) Wissens erleichtern. Für die Berufsbildung hat der Begriff einen hohen Stellenwert, das Ausbildungsziel ist auf Grund des schärfer definierten Berufsbildes klarer ersichtlich als an allgemein bildenden Schulen. Inzwischen wurde der Begriff vielfach diskutiert (z.B. Gonon 1996) und ist nicht unumstritten. Einige Kritikpunkte seien genannt. Schlüsselqualifikationen sind nicht zeitlos, sondern sind im Kontext des Entwicklungsstandes der Gesellschaft und der jeweiligen Branche zu sehen. Weitere Begriffe werden bereits diskutiert, z.B. Orientierungskompetenz, Zeitkompetenz, transformative Kompetenz. Die Herausforderung an vielen Schulen, insbesondere an Sonderschulen, Hauptschulen oder Gesamtschulen, ist nicht primär zukünftige Qualifikationen zu vermitteln, sondern die Überlagerung von Lernprozessen durch Lebensprobleme. Ein theoretischer Begründungsrahmen, der auf zukünftige arbeitsplatzspezifische Qualifikationen zielt, geht daher am Bedürfnis vieler Schulen und ihrer Schülerinnen und Schüler vorbei. Vielmehr wäre hier eine stärkere Lebensweltorientierung und Persönlichkeitsentwicklung zu beachten, ein stärkerer Bezug also zur Frage, was Schülerinnen und Schüler benötigen, damit ihr Selbstwertgefühl und ihre Handlungsfähigkeit gestärkt werden kann. Zudem vernachlässigt der Begriff Schlüsselqualifikationen grundlegende ethische, solidarische und demokratische Zielsetzungen sowie die Frage, mit welchen Inhalten die jeweilige Qualifikation zu erwerben wäre. Die Stellung des Subjekts ist im Konzept der Schlüsselqualifikationen funktional: Das Subjekt ist Träger von bestimmten Qualifikationen, die an seinem zukünftigen Arbeitsplatz möglicherweise benötigt werden. Eine politische, emanzipatorische und gesellschaftskritische Perspektive jenseits arbeitsplatzspezifischer bzw. betrieblich nutzbarer Kritik ist darin nicht enthalten (Mack 1999, S. 170). Globale, gesellschaftliche und individuelle Wertorientierungen sind nicht vorgesehen, über Qualifikationen wird man weder liebesfähig noch künstlerisch-kreativ (Kade 1983).

Schlüsselqualifikationen: Kritik

Wie wichtig die Stärkung der Persönlichkeit ist, wird daran deutlich, dass 50 Prozent der in Deutschland Ausgebildeten nicht im ursprünglich erlernten Beruf arbeiten (Heidegger 1996, S. 102) und viele Schülerinnen und Schüler nicht ihren ursprünglichen Berufswunsch ergreifen können oder arbeitslos werden. Damit ist eher die Fähigkeit zur Lebensbewältigung und weniger die Vorqualifizierung von existenzieller Bedeutung. Hier wird auch die Metapher Schlüssel fragwürdig, die eine ruckartige Eröffnung beruflicher Perspektive suggeriert.

In dieser Perspektive ist der Begriff der Schlüsselqualifikationen kein einheimischer Begriff der Pädagogik, zumindest nicht an allgemein bildenden Schulen in denen Erziehung und Persönlichkeitsentwicklung zentral sind. Auf Grund dieser Bedenken erachte ich den Begriff der *Handlungskompetenz* als tragfähiger. Kompetenz lässt sich als die Gesamtheit aller Fähigkeiten einer Person bezeichnen und ist in engem Zusammenhang mit dem Begriff der allgemeinen Bildung zu verstehen. Der Begriff wurde bereits vielfach diskutiert und konfiguriert. Zwei Sichtweisen seien dargestellt, bevor wesentliche Merkmale des Kompetenzbegriffs zusammengeführt werden.

Von der Schlüsselqualifikation zur Handlungskompetenz

Dieter-Jürgen Löwisch unterscheidet zwischen Kompetenz ersten Grades, sie erfordert Kompetenzerziehung, sowie Kompetenz zweiten Grades, sie benötigt Kompetenzbildung (Löwisch 2000, S. 13 und S. 79ff.).

Kompetenzbegriff bei Löwisch

Löwisch: ethische Dimension

Eine Kompetenz ersten Grades weist derjenige auf, der sich als Spezialist für bestimmte Subkompetenzen erweist. Löwisch fasst darunter Fähigkeiten, Fertigkeiten, Techniken (auch Kulturtechniken wie Lesen, Rechnen u.a.) – Können und Bewältigungskönnen angesichts bestimmter zu lösender Aufgaben. Der o.g. erweiterte Lernbegriff korrespondiert in hohem Maße mit dieser Kompetenz ersten Grades. Subkompetenzen sind im pädagogischen Bereich vermittel- und erlernbar. Jemand, der Handlungskompetenz besitzt, muss auch über eine Kompetenz zweiten Grades verfügen: Damit meint Löwisch ein glaubwürdiges, vertrauenswürdiges und verantwortungsvolles Handeln, ein Handeln, »das personale Akzeptanz bei den Betroffenen auslöst« (Löwisch 2000, S. 81). Es geht nicht mehr um eine lediglich sachbezogene, sondern um eine handlungsbezogene Kompetenz. Der Blick wird nun erweitert auf eine ethische, demokratische und philosophische Dimension. Die Art und Weise des Umgangs mit Mitmenschen und gesamtgesellschaftliche Verantwortung rücken damit in den Vordergrund. Erst derjenige, der in der Lage ist, beide Kompetenzbereiche zu erfüllen, kann kompetent handeln. Während eine Kompetenz ersten Grades über geeignete Übungsbausteine und Unterrichtsarrangements zumindest mittelbar erlernt werden kann, bildet sich eine Kompetenz zweiten Grades erst langfristig und im schulischen sowie außerschulischen Kontext heraus, sie bezieht sich auf die Qualität des Handelns und zielt auf den Selbstaufbau von Haltungen (Löwisch 2000, S. 13).

Der *PISA-Studie* liegt ein anders gelagerter Kompetenzbegriff zu Grunde (Baumert u.a. 1999). Im Bereich der fächerübergreifenden Kompetenzen wird ein komplexer und anspruchsvoller Begriff verwendet, der vier Merkmale umfasst, die jeweils explizit an eine eigene Theorielinie bzw. Legitimation anknüpfen (Abb. 2).

Abb. 2: Fächerübergreifender Kompetenzbegriff bei PISA (Baumert u.a. 1999, S. 2)

Merkmal	Theoretische Anknüpfung
a) Situations- und inhaltsunabhängig definierte Fähigkeiten,	*Empirische Bildungsforschung* • Merkmale müssen über mehrere Indikatoren empirisch gehaltvoll identifiziert werden können
b) die in verschiedenen Fächern bzw. Lerngebieten gefordert und/oder gefördert werden,	*Bildungstheorie* • formale und materiale Bildung
c) bei der Bewältigung komplexer, ganzheitlicher Anforderungen von Bedeutung sind	*Reformpädagogik* • u.a. Ganzheitlichkeit
d) und auf neuartige, nicht explizit im Curriculum enthaltene Aufgabenstellungen transferiert werden können.	*Schlüsselqualifikationen* • u.a. Transferierbarkeit

Mit diesen Merkmalen greift das PISA-Konsortium teilweise divergierende Richtungen (Baumert u.a. 1999, S. 2) auf und vereint sie zu einem Merkmalsbündel. Notwendigerweise ist dabei der Fokus auf die empirische Überprüfbarkeit der einzelnen Merkmale gerichtet. Die Autoren warnen selbst vor allzu großer Hoffnung in theoretischer, empirischer und förderorientierter Hinsicht. Als Ausnahme gilt die Problemlösekompetenz, die über pädagogisch-psychologische Studien gut erforscht ist. Die stabile theoretische und empirische Verortung des Modells drängt die Frage der Vermittelbarkeit fächerübergreifender Kompetenzen in den Hintergrund. Sprache und Begrifflichkeit orientieren sich an psychologischen, nicht an schulpädagogischen oder allgemeindidaktischen Vorarbeiten. Offener Unterricht etwa wird nicht thematisiert, methodisch-didaktische Konsequenzen aus dem fächerübergreifenden Kompetenzmodell von PISA sind nicht unmittelbar möglich.

PISA: empirische Überprüfbarkeit

Während Löwisch die ethische und erzieherische Dimension des Kompetenzbegriffs betont, liegt der Schwerpunkt im PISA-Modell bei der stabilen empirischen Überprüfbarkeit. Der Begriff der Erziehung ist im PISA-Modell nicht erwähnt. Bei der schulischen Kompetenzvermittlung ist jedoch die enge Verbindung mit erzieherischer Arbeit konstitutiv, etwa wenn es um soziale Kompetenz oder Teamfähigkeit geht. In deutlich unterrichtsbezogenerer Perspektive als beide dargestellten Ansätze scheinen mir daher weitere Merkmale wesentlich. Der Kompetenzbegriff beinhaltet eine methodisch-didaktische Zugangsweise, d.h. die einzelnen Elemente sind in bestimmten methodisch-didaktischen Settings konkret erlern- und weiterentwickelbar. Kompetenzen werden in der Regel über das Lösen (problemorientierter) Aufgaben erworben. Die Bewertung bestimmter Kompetenzelemente ist damit nur in dem Maße möglich und verantwortbar, in welchem eine methodisch-didaktische Zugangsweise eröffnet werden konnte. Bewertet werden nicht theoretisch oder normativ erwünschte Kompetenzen, sondern zuvor vermittelte Elemente. Die Frage, welche Kompetenzelemente vermittelt werden, verweist auf den jeweils spezifischen Kontext: Welche Kompetenzen benötigen unsere Schülerinnen und Schüler? Welche Kompetenzen kann ich als Lehrer vermitteln? Welche Kompetenzen ergeben sich aus der spezifischen regionalen Situation unserer Schule? Der Kompetenzbegriff betont die Stellung und Entwicklung des Subjekts im Bildungsprozess, d.h., er fokussiert individuelle Lernbiografien.

Kompetenzbegriff: Essentials

Methodisch-didaktische Zugangsweise

Subjektbezug

Kompetenzvermittlung ist nicht isoliert von fach- oder bereichsspezifischen Inhalten möglich. Dies ist sowohl lerntheoretisch (z.B. Weinert 1998) als auch ethisch begründbar. In ethischer Hinsicht lässt sich dieser Sachverhalt in Einklang mit der Kompetenz zweiten Grades nach Löwisch wie folgt pointieren: Auch rechtsextreme Gewalttäter können argumentieren, organisieren, planen, Selbstvertrauen entwickeln – sie können nach diesem Begriffsverständnis jedoch nicht kompetent handeln. Damit ist auch die Frage aufgeworfen, mit welchen Inhalten, Normen und Werten Kompetenzen verbunden und erworben werden. Kompetenzerwerb hat Selbstzweck, d.h., das Subjekt ist hier nicht nur Träger von Qualifikationen. Kompetenzerwerb ist der Persönlichkeitsentwicklung verpflichtet. Die Stärkung der Persönlichkeit von Kindern und Jugendlichen *innerhalb* der Schulzeit ist von elementarer individueller und gesellschaftlicher Bedeutung. Mittels Stärkung der Persönlichkeit wird die Wahrscheinlichkeit erhöht, dass Schülerinnen und Schüler in späteren beruflichen und privaten Handlungsfeldern sicher und verantwortungsvoll agieren.

Persönlichkeitsentwicklung

Lehrerleitbild und Professionalisierung des Lehrerberufs

Expertinnen und Experten für Bildungs- und Lernprozesse

Lehrkräfte sind Expertinnen und Experten für Bildungs- und Lernprozesse. Die Betonung des *Lernens* zeigt, dass Ausgangs- und Endpunkt die Lernentwicklung der Jugendlichen ist, aber: Welche Aufgaben erwachsen daraus für den Beruf der Lehrerinnen und Lehrer? An Vorschlägen mangelt es nicht: Giesecke (1997) schlägt vor, Lehrkräfte sollten sich auf die spezifische und begrenzte Vermittlung von Lehrinhalten beschränken. Ein Gegenpol kann in Struck (1994) gesehen werden, der tendenziell eine Sozialpädagogisierung fordert. Beide Ansätze negieren die Komplexität und Vielschichtigkeit des Lehrerberufs, die ich anhand von acht zentralen, nicht überschneidungsfreien Aufgaben skizzieren möchte. Dabei erweitere ich die Vorschläge der KMK-Kommission (Terhart 2000b):

Aufgaben des Lehrerberufs

1. *Unterrichten:* Fachwissenschaftliche, allgemein- und fachdidaktische sowie pädagogisch-psychologische Kompetenzen sind grundlegend. Unterrichten ist die alltägliche Arbeit von Lehrkräften, am Erfolg des Unterrichts werden sie letztlich gemessen.
2. *Diagnostizieren und Beurteilen:* Schule hat eine Selektionsfunktion zu erfüllen, die über die Leistungsbewertung gesichert wird. Eine pädagogische Diagnostik ist eher der Förderung von Schülerinnen und Schülern verpflichtet.
3. *Beraten:* Beraten bezieht sich zum einen auf die Beratung bei Lernprozessen, also innerhalb des Unterrichts, zum anderen auf psychologische, persönliche und zukunftsorientierte (Schullaufbahn-)Beratung.
4. *Erziehen:* Erziehung ist eine anstrengende, nie endende alltägliche Aufgabe. Schule hat explizit einen Erziehungsauftrag zu erfüllen. Mittels intendiertem Einwirken auf die Persönlichkeitsentwicklung soll der Grad der persönlichen Selbstständigkeit erhöht werden.

5. *Kooperieren:* Die schulischen Herausforderungen sind weder heute noch zukünftig alleine zu bewältigen, inner- und außerschulische Kooperation ist notwendig. Einzelkämpfertum und mangelnde Kooperationsfähigkeit verhindern eine gute Schule und forcieren Belastung und Burn-out.
6. *Unterricht entwickeln:* Über den alltäglichen Unterricht hinaus, in einer mittel- bis langfristigen Perspektive, zielt Unterrichtsentwicklung im Einklang mit aktuellen wissenschaftlichen Erkenntnissen auf die konzeptionell fundierte Erweiterung der Fähigkeit von Schülerinnen und Schülern, ihre Lernprozesse selbst zu organisieren.
7. *Schule entwickeln:* Eine abgestimmte Vorgehensweise innerhalb der Einzelschule trägt zur Qualität des schulischen Lernens bei. Eine gemeinsame und konsensorientierte Arbeit im Kollegium und in Teilkonferenzen ist hierfür notwendig. Evaluation und Qualitätssicherung ist ein Teilbereich der Unterrichts- und Schulentwicklung.
8. *Selbstkompetenz entwickeln:* Die eigenen Stärken und Schwächen zu kennen, sich bewusst und aktiv weiterzuentwickeln, die eigene Gesundheit zu schützen und mit Belastungen professionell umzugehen sind wesentliche Aspekte einer Selbstkompetenz.

Die ersten vier Aufgaben beziehen sich weitgehend auf die alltägliche und konkrete Arbeit mit Schülerinnen und Schülern und sind seit Jahrzehnten anerkannte Aufgabenbereiche von Lehrkräften, während die Aufgaben fünf bis sieben auf die Zusammenarbeit mit Kolleginnen und Kollegen bzw. mit allen schulischen Gruppen hindeuten. Mit dieser Erweiterung möchte ich diejenigen Aspekte (Aufgaben fünf bis acht) stärker betonen, die noch erheblich entwicklungsbedürftig sind.

Die genannten Aufgaben sind nicht einmalig erlernbar z.B. im Rahmen der Lehrerausbildung und anschließend beliebig abrufbar. Vielmehr haben Untersuchungen gezeigt, dass die pädagogische Professionalität einer berufsbiografischen Entwicklung unterliegt (Terhart 1992), die in bestimmte Phasen einteilbar ist, jedoch individuell unterschiedlich verläuft. Die Professionalisierung des Lehrberufs geschieht zwar in einem individuellen Prozess, sie ist jedoch in einen sozialen und institutionellen Kontext eingebettet und nur in diesem überhaupt entwickelbar. Die Umsetzung eines Lehrerleitbildes sowie der daraus resultierenden Aufgabenbereiche obliegt also nicht nur der Verantwortung einzelner Lehrkräfte, sondern unterstützender und hemmender Bedingungen auf der Mesoebene (Einzelschule) und der Makroebene (Schulsystem). Während bisherige Entwicklungsstrategien zur Verbesserung der schulischen Arbeit weitgehend der Einzelschule überlassen waren (z.B. Stichwort innere Schulentwicklung), sind zunehmend passende systemische und schulorganisatorische Bedingungen notwendig. Beispielhaft seien genannt:

Berufsbiografische Entwicklung zur pädagogischen Professionalität

- Veränderung der Lehrerarbeitszeit, die nicht nach gehaltenen Unterrichtsstunden bemessen wird, sondern die Hintergrund- und Entwicklungsarbeit stärker berücksichtigt.
- Professionelle Begleitung, Beratung und kontinuierliche Weiterbildung auch nach der Ausbildung, besonders in der für das zukünftige pädagogische Handeln prägenden Berufseinstiegsphase.
- Passung von Bewertungs-, (Abschluss-)Prüfungs- und Dokumentationsverfahren zu unterrichtlichen Zielsetzungen.

Professionalisierung auf allen Ebenen

Im Gegensatz zu Reformstrategien der 70er- und 80er-Jahre wird hier nicht ein politisierender Gegensatz von innerer oder äußerer Schulreform wiederholt, vielmehr zeigen empirische, soziologische, system- und organisationstheoretische Arbeiten die Notwendigkeit sich ergänzender Professionalisierungsbedingungen auf allen Ebenen (z.B. Fend 1998).

Die Durchführung von Offenem Unterricht und die daran anschließende Bewertung von Schülerleistungen kann als unverzichtbarer Teil heutiger Lehreraufgaben angesehen werden. Die Frage der Durchführung von Offenem Unterricht ist damit tendenziell nicht an bestimmte Personen oder Personengruppen (z.B. Lehrkräfte unterer Klassenstufen) gekoppelt, sondern gehört als Zielvorstellung in das Handlungsrepertoire aller Lehrkräfte.

Pädagogischer Leistungsbegriff

Gesellschaftlicher Leistungsbegriff = schulischer Leistungsbegriff?

In öffentlichen Debatten werden gesellschaftliche Leistungsprinzipien häufig und unreflektiert auf die Schule übertragen und damit einem engen Leistungsbegriff das Wort geredet. Bereits bei der Feststellung, unsere Gesellschaft sei eine Leistungsgesellschaft, werden komplizierte Zusammenhänge unsachgemäß verkürzt. Gesellschaftliche Güter (z.B. sozialer Status, Macht, Einkommen) werden nicht ausschließlich auf Grund bestimmter individueller Leistungen verteilt. Bei der Verteilung sind wesentlich mehr Prinzipien beteiligt (vgl. Sacher 2001, S. 4ff.): das Vorrecht der Geburt; die Zuteilung von Gütern nach Alter; die Zuteilung von Gütern auf Grund der Zugehörigkeit zu einer bestimmten Weltanschauungsgruppe, z.B. Partei; die Verteilung auf Grund von sozialen gesellschaftlichen Regelungen. Der Begriff Leistungsgesellschaft suggeriert zudem, es gäbe eine Instanz, die in gerechter Weise und nach bestimmten Kriterien entscheide, was Leistung sei, und die daraufhin bestimmte Güter zuweist. Unsere Gesellschaft ist weniger von einem Leistungs- als vielmehr einem Erfolgsprinzip gekennzeichnet: Viele Menschen leisten tägliche Arbeit, der daraus entstehende Erfolg, gemessen an Einkommen, sozialem Status und Macht, ist jedoch sehr unterschiedlich.

Schule hat einen gesetzlich verankerten Erziehungs- und Bildungsauftrag zu erfüllen. Hierfür benötigt sie ein geeignetes und pädagogisch motiviertes Leistungsverständnis. Nur auf dieser Grundlage sind die Zielsetzungen Handlungskompetenz und erweiterter Lernbegriff erreichbar. Verfahren des Prüfens und Bewertens im Offenen Unterricht beruhen auf einem pädagogischen Leistungsbegriff. Das traditionelle Leistungsverständnis an Sekundarschulen hingegen ist eng, ganz besonders an Gymnasien. Bildungspläne sind bisher vorwiegend von fachspezifischen Inhalten geprägt. Die folgenreichen Noten und Abschlussprüfungen sind auf individuelle, kognitive, lehrstoffzentrierte und ergebnisorientierte Leistungen fixiert. **Der traditionelle Leistungsbegriff ist eng**

Ein pädagogischer Leistungsbegriff widersetzt sich diesem Verständnis und dient als Verständigungsgrundlage, z.B. um innerhalb eines Kollegiums eine gemeinsame Wertebasis zu entwickeln und daraufhin weitere konzeptionelle Vereinbarungen zu treffen. In diesem Sinne ist ein pädagogischer Leistungsbegriff nicht Abbild der Unterrichtswirklichkeit, sondern stellt einen anzustrebenden Maßstab dar. Darüber hinaus hat der pädagogische Leistungsbegriff einen praktischen Nutzen, weil er in unterrichtlichen Planungs- und Handlungssituationen als Hintergrundfolie und Entscheidungshilfe dienen kann. Auch wenn die Schritte klein sein sollten: Die Konsequenz eines unterrichtlichen und schulischen Entwicklungsprozesses zeigt sich am Leistungs- und Bewertungsverständnis einer Schule.

Ein pädagogischer Leistungsbegriff kann über folgende Merkmale beschrieben werden (vgl. Bohl 2001a, S. 27ff.). **Pädagogischer Leistungsbegriff: Merkmale**

Lernen kann nur dann persönlichkeitsfördernd sein, wenn Schülerinnen und Schüler sich wohl fühlen und die soziale Struktur in der Klasse und in weiteren sozialen Kontexten intakt ist. *Leistung setzt daher eine vertrauensvolle Beziehungsstruktur voraus.* Ansonsten werden Lernprozesse von anderen Themen und Problemen überlagert. Die Förderung einer intakten Sozialstruktur innerhalb und außerhalb der Schule dient der Leistungsfähigkeit der Schülerinnen und Schüler. Es ist daher auch nicht verwunderlich, wenn die Leistungsfähigkeit zwischen Lerngruppen variiert oder auch innerhalb einer Lerngruppe nicht konstant bleibt. Zwar ist es vorrangige Aufgabe der jeweiligen Lehrkraft, über geeignete Maßnahmen zur Klassenführung die Beziehungsstruktur positiv zu gestalten, gleichzeitig benötigt jede Lehrperson dabei in vielfältiger Hinsicht *institutionelle und systemische Unterstützung*. Die Leistungsfähigkeit einzelner Lernender steigt, wenn vorhandene Problemfelder professionell bearbeitet und begleitet werden, z.B. mittels außerunterrichtlicher Angebote, Schulsozialarbeit, Mediation, psychologischer Beratung, LRS-Experten, diagnostische Maßnahmen, Elternberatung, gemeinsame Vorgehensweise im Kollegium, gezielte und bedarfsorientierte Fortbildungs- **Beziehungsstruktur**

Unterstützung

maßnahmen. Eine Schule, die in der Lage ist, ein breites und differenziertes Unterstützungssystem aufzubauen, stärkt die Ressourcen aller Beteiligten und trägt zu einer höheren Leistungsbereitschaft und -fähigkeit bei (vgl. Bohl 2000b).

Individualität Jeder Mensch vollzieht Lernprozesse und Leistungserbringung auf *persönliche und individuelle, auf einzigartige Weise*. Ein eindimensionaler Lehrprozess bietet kein Anregungspotenzial für individuelle Lernchancen. Ein ausschließlicher Vergleich individueller Leistungen mit der Lerngruppe (soziale Bezugsnorm) oder einer lernzielorientierten Vorgabe (sachliche Bezugsnorm) ignoriert den persönlichen Prozess der Leistungserbringung und leistet daher auch nur einen geringen Beitrag zur Ausdifferenzierung und Weiterentwicklung der persönlichen Lernbiografie. Die Einzigartigkeit des Lern- und Leistungsprozesses darf jedoch nicht derart verstanden werden, als vollziehe sie sich in Abgrenzung zu anderen Schülerinnen und Schülern. Eine uneingeschränkte und rücksichtslose Selbstverwirklichung ist damit nicht gemeint. Lernarrangements sind vielmehr so zu gestalten, dass *kooperative und solidarische Leistungen* möglich sind (vgl. Jürgens/Sacher 2000, S. 12ff.; Klafki 1993, S. 229ff.). Dieses Merkmal eines pädagogischen Leistungsbegriffs ist ein deutlicher Gegenpol zum marktwirtschaftlichen Konkurrenzprinzip und zu individualisierten Überprüfungssystemen im Bildungswesen. Zudem sind damit methodisch-didaktische Herausforderungen verbunden: Welche Aufgaben können gemeinsam besser gelöst werden als alleine? Die Parzellierung schulischer Lernprozesse in thematische und zeitliche Bruchstücke, z.B. über Lehrgangsysteme in Schulbüchern ist eher auf Einzellernen ausgerichtet. Sie birgt nur selten wirklich problemorientierte und komplexe Aufgaben, die alleine nicht mehr zu bewältigen wären.

Solidarität

Vielfalt Unterricht muss *vielfältige Leistungen* ermöglichen (Jürgens 2000, S. 14f.) um unterschiedliche und subjektive Prozesse der Leistungserbringung zu unterstützen. Diese Vielfalt zeigt sich in Prozess-, Produkt- und Präsentationsleistungen (vgl. Bohl 2001b, S. 275ff.); in kreativen, sozialen, ganzheitlichen, vernetzten, produktiven und handlungsorientierten Leistungen; in Reproduktions-, Reorganisations-, Transfer- und problemlösenden Leistungen (Deutscher Bildungsrat 1970, S. 78ff.). Die unterschiedlichen Leistungen stehen nicht im Widerspruch zueinander, sondern sind in einer Gesamtkonzeption verbunden, sie korrespondieren mit einer unterrichtsmethodischen Vielfalt. Was dabei konkret als Leistung bezeichnet und später bewertet wird, muss jeweils gemeinsam festgelegt werden (Jürgens 1992, S. 21): *Leistung ist niemals wertfrei oder objektiv*, sondern konstituiert sich erst über den gemeinsamen Verständigungsprozess. *Leistung bedarf daher einer regelmäßigen Kommunikation und Reflexion*. Der Verständigungsprozess ist das zentrale Merkmal des pädagogischen Leistungsbegriffes, weil er die unterschiedlichen Sicht-

Kommunikation und Reflexion

weisen und Perspektiven integriert und verortet, und zwar innerhalb einer Einzelschule, eines Lehrerteams und einer Lerngruppe. »Leistung ist ein Konstrukt« (Winter 2000b, S. 108) und wird erst über Konkretisierung verstehbar und sprachlich fassbar. Verständigungsprozesse hängen von der Fähigkeit der Teilnehmerinnen und Teilnehmer ab, sich über Interaktion und Sprache in andere hineinzuversetzen. Evident wird dies bei der Formulierung konkreter Bewertungskriterien, z.B. innerhalb eines Beobachtungsbogens. Wenn der Verständigungsprozess vernachlässigt wird, besteht die Gefahr, dass Leistung unterschiedlich verstanden und unterschiedlich bewertet wird: Ein Widerspruch zwischen Selbst- und Fremdwahrnehmung und -bewertung ist dann wahrscheinlich. Dies kann für die Persönlichkeitsentwicklung von Schülerinnen und Schülern problematisch sein: Unrealistische Selbsteinschätzung und ungeeignete Erklärungsmuster für eigene Leistungen werden zementiert.

Zusammenfassung

- Auch nach mehreren Jahrzehnten theoretischer und praktischer Weiterentwicklung des Offenen Unterrichts ist kein einheitliches Begriffsverständnis vorhanden. Die hier dargestellte Rahmenkonzeption des Offenen Unterrichts ist daher relativ breit gefasst. Für Sekundarstufen ist die Bedeutung einer kollegialen Unterrichts- und Schulentwicklung hervorzuheben, um systemischen und institutionellen Hemmungsfaktoren zu begegnen.
- Schulisches Lernen zielt auf die Verbesserung der Handlungskompetenz der Schülerinnen und Schüler. Der Begriff der Handlungskompetenz schließt den erweiterten Lernbegriff ein und zielt nach Löwisch 2000 auf einen Spezialisten für bestimmte Sach- und Methodenbereiche sowie auf ein glaubwürdiges, vertrauenswürdiges und verantwortungsvolles Handeln. Der Kompetenzbegriff ist tragfähiger als der Begriff der Schlüsselqualifikation. Er ist eng mit dem Anspruch einer allgemeinen Bildung und der Persönlichkeitsentwicklung der Kinder und Jugendlichen verbunden.
- Der Unterricht an Sekundarschulen benötigt eine konzeptionell begründete und zielgerichtete Methodenvielfalt. Dabei nimmt der Anteil selbstständiger Lernphasen zu. Die pädagogisch begleitete und schrittweise Progression des Anspruchsniveaus ist dabei wesentlich.
- Lehrkräfte sind Expertinnen und Experten für Lernprozesse. Acht wesentliche Aufgaben konkretisieren dieses Lehrerleitbild: unterrichten, beurteilen und diagnostizieren, beraten, erziehen, kooperieren, Unterricht entwickeln, Schulen entwickeln, Selbstkompetenz entwickeln. Im Laufe des Berufslebens entwickelt jede Lehrkraft einen

persönlichen Habitus, der für ihn kennzeichnend, gleichwohl entwicklungsfähig ist. Die Professionalisierung des Lehrerberufs ist nur möglich, wenn entsprechende systemische Entwicklungsbedingungen bereitgestellt und wahrgenommen werden.
- Offener Unterricht korrespondiert mit einem erweiterten Leistungsverständnis. Das traditionell enge, fachlich-inhaltliche und individuell-kognitiv orientierte Leistungsverständnis ist nicht mehr zeitgemäß. Ein pädagogisch erweiterter Leistungsbegriff beruht auf einer vertrauensvollen Beziehungsstruktur, benötigt institutionelle und systemische Unterstützung, ist individuell und solidarisch, ist vielfältig und sieht Leistung als ein zu vereinbarendes Konstrukt an, welches niemals wertfrei definiert werden kann.

2. Empirische Befunde zum Offenen Unterricht

Zur Qualität Offenen Unterrichts

Befürworterinnen und Befürworter und Gegnerinnen und Gegner Offenen Unterrichts lieferten sich in der Vergangenheit zum Teil erbitterte Debatten, bis hin zur fragwürdigen Interpretation von Forschungsbefunden (z.B. Uhl 1996; z.T. auch Scheerer-Neumann 1989) bzw. zu einseitigen und vorurteilsbeladenen Forschungsdesigns (z.B. Günther 1996). Lange Zeit wurde Offener Unterricht von seinen Befürworterinnen und Befürwortern mit gutem Unterricht nahezu gleichgesetzt. Diese problematischen Sichtweisen verdecken die Frage, inwiefern qualitativ hochwertiges Lernen stattfindet. Zudem wurde dadurch eine unsinnige Polarisierung zwischen geschlossenem (= wissenschaftsorientiertem, lehrerzentriertem, lehrzielorientiertem) und Offenem (= selbstbestimmtem, ganzheitlichem, schülerzentriertem) Unterricht forciert. Der Blick auf Offene Unterrichtsmethoden ist inzwischen kritischer geworden. Praxiserfahrungen wurden reflektiert (z.B. Winkel 1993, S. 12) und durch weitere empirische Forschungen ergänzt.

Unsinnige Polarisierung

Die Erforschung von Unterrichtsmethoden ist ein schwieriges Unterfangen. Bereits die vielfach synonym verwendeten Begriffe Qualität, Effektivität oder schlicht guter Unterricht sind schwer abgrenzbar. Beispielsweise kann ein effektiver Unterricht zu einer hohen Lernleistung im Fach Mathematik führen – möglicherweise auf Kosten der zwischenmenschlichen Beziehungen, auf Kosten des Wohlbefindens der Lernenden oder auf Kosten einer Verankerung im Langzeitgedächtnis. Zudem können einzelne Ergebnisse, z.B. Qualitätsindikatoren, in Maßen positiv, im Übermaß jedoch deutlich negativ wirken. Vernachlässigt wird auch häufig, dass empirische Befunde völlig unterschiedliche Konsequenzen nach sich ziehen können. Zum Beispiel könnte aus negativen Effekten der Gruppenarbeit nicht geschlossen werden, dass Gruppenarbeit unsinnig sei. Vielmehr könnte überlegt werden, welche Maßnahmen geeignet sein könnten, Gruppenarbeit zu verbessern.

Unterrichtsforschung

Zur Qualität des Offenen Unterrichts wurde bisher wenig geforscht. Die Forschung beschränkte sich stark auf die Qualität des lehrergesteuerten Klassenunterrichts (vgl. Einsiedler 1997, S. 228). Erkenntnisse über Offenen Unterricht müssen aus diesen Gründen aus der Vielzahl einzelner Befunde zusammengetragen werden – ein schwieriges Unterfangen, weil die definitorischen und forschungsmethodischen Bedingungen ganz erheblich variieren. Die Einzelbefunde ergeben bisher kein schlüssiges und umfassendes Gesamtbild. Jede Untersuchung kann lediglich beanspruchen, einen gewissen und reduzierten Ausschnitt der Wirklichkeit zu erfassen, die Ergebnisse sind daher auch nur beschränkt aussagekräftig. Insgesamt zeichnet sich eine Entwicklung ab, die sich vom Anspruch löst, Unterrichtsmethoden oder Erziehungsstile umfassend zu erforschen. In frühen Untersuchungen (z.B. Roth 1971) wurde versucht, mehrere Unterrichtsstile parallel zu vergleichen, um auf diese Weise direkte Aussagen über die Wirksamkeit unterschiedlicher Verfahren zu erhalten. Dieser Weg erwies sich aus forschungsmethodischen Gründen als nicht begehbar. Stattdessen werden nun einzelne und forschungsmethodisch bewältigbare Aspekte untersucht in der Hoffnung, hieraus ein sich verdichtendes Bild zur Qualität von Unterricht zu erhalten.

Vor- und Nachteile bestimmter Unterrichtsformen

Verschiedene Autoren (z.B. Brügelmann 1998; Jürgens 1997; Gage/Berliner 1996, S. 504) konnten über Sammelreferate und Metaanalysen zeigen, dass offene Ansätze im Bereich von Persönlichkeitsmerkmalen und Einstellungen vorteilhaft sind, während traditioneller, lehrerzentrierter Unterricht Vorteile bei allgemeinen Schulleistungen (z.B. Mathematik, Sprache) aufweist.

Mögliche Qualitätsmerkmale Offenen Unterrichts

Aus den inzwischen ausdifferenzierten Einzelstudien kristallisiert sich zunehmend heraus, dass Qualitätsindikatoren für unterschiedliche Unterrichtsmethoden und Lehrstile aussagekräftig sind. Im Folgenden stelle ich einige wesentliche Befunde der Unterrichtsqualitätsforschung vor und versuche in kurzen Skizzen zu verdeutlichen, welche Hinweise diese Indikatoren zur Verbesserung des Offenen Unterrichts liefern. Dieses Vorgehen lässt sich auch anders begründen: In Ermangelung umfassender und aussagekräftiger Ergebnisse der empirischen Forschung zum Offenen Unterricht versuche ich, die vorhandenen Ergebnisse für die Qualität Offenen Unterrichts zu deuten. Die Zusammenfassung einschlägiger Ergebnisse muss dabei unter erheblichen forschungsmethodischen Einschränkungen und definitorischen Vereinheitlichungen erfolgen. Wesentliche Qualitätsmerkmale sind die folgenden:

Strukturiertheit und Klarheit

1. *Strukturiertheit des Unterrichts:* Verschiedene Befunde (z.B. Baumert u.a. 1987; für Lehr- und Lernmaterial Dumke 1984, Weinert/Helmke 1987, Brophy/Good 1986) zeigen, dass Strukturiertheit ein wesentliches Merkmal erfolgreichen Unterrichts ist. Dies ist sowohl für offene als auch für geschlossene Phasen wesentlich. Die Strukturiertheit von Offenem Unterricht äußert sich beispielsweise in vorstrukturierenden Konzepten (advanced organizers, z.B. als Planungsskizze eines Projektunterrichts), einer klaren Zeitstruktur, in vereinbarten und

eingeforderten Regeln, in klaren Leistungserwartungen, in einer Hierarchisierung des Stoffes, in einer verständlichen Differenzierung der Aufgaben.

2. *Aktive Nutzung der Lernzeit* (z.B. Bloom 1976; Weinert/Helmke 1987; Helmke/Weinert 1997): Die aktive und aufgabenbezogene Nutzung der verfügbaren Lernzeit (time on task) hat Auswirkungen auf den Lernerfolg der Schülerinnen und Schüler. Aufgabenfremde oder sonstige Tätigkeiten mindern die aktiv nutzbare Lernzeit. Dies deutet darauf hin, diejenigen Situationen zu analysieren und zu verändern, in denen Schülerinnen und Schüler aus dem aktiven Arbeits- und Lernprozess austreten. Auch im Offenen Unterricht ist es daher wichtig, die verfügbare Zeit im Sinne und Dienste der jeweiligen Zielsetzung (z.B. selbstständiges Lernen) zu nutzen.

   Nutzung der Lernzeit

3. *Zusammenhang zwischen Diagnosekompetenz der Lehrkräfte und weiteren Strukturierungshilfen* (Weinert/Helmke 1987): Der Lernerfolg von Schülerinnen und Schülern erhöht sich, wenn Lehrkräfte in der Lage sind, eine zutreffende individuelle Diagnose des Leistungsstandes zu erstellen *und daraufhin* gezielte didaktische Hilfen (Strukturierungshilfen) anzubieten. Eine differenzierte Diagnose *ohne* weitere Hilfen bewirkt hingegen einen Einbruch der Leistung. Einer Diagnose des Lernstandes und einer differenzierten Leistungsbewertung im Offenen Unterricht sollten sich daher eine Lernberatung und konkrete weitere Lernvorhaben anschließen (vgl. S. 78 ff.).

   Diagnosekompetenz und weitere Strukturierungshilfe

4. *Lernende benötigen unterschiedliche Betreuung:* Leistungsschwache (z.B. Bennett 1979), konzentrationsschwache (z.B. Garlichs u.a.) bzw. gewissheitsorientierte (Huber 1999) Schülerinnen und Schüler nutzen die Arbeits- und Lernzeit weniger intensiv und sind auf eine stärkere Strukturierungshilfe und Anleitung angewiesen. Dies weist auf die Notwendigkeit einer Differenzierung innerhalb des jeweiligen Unterrichtsarrangements hin. Daraus ist zu folgern, dass nicht alle Lernenden im selben Maße mit der Öffnung von Unterricht umgehen können und eine differenzierte und schrittweise Hinführung notwendig ist. Eine engere Anleitung, z.B. im Rahmen einer Wochenplanarbeit, kann daher für manche Jugendliche sehr hilfreich sein.

   Unterschiedliche Betreuung

5. *Der Vorbereitung der Lernenden* auf die jeweilige Lernsituation kommt eine entscheidende Bedeutung zu (Weinert/Helmke 1995; Weinert 1994; Hilligen 1985, S. 209). Dies bezieht sich besonders auf anspruchsvolle Lernsituationen, in denen sie in hohem Maße selbstständig agieren: »Die Selbststeuerung des Lernens muss gelehrt und gelernt werden ...« (Weinert 1996, S. 6) Es ist daher verantwortungslos gegenüber den Lernenden und gegenüber dem anspruchsvollen Konzept des Offenen Unterrichts, wenn Kinder und Jugendliche unvorbereitet und direkt mit offenen Lernsituationen konfrontiert wer-

   Vorbereitung

den. Die Wahrscheinlichkeit von Misserfolgserlebnissen steigt, die weitere Bereitschaft von Lehrkräften und Lernenden, sich auf Offene Lernsituationen einzulassen, sinkt dementsprechend. Zur Vorbereitung der Schülerinnen und Schüler hat etwa Heinz Klippert in detaillierter Arbeit Übungsbausteine und Konzeptionen entwickelt (Klippert 1994a, 1995, 1998, 2000), die allerdings reflektiert in den jeweiligen Kontext integriert werden müssen.

Kummulative Lernprozesse

6. *Kumulative Organisation von Lernprozessen* (BLK 1997, S. 17f.): Lernende sollten den Überblick über die Vernetzung der Themen und Inhalte behalten, die Progression des Anspruches erkennen und mit den vorherigen Lernprozessen und -themen verbinden können. Dies verdeutlicht die Notwendigkeit einer curricularen und konzeptionell fundierten Planung Offenen Unterrichts. Kumulative Lernprozesse müssen vorbereitet und verdeutlicht werden, sie stellen sich nicht von alleine ein.

Adaptivität

7. *Adaptivität* (Helmke 1988): Ein bestimmtes Maß an Adaptivität, d.h. an Passung zu Lern-, Entwicklungs- und Bedürfnisstand der Schülerinnen und Schüler fördert den Lernerfolg. Die Anschlussfähigkeit an Vorkenntnisse erfordert differenzierte Maßnahmen: Häufigkeit von Kleingruppenunterricht, individuelle fachliche Unterstützung in Konsolidierungsphasen (Stillarbeit), Variation der Schwierigkeit von Fragen, Hilfe bei fachlichen Schwierigkeiten, Förderung schwacher Schülerinnen und Schüler. Eine monomethodische Unterrichtsstruktur, die lediglich aus einer Methode, z.B. Frontalunterricht, besteht, genügt nicht. Innerhalb eines offenen Lernarrangements sind Differenzierungsmaßnahmen notwendig, die nicht nur durch freie Wahl festgelegt werden, sondern nach einer differenzierten Diagnose der Lehrkräfte durchaus auch angeleitet und zielgerichtet für bestimmte Schülerinnen und Schüler eingesetzt werden.

Sozial-emotionales Klima

8. *Positives sozial-emotionales Klima* (Gruehn 1995; Helmke 1988): Dieser Indikator verdeutlicht, dass eine zu hohe Effektivitätsausrichtung zu Ungunsten sozial-emotionaler Faktoren für die Unterrichtsqualität und den Lernerfolg schädlich ist. Minderung von Angst und eine positive Lehrer-Schüler-Beziehung (Ermutigung, Freundlichkeit) wirken sich positiv aus.

Klassenführung

9. *Klassenführung* (Helmke 1988, Weinert 1996): Eine effiziente Klassenführung definiert (bei Helmke 1988) beispielsweise über klare Regeln, effektiver Umgang mit Disziplinstörungen, Störungsarmut des Unterrichts ist ein wesentliches Merkmal der Unterrichtsqualität. Der Begriff Klassenführung wurde bisher kaum auf Offenen Unterricht bezogen. Er ist jedoch grundlegend, um ruhige und möglichst störungsfreie Lernprozesse zu ermöglichen – unabhängig von der jeweiligen Unterrichtsform.

Insgesamt zeigt sich, dass die Frage »Offener Unterricht ja oder nein?« bzw. »Offener Unterricht oder Frontalunterricht?« obsolet wird. Sie weicht einer differenzierteren Betrachtungsweise:

> **Jede Unterrichts- und Instruktionsmethode hat grundsätzlich Stärken und Schwächen, d.h. vermag bestimmte Zielsetzungen besser oder schlechter zu erreichen.**

Auch dies spricht für eine zielgerichtete Methodenvielfalt. Beispielsweise lässt sich die Zielsetzung kooperatives Lernen nicht verwirklichen, wenn nicht auf irgendeine Weise kooperatives Lernen ermöglicht wird.

> **Jede Unterrichtsmethode kann darüber hinaus auf Grund personen- und situationsspezifischer Charakteristika qualitativ variieren, d.h. jeweils gut/erfolgreich oder weniger gut/weniger erfolgreich realisiert werden.**

Beispielsweise garantiert ein auf kooperatives Lernen ausgerichtetes Arrangement nicht zwangsläufig, dass wirklich kooperatives Lernen stattfindet. Die Klassensituation oder die mangelnde Vorbereitung der Schülerinnen und Schüler könnten dafür verantwortlich sein, dass Lernprozesse von anderen Aktivitäten überlagert oder verdeckt unterlaufen werden.

Die Qualität *jeder* Lern- und Unterrichtsmethode sollte daher betrachtet und permanent verbessert werden. Keine Unterrichtsmethode ist per se gut oder schlecht.

Verbreitung Offener Unterrichtsformen im Unterrichtsalltag

Auf Grund unzähliger Publikationen und Erfahrungsberichte läge die Vermutung nahe, der Unterrichtsalltag sei von Offenem Unterricht geprägt. Leider liegen bisher nur sehr wenige Untersuchungen vor, die den Alltag unter dem Kriterium der Unterrichtsmethoden durchleuchten. Eine wichtige Untersuchung hierzu legten Hage u.a. 1985 vor. Sie untersuchten über Unterrichtsbeobachtungen fünf Hauptschulen, drei Gymnasien und zwei Gesamtschulen in Nordrhein-Westfalen und stellten eine methodische Monostruktur des Unterrichts fest, geprägt von Gleichförmigkeit und Lehrerdominanz. Bezogen auf die untersuchten Sozialformen zeigten sich die folgenden zeitlichen Anteile am Gesamtunterricht: Klassenunterricht 76,86 Prozent, Klassenkooperation 2,6 Prozent, Gruppenarbeit 7,43 Prozent, Partnerarbeit 2,88 Prozent, Einzelarbeit 10,24 Prozent. Die Studie weist eine Vielzahl äußerst differenzierter Befunde auf (z.B. nach Schularten, nach Fächern, nach Schülertätig-

Studie von Hage u.a.: Methodische Monostruktur

keit etc.), sie geben jedoch keine Auskunft über die Anwendungshäufigkeit Offener Unterrichtsformen. Vermutlich wurde Offener Unterricht in der heute diskutierten Ausprägung (z.B. als Freiarbeit) im Unterrichtsalltag schlicht nicht praktiziert. Daher ist es heute nicht mehr ohne weiteres möglich, die Studie von Hage u.a. als Beleg für eine lehrerdominierte Methodenpraxis anzuführen. Einige weitere Studien geben punktuell Auskunft über die Anwendungshäufigkeit von Freiarbeit (Jürgens 1998), Gruppenarbeit (Kanders u.a. 1996; Bauer/Kanders 2000, S. 313) und Projektunterricht bzw. -wochen (z.B. Kanders u.a. 1996, S. 94). Das Institut für Schulentwicklungsforschung in Dortmund hat zudem die Anwendungshäufigkeit verschiedener Unterrichtsverfahren untersucht (Kanders u.a. 1996; Bauer/Kanders 2000), die jedoch nicht direkt Varianten Offenen Unterrichts zugeordnet werden können, dazu zählt insbesondere der Indikator »Die Schüler arbeiten selbstständig an selbst gewählten Aufgaben«. Die dabei verwendeten Skalierungen (sehr oft/manchmal/niemals oder ganz selten) geben leider keine Auskunft über den realen Zeit- bzw. Stundenanteil einzelner Unterrichtsverfahren am gesamten Unterrichtsgeschehen.

Weitere Studien

Bohl (2000) unternahm den Versuch, zumindest für die Schulart Realschule ein detailliertes Ergebnis zu erhalten (Abb. 3, S. 37). Er untersuchte die unterrichtsmethodische Struktur an fast allen 424 Realschulen Baden-Württembergs und berücksichtigte den zeitlichen Anteil Offener Unterrichtsmethoden am Gesamtdeputat der befragten Lehrkräfte. Über eine schriftliche Befragung unterrichtsmethodisch engagierter Lehrkräfte (N = 674) erhielt er Angaben über Frontalunterricht, Gruppenarbeit; Fächerverbindender Unterricht; Projektunterricht, Lernzirkel, Freiarbeit; Lernzirkel (LZ); Wochenplanarbeit (WP) und Team Teaching (TT). Abbildung 3 zeigt eine Zusammenfassung der Ergebnisse.

Studie von Bohl: Vielfalt auf geringem Häufigkeitsniveau

Frontalunterricht wird erwartungsgemäß am häufigsten praktiziert (84,3 Prozent), gefolgt von Gruppenarbeit (28,7 Prozent). Alle anderen Unterrichtsmethoden werden nur von sehr wenigen Lehrkräften häufiger als drei Stunden pro Woche praktiziert. Als zentrales Ergebnis der Untersuchung, zeigt sich, dass eine unterrichtsmethodische Vielfalt erkennbar ist, allerdings auf geringem Häufigkeitsniveau (Bohl 2000, S. 221). Weitere Befunde schränken dieses Fazit jedoch ein: Die unterrichtsmethodische Vielfalt findet vorwiegend in der Orientierungsstufe statt, in den oberen Klassenstufen nimmt sie beträchtlich ab. Kontrastiert

> **Insgesamt hat sich der Unterrichtsalltag zwar verändert, er ist methodisch vielfältiger geworden, gleichzeitig bleibt die Dominanz des Frontalunterrichts ungebrochen. Damit hinkt der Unterrichtsalltag erheblich hinter den Reformerwartungen und der schulpädagogischen Fachdiskussion hinterher.**

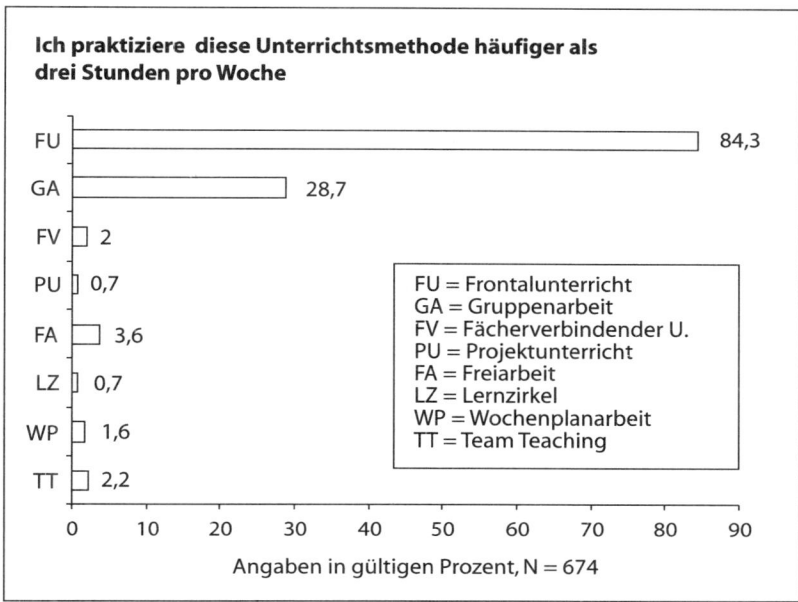

Abb. 3: Unterrichtsmethoden, die mehr als drei Stunden pro Woche praktiziert werden (Bohl 2000, S. 220)

man diese Befunde mit der eingangs formulierten Zielsetzung eines in zunehmendem Maße selbstständigen Lernens von Schülerinnen und Schülern an Sekundarschulen, so muss das Fazit ernüchternd ausfallen: Mit zunehmendem Alter scheinen Schülerinnen und Schüler immer weniger selbstständig zu agieren.

Da sich die Befragung ausschließlich auf unterrichtsmethodisch engagierte Lehrkräfte bezieht, muss davon ausgegangen werden, dass die Verbreitung von Offenem Unterricht in der Grundpopulation noch weitaus geringer ist.

Offener Unterricht im Spiegel der Schulforschung

Der bisherige Blick war weitgehend auf Lernarrangements innerhalb einer Klasse bzw. auf die Gestaltungsmöglichkeiten einer Lehrkraft beschränkt. Dies ist eine zu enge Sichtweise. Wirkungsfaktoren über einzelne Klassen und Lehrkräfte hinaus beeinflussen die Qualität des Unterrichts und damit auch die Qualität der Schule.

Betrachtet man die Frage der Unterrichts- und Schulqualität innerhalb einer Einzelschule, so müssen auch Hinweise der empirischen Schulqualitätsforschung berücksichtigt werden. Rutter u.a. weisen in ihrer viel zitierten Studie bereits 1979 darauf hin. Sie belegen die Bedeutung des Schulethos, der sich aus verschiedenen Aspekten der Schulsituation und ihren Werten und Normen zusammensetzt. Einige Befunde

Studie von Rutter u.a.: Schulethos

ihrer Studie sind besonders erwähnenswert. Rutter u.a. (1979, S. 226ff.) weisen die Bedeutung des schulischen und von allen getragenen Konsens im Hinblick auf bestimmte Ziele und Methoden nach. Sie präzisieren dies und warnen interessanterweise vor einer lediglich punktuellen und verbalen Kooperation, die wenig nütze. Es kommt demnach darauf an, die Kooperationen in relativ einheitliche Handlungen überzuführen, die im Unterricht und im alltäglichen Umgang mit Kindern und Jugendlichen wirksam werden. Nach Aurin ist darin ein zentrales Kennzeichen der Handlungsstruktur einer Einzelschule zu sehen (Aurin 1990, S. 77f.). Einzelschulen können sich konsequenterweise in ihrer Wirkungsweise und in ihrem Ethos erheblich unterscheiden (vgl. Fend 1986).

Kooperationen in Handlungen überführen

Vereinbarungen über gemeinsame Zielsetzungen und Handlungsweisen innerhalb eines Kollegiums beeinflussen daher auch die Qualität und Wirksamkeit des Offenen Unterrichts. Noch fragwürdiger erscheint es deshalb, Offenen Unterricht pauschal als gut oder schlecht zu bezeichnen, vielmehr wird der Fokus auf die Einzelschule und die einzelne Unterrichtssituation wichtiger.

> Eine Einzelschule A, die sich über ihre Zielsetzungen verständigt und in der Lage ist, konkrete Programme, Handlungsschritte und Anspruchshaltungen zu ihrem Offenen Unterricht zu formulieren, entfaltet einen anderen Zugriff auf Offenen Unterricht als die möglicherweise benachbarte Schule B, in der eine einzige Kollegin alleine bemüht ist, in kleinen Schritten in ihrem Fach und in einer Klasse erste Öffnungsversuche zu wagen – möglicherweise gegen den Widerstand ihrer Kolleginnen und Kollegen.

Überwindung der parzellierten Schulstruktur

Die zunächst gegebene parzellierte Schulorganisation (Fächer, Fachlehrer, Fachräume, Zeitorganisation, Parzellierung der Lehrplaninhalte) stärkt einen Unterricht, der sich nahtlos in *diese* Struktur einfügt. Ein Unterricht, der sich dieser Struktur widersetzt, muss aktiv vorbereitet werden. Es bedarf also einiger Anstrengungen, um ihn überhaupt organisatorisch zu ermöglichen. Am deutlichsten wird dies beim Projektunterricht, der häufig als die Reinform Offenen Unterrichts bezeichnet wird. Die Durchführung eines hochwertigen Projektunterrichts im Unterrichtsalltag einer staatlichen Sekundarschule bedarf vielfältiger begleitender Unterstützungsmaßnahmen, z.B. Änderung von Raumplänen, Änderung des Stundenplanes, Bereitstellung von Vertretungen. Davon sind immer auch andere, nicht direkt beteiligte Personen betroffen. Eine Schule, die explizit offene Unterrichtsmethoden als Teil ihres Profils versteht, erleichtert ihren Mitgliedern die Veränderung der gängigen Schulstruktur emotional und pragmatisch.

Eine weitere Ebene ist für die Qualität und Wirksamkeit Offener Unterrichtsform bedeutsam: die Lehrkräfte einer Klasse, im Folgenden

Lehrerteam genannt. Auch hier zeigt sich: Die Wirksamkeit erhöht sich bei kooperativem Vorgehen im Lehrerteam. Eine gemeinsame und abgestimmte Vorgehensweise kann sich beispielsweise in den folgenden Handlungen zeigen:

Bedeutung von Lehrerteams

- Regeln, die an der Wand visualisiert sind, z.B. zur Freiarbeit, werden von allen Lehrkräften gleichermaßen eingefordert.
- Bausteine zum Methodenlernen (z.B. Texte zusammenfassen, Lernplakate gestalten, Hefteintrag) werden in verschiedenen Fächern eingeübt, gleichzeitig verwenden andere Kolleginnen und Kollegen diese Bausteine und fügen sie in ihren Unterrichtsverlauf ein.
- Lehrkräfte informieren sich gegenseitig über die Arbeit und Verhaltensweisen von Schülerinnen und Schülern in Offenen Unterrichtsphasen.
- Lehrkräfte achten auf die Einhaltung von getroffenen Absprachen, sowohl gegenüber ihren Kolleginnen und Kollegen als auch gegenüber Schülerinnen und Schülern.
- Grundlegende Werthaltungen werden gegenüber Schülerinnen und Schülern gemeinsam vertreten.
- Immer wieder besuchen sich Lehrkräfte im Unterricht, z.B. zu Reflexionsphasen, und zeigen damit eine einheitliche Vorgehensweise und kollegiale Zusammenarbeit.

Eine solche Vorgehensweise ist effektiv: Nicht jeder muss alles von Beginn an in seinem Fach einüben, sondern kann von den Arbeiten der Kolleginnen und Kollegen profitieren. Schülerinnen und Schüler sind von einer einheitlichen Vorgehensweise eher überzeugt, die Akzeptanz von Lehrerentscheidungen und -verhalten ist höher. Im Übrigen haben Jugendliche ein feines Gespür dafür, wann sich ihre Lehrerinnen und Lehrer widersprechen, dementsprechend spüren sie auch eine einheitliche Vorgehensweise.

Akzeptanz bei Schülerinnen und Schülern

In der Konsequenz dieses Teilkapitels möchte ich festhalten:

> Die Qualität jeden Unterrichts, ganz besonders die Qualität Offenen Unterrichts, ist von zahlreichen Faktoren abhängig, die über die Reichweite eines einzelnen Lehrers oder einer einzelnen Lehrerin hinausgehen. Damit ist die Frage der Qualität und Charakteristik Offenen Unterrichts immer auch im Kontext der jeweiligen einzelschulischen und situativen Wirkungsfaktoren zu sehen.

Zusammenfassung

- Offener Unterricht kann jeweils besser oder schlechter realisiert werden. Die Unterrichtsforschung weist verschiedene Indikatoren nach, die geeignet sind, die Qualität Offenen Unterrichts zu verbessern, z.B. Strukturiertheit des Unterrichts, aktive Nutzung der Lernzeit, Zusammenhang zwischen Diagnosekompetenz und Strukturierungshilfen, individuelle Betreuung, gezielte Vorbereitung der Schülerinnen und Schüler, kumulative Organisation, Adaptivität, positives sozial-emotionales Klima, Klassenführung.
- Im Gegensatz zum Stellenwert Offenen Unterrichts in der schulpädagogischen Diskussion ist der Unterrichtsalltag nach wie vor maßgeblich von Frontalunterricht geprägt. Offene Unterrichtsmethoden (z.B. Freiarbeit, Lernzirkel, Wochenplanarbeit) werden an Sekundarstufen praktiziert, allerdings selten. Zudem ist Offener Unterricht vorwiegend auf die unteren Klassenstufen begrenzt.
- Die Weiterentwicklung Offener Unterrichtsmethoden ist davon abhängig, inwiefern es Lehrkräften einer Einzelschule gelingt, über ihre Fächergrenzen hinaus mit Kolleginnen und Kollegen zu kooperieren. Die Qualität Offenen Unterrichts wird verbessert, wenn eine einheitliche Vorgehensweise im Kollegium und im Lehrerteam geleistet werden kann.

3. Begründung einer veränderten Bewertungspraxis

Varianten Offenen Unterrichts sind gut geeignet, die Zielsetzungen des erweiterten Lernbegriffs sowie selbstständiges Lernen zu verwirklichen. Eine hier ansetzende Praxis des Prüfens und Bewertens an staatlichen Sekundarschulen muss zunächst bemüht sein, sich auf *alle* Subkompetenzen des erweiterten Lernbegriffs zu beziehen, die Diagnose und Bewertung also auf methodisch-strategische Leistungen, sozial-kommunikative Leistungen und Leistungen im Bereich der Selbst- und Persönlichkeitskompetenz auszuweiten (Bohl 2001a, S. 19). Auf welche Weise die Leistung dokumentiert wird (z.B. Note, verbale Beurteilung, Rasterzeugnisse) ist wichtig, jedoch nicht primär. Diese Prämisse setzend, eröffnen sich zahlreiche Bewertungsvarianten. Die Diskussion im bundesdeutschen Raum hat sich bisher stark auf verbale Bewertungen als Alternative zur Notengebung beschränkt. Diese Debatte geht an der Situation der staatlichen Sekundarschulen vorbei und bietet daher nur wenig Reformpotenzial für deren gegenwärtige Unterrichtspraxis. Gleichzeitig müssen Gütekriterien benannt werden, die geeignet sind, eine qualitativ hochwertige Bewertungspraxis zu erreichen, auch wenn die Bewertung als Zensur ausgewiesen wird (S. 73 ff.), sodass eine unreflektierte Notengebung vermieden wird.

Erweiterter Lernbegriff

Noten oder verbale Beurteilungen?

Zum Verhältnis von Offenem Unterricht und Leistungsbewertung

Die Frage der Leistungsbewertung wurde in der Literatur zum Offenen Unterricht lange vernachlässigt. Zumeist wird das Thema überhaupt nicht oder lediglich punktuell und am Rande erwähnt (z.B. Vaupel 1998, S. 58ff.; Bauer 1997, S. 140ff.; Krieger 1994, S. 57; Sehrbrock 1993, S. 17; Wallrabenstein 1991, S. 119ff.; Kunert 1978, S. 143ff.; 1993; Potthoff 1990, S. 79f.). Dies hängt mit dem theoretischen Begründungsrahmen von Offenem Unterricht zusammen:

Begründungsrahmen Offenen Unterrichts

- *In historischer Perspektive* wird Offener Unterricht vielfach als aktualisierte und reflektierte Fortführung reformpädagogischer Vorläuferinnen und Vorläufer, z.B. Maria Montessori, Helen Parkhurst, Peter

Historisch

Petersen, Hugo Gaudig, Célestin Freinet, angesehen (s. Kap. 4). Dem reformpädagogischen Ethos entsprechend, wird bei aller Unterschiedlichkeit der einzelnen Ansätze eine Pädagogik vom Kinde aus beschrieben, selbst bestimmt und selbst gesteuert. Dementsprechend ist eine Bewertung vorwiegend im Sinn einer lernfördernden Rückmeldung oder sachimmanenten Kontrolle möglich. Eine fremdbestimmte Bewertung, gar in Form einer vermeintlich objektiven Zensur mit geringem Informationswert wird abgelehnt – sowohl von den Reformpädagoginnen und -pädagogen selbst als auch in der heutigen Rezeption und Aktualisierung ihrer Ansätze.

Lern- und unterrichtstheoretisch
- *Aus lern- und unterrichtstheoretischer Perspektive* ermöglicht Offener Unterricht individuelles, aktives und handelndes Lernen, dazu zählt ein förderndes Leistungsverständnis, das nicht von selektionswirksamen Auslesemechanismen konterkariert wird. Die Freude an der eigenen selbst bestimmten und intrinsisch motivierten Lernleistung und nicht die Leistung für die Zensur soll geweckt werden. Die pädagogische Funktion der Bewertung ist damit besonders angesprochen.

Pädagogisch-politisch
- *In pädagogisch-politischer Perspektive* wurde Offener Unterricht, z.B. als Projektunterricht oder Projektwochen, insbesondere in den 70er- und 80er-Jahren auf dem Hintergrund (schul-)politischer Veränderungsambitionen begründet: Offener Unterricht sollte bewusst einen Gegenpol zum alltäglichen, konkurrenz- und leistungsorientierten Lernen bieten. Schülerinnen und Schüler sollten selbst bestimmt und kooperativ agieren, dabei wertvolle Erfahrungen sammeln, um anschließend die Zensurengebung und die »Prinzipien des ›Normalunterrichts‹ in Frage zu stellen« (Gessert in Bastian u.a. 1980, S. 117). Auch hier wurde die Frage der Bewertung vorwiegend als Selbstbewertung oder sachimmanente Rückmeldung, z.B. eines funktionierenden Produktes, thematisiert.

Aktuelle Regelungen
Sofern die Thematik Prüfen und Bewerten auf Offenen Unterricht bezogen wurde, galt dies also vorwiegend der Selbstbewertung, der sachimmanenten Rückmeldung und den verschiedenen Varianten einer verbalen Bewertung. Die schulpädagogischen Begründungen hatten bisher allerdings kaum Konsequenzen für staatliche Sekundarschulen. Offener Unterricht wird in den Präambeln der deutschen Bildungspläne zwar vielfach erwähnt und damit bildungspolitisch gewünscht, allerdings verändern sich Bewertungsverfahren und Zeugnisregelungen an Sekundarschulen erst allmählich. Um dies zu verdeutlichen, skizziere ich zunächst die Situation an Grundschulen, Modellschulen und im Ausland:

Grundschulen
- An deutschen *Grundschulen* werden fast in allen Bundesländern ab dem 3. oder 4. Schuljahr Noten gegeben. In den ersten beiden Schul-

jahren dominieren Berichtszeugnisse, mündliche Beratungsgespräche, Lernentwicklungsberichte oder kombinierte Verfahren (vgl. Bartnizky 1996, S. 130ff.).
- Die bundesdeutsche schulpädagogische Diskussion zur Leistungsbewertung wird maßgeblich von Bewertungsverfahren besonderer *Profilschulen* (z.B. Jena-Plan-Schulen) oder *Modellschulen* (z.B. Laborschule Bielefeld) bestimmt und profitiert von deren Erfahrungen und Forschungsarbeiten (z.B. Lübke 1996).

Modellschulen

- *Im europäischen Ausland* zeigt sich ein sehr unterschiedliches Bild (vgl. Hanke/Becher 1993; Meyer 1996, S. 80ff.). Einige Länder (z.B. Dänemark, Italien, Irland, Finnland, Norwegen, Schweden, Schweiz) haben Noten auch an weiterführenden Schulen abgeschafft, vorwiegend bis zur sechsten, siebten oder achten Klassenstufe. In anderen Ländern (z.B. Frankreich, Türkei, Ungarn, Belgien) gibt es bereits ab der ersten Klasse Noten.

Ausland

An deutschen Sekundarschulen werden ab der Klassenstufe 5 Noten gegeben. Erst in jüngster Zeit zeigt sich eine Entwicklung dahingehend, dass in der Orientierungsstufe oder in der gesamten Sekundarstufe zusätzlich zu Zensurenzeugnissen verbale Beurteilungen oder Hinweise zum Lern- und Arbeitsverhalten angefügt werden können bzw. derartige Varianten erprobt werden. Beispiele aus einigen Bundesländern verdeutlichen dies:

Sekundarschulen

- *Hamburg:* Bemerkungen zum Arbeits- und Sozialverhalten in Klassenstufe 5 bis 10.
- *Baden-Württemberg:* Verbale Beurteilungen in der Orientierungsstufe.
- *Mecklenburg-Vorpommern:* Verbale Einschätzungen zum Lern-, Arbeits- und Sozialverhalten an Haupt- und Realschulen.
- *Schleswig-Holstein:* In der Orientierungsstufe können Noten durch Berichtszeugnisse ersetzt werden.

Die Situation ist sehr unübersichtlich. Auch innerhalb der einzelnen Länder variieren die Vorgaben je nach Schulart und Jahrgangsstufe. Insgesamt zeigt sich jedoch eine deutliche Tendenz: Verbale Beurteilungen und Rasterzeugnisse (z.B. zum Lern- und Arbeitsverhalten) *ergänzen* das Notenzeugnis. Noten werden nicht abgeschafft, sondern durch differenziertere Bewertungsformen ergänzt. Aktuelle Zeugnis- und Prüfungsreformen in Deutschland werden später ausführlicher thematisiert (Kap. 9).

Fazit: Noten werden ergänzt, jedoch nicht ersetzt

Für die Bewertung von Leistungen im Offenen Unterricht ist eine weitere rechtliche Regelung beachtenswert. In einigen Bundesländern können besondere Lernleistungen, die z.B. aus einem Projektunterricht resultieren, über eine Note bewertet werden. Diese Änderung ist z.B. für Baden-Württemberg, Mecklenburg-Vorpommern und Thüringen geplant, wobei sie zum Teil auch eine Klassenarbeitsnote ersetzen können.

Der Freiraum zur Bewertung von Leistungen im Offenen Unterricht wird insgesamt größer, es deuten sich gewisse Veränderungen und Möglichkeiten des offiziell legitimierten Prüfens und Bewertens im Offenen Unterricht an – allerdings ohne das Monopol der Notengebung aufzuweichen.

Ein erweiterter Lernbegriff benötigt veränderte Bewertungsformen

Zensuren prägen den Alltag

Trotz der o.g. Entwicklung ist die derzeitige Praxis der Bewertungs- und Zeugnisregelungen ein weitgehendes Spiegelbild eines engen und tradierten Leistungsverständnisses: Die Zensurengebung prägt den Alltag, sie ist zudem fast durchweg auf fachlich-inhaltliche, kognitive und individuelle Leistungen beschränkt. Die Praxis der Leistungsbewertung weist immer noch »retardierte Momente« (Schratz 1995, S. 281) auf.

Zu einem auf den erweiterten Lernbegriff bezogenen Bewertungs- und Diagnoseverständnis gehört die Fähigkeit, für jedes Unterrichtsarrangement ein geeignetes Bewertungsverfahren entwickeln und anwenden zu können – bezogen auf die jeweiligen Zielsetzungen, z.B.:

- Leistungen in einem projektorientierten Unterricht zu bewerten,
- Leistungen bei längeren Gruppenphasen zu bewerten,
- das Lern, Arbeits- und Sozialverhalten in freien Unterrichtsphasen systematisch zu beobachten und zu bewerten.

Bewertungsfreie Phasen

Die Thematik Prüfen und Bewerten im Offenen Unterricht ist damit Teil eines professionellen Berufsverständnisses von Lehrkräften und Teil einer differenzierten Diagnostik, die bisher lediglich in der Ausbildung von Sonderschullehrern vorgesehen war. Innerhalb der Sekundarlehrerausbildung besteht hier noch erheblicher Entwicklungsbedarf. Lehrkräfte sollten auch in der Lage sein, das Anspruchsniveau der jeweiligen Zielsetzungen zu variieren und zu steigern – sowohl innerhalb eines lehrer- und stoffzentrierten Unterrichts als auch in einem Offenen Unterrichtsarrangement. Dies ist ohne eine differenzierte Diagnostik und Bewertung kaum möglich. Allerdings darf dies keinesfalls dahingehend missverstanden werden, dass Schülerinnen und Schüler permanent bewertet werden sollen, gar in Form einer Note. Vielmehr sollte es bewertungsfreie Phasen geben, die jedoch nicht ausschließlich an offene Unterrichtsphasen gekoppelt sind.

Innovativ unterrichtende Lehrerinnen und Lehrer stärken

Der weitgehenden Beschränkung auf Noten zum Trotz zeigt eine zunehmende Zahl praxisnaher Forschungs- und Erfahrungsberichte (z.B. Grunder/Bohl 2001; Wester 2000; Klippert 2000, S. 168ff.; Edeler/Ritter 1997; Friedrich-Jahresheft 1996; Bendler 1995; Goetsch 1994) in jüngster Zeit, dass auf sehr unterschiedliche Weise veränderte Bewertungsformen realisiert werden. Die, wenn auch hinsichtlich des zeitlichen Anteils geringe Verbreitung Offener Unterrichtsformen (vgl. S. 37), weckt offensichtlich den Bedarf nach geeigneten Bewertungsformen. In der o.g. Untersuchung hat Bohl (2000, S. 269ff.) für baden-württembergische Realschulen diesen Bedarf erhoben (Abb. 4).

Die gängigen Formen der Leistungsbeurteilung (z.B. Klassenarbeiten, Tests, mündliche Noten) …	LZ	GA	FV	PU	FA	WP
… möchte ich für diese Unterrichtsmethode nicht verändern	42,6	28,9	50,1	14,9	22,7	37,0
… würde ich gerne verändern und an diese Unterrichtsmethode anpassen	47,4	50,7	42,4	65,1	65,1	52,6
… habe ich verändert und an diese Unterrichtsmethode angepasst	9,7	20,4	7,6	20,0	12,2	10,4
Summe	100	100	100	100	100	100

N = 674, Angaben in gültigen Prozent

LZ = Lernzirkel; GA = Gruppenarbeit; FV = fächerverbindender Unterricht; PU = Projektunterricht; FA = Freiarbeit; WP = Wochenplanarbeit

Abb. 4: Bedarf nach Veränderung der Leistungsbeurteilung an Realschulen

Ungefähr die Hälfte der befragten Lehrkräfte sieht für alle hier genannten Unterrichtsmethoden einen Veränderungsbedarf, die Werte sind besonders für Projektunterricht und Freiarbeit hoch. Ungefähr ein Fünftel der Befragten hat die Leistungsbewertung für Gruppenarbeit und Projektunterricht bereits verändert. Insgesamt kann aus diesem Befund geschlossen werden, dass bei Lernzirkel, Gruppenarbeit, Projektunterricht, Freiarbeit und Wochenplanarbeit ein deutlicher Wunsch nach Anpassung der Leistungsbewertung vorhanden ist.

Ein Hamburger Forschungsteam (vgl. Jachmann/Tillmann 2000) konnte in einer schriftlichen Befragung (1.476 Schülerinnen und Schüler, 1.328 Eltern, 637 Lehrkräfte) quer durch die drei Personengruppen feststellen, dass eine Bewertung des Arbeits- und Sozialverhaltens in Zeugnissen eine hohe Akzeptanz erfährt. Diese Befunde können im Sinne eines veränderten Bewertungsbedarfs interpretiert werden.

Veränderungsbedarf besonders für Projektunterricht und Freiarbeit

Leistungen von Lehrenden und Lernenden werden transparent

Diese Entwicklung ist dringend notwendig, weil innovativ unterrichtende Lehrkräfte in der Praxis und häufig innerhalb ihres Kollegiums mit einem Vorurteil kämpfen: Offener Unterricht wird zwar als wichtig erachtet, viele Lehrerinnen und Lehrer an Sekundarschulen sind jedoch der Meinung, das wahre und anstrengende Lernen und Leisten fände im sonstigen, d.h. überwiegend lehrerzentrierten Unterricht statt. Auf Grund der Dokumentation von Lernleistungen, die im Offenen Unterricht erbracht wurden, bleiben die pädagogischen und methodisch-didaktischen Bemühungen der Lehrkräfte, sowie die Anstrengungen und Leistungen der Lernenden nicht im Dunkeln, sondern werden öffentlich und transparent. Bei entsprechend veränderten Dokumentationsformen (z.B. Zeugnisbeilagen, verbale Beurteilungen) können Schülerinnen und Schüler nicht zuletzt ihr spezifisches Kompetenzprofil bei Bewerbungen belegen. Die im Offenen Unterricht erbrachten Leistungen werden veröffentlicht und gewürdigt.

Schülerinnen und Schüler vielfältig fördern

Der Unterricht muss zunächst so arrangiert sein, dass Elemente des erweiterten Lernbegriffs erlernbar sind. Erst dann bietet sich eine veränderte Bewertungspraxis an – bezogen auf diese erlernbaren Elemente. Auf Grund der Bewertung und Dokumentation der erbrachten Leistungen werden die Zielsetzungen Offenen Unterrichts aufgewertet. Für Schülerinnen und Schüler wird ersichtlich, dass diese Leistungen erlernbar sind, sie erleben eine Weiterentwicklung ihrer Kompetenz. Gleichzeitig ist ihre Leistung im Offenen Unterricht folgenreich und wird gegenüber Dritten dokumentiert. Bisher erlebten sie ein Spannungsfeld: Während auf einer personellen und zumeist verbalen Ebene (Lehrer-Schüler) sozial-kommunikative oder methodisch-strategische Leistungen als wichtig benannt wurden, vollzog sich in institutioneller und persönlich-biografischer Hinsicht eine Kehrtwendung: Wichtig, d.h. persönlich folgenreich aus der Sicht jedes Lernenden sind die individuellen, fachlichen und kognitiven Leistungen, sie entscheiden über den zukünftigen beruflichen Werdegang und sozialen Status.

Bewertungsvielfalt zur Förderung vernachlässigter Fähigkeiten

Die systematische Förderung der Schülerinnen und Schüler wird auf alle Bereiche des erweiterten Lernbegriffs ausgeweitet. Eine Bewertungsvielfalt als Fortsetzung einer konsequenten Realisierung des erweiterten Lernbegriffs ist damit ein Beitrag zu einer gerechteren schulischen Leistungsbeurteilung, weil er unterschiedliche, bisher weitgehend brachliegende Begabungen und Fähigkeiten berücksichtigt und keinem eindimensionalen kognitiv-wissensorientierten Denk- und Handlungsmuster folgt. Die bisherige Kombination eines engen Lern- und Leistungsverständnisses sowie einer auf fachlich-inhaltliche Leistungen fixierten Notengebung und Zeugnisregelung legt den dringenden Verdacht nahe, dass Schülerinnen und Schüler im Laufe ihrer Schulzeit kaum Rückmeldung und Förderung zu einer Vielzahl von Fähigkeiten erhalten, die für ihr weiteres Leben notwendig sind: angenehm und verständlich präsentieren, Gruppen leiten, Gruppenprozesse durchschauen, frei und verständlich reden, sich selbst einschätzen, Kritik annehmen und einfühlsam weitergeben, das eigene Lernen organisieren, eigene Lernschwächen kennen u.a. Eine Ausweitung der Diagnostik und Bewertung auf Offenen Unterricht wirkt daher persönlichkeitsentwickelnd und -stabilisierend: Die Kenntnis und realistische Einschätzung der eigenen Fähigkeiten erleichtert die Antizipation von Lösungsstrategien für Handlungs- und Problemfelder und verringert daher das Risiko des Scheiterns in späteren Lern- und Berufssituationen.

Kaum systematische Förderung ohne Bewertung

Unterrichts- und Schulentwicklung konsequent fortsetzen

»Wie halten wir es mit der Leistungsbeurteilung?« – dies ist nicht umsonst die »Gretchenfrage« der Unterrichts- und Schulentwicklung (Winter 2000b, S. 102). Der Umgang mit Leistung und Leistungsbewertung verdeutlicht die schulischen Werte und Haltungen, er öffnet einen tiefen Einblick in das pädagogische Verständnis einer Schule. Ein schulischer Konsens zu Fragen der Leistung und Leistungsbewertung wird nicht ad hoc vollzogen, sondern ist das Ergebnis eines in der Regel langen und aufwändigen innerschulischen Verständigungsprozesses, bei vielen Schulen auch das Ergebnis einer langen schulbiografischen Tradition und Ritualisierung bestimmter Werte. Vereinbarungen über Fragen der Leistungsbewertung haben Außenwirkung und werden z.B. von Eltern sehr genau wahrgenommen und hinterfragt. Die Schule und ihre Lehrkräfte müssen sich daran messen lassen.

Schulischer Konsens zur Leistungsorientierung

Vereinbarungen über mögliche Formen der Leistungsbewertung sind notwendig. Ansonsten sind innerschulisch erheblich divergierende Vorgehensweisen vorprogrammiert. An Sekundarschulen variiert der Unterricht einer Klasse beträchtlich: Unterschiedlichste Unterrichtsmethoden finden parallel statt, häufig ohne gegenseitige Information der einzelnen Fachlehrer. Eine Absprache über mögliche Formen der Leistungsbewertung über Gesamtlehrerkonferenzen, Fachkonferenzen und Klassenkonferenzen wirkt unterstützend und macht die innerschulische Leistungsbewertung transparent. Dies ist dringend notwendig, wie die Verunsicherung vieler Lehrkräfte zeigt:

»Die zunehmende Unsicherheit bezüglich der Bewertung von Schülerleistungen im Rahmen Offener Unterrichtsformen hat zum Teil sogar dazu geführt, dass Lehrerinnen und Lehrer zu einem Rückzug in die ›Sicherheit‹ geschlossener Beurteilungsform tendieren. Es geht hier also darum, die Praxis der Leistungsbeurteilung an der Schule zum Thema von Reflexion und Entwicklung zu machen.« (Schratz/Iby/Radnitzky 2000, S. 110)

Keine nachhaltige Unterrichtsentwicklung ohne Veränderung der Leistungsbewertung

Eine veränderte Praxis der Bewertung ist auf gemeinsame Unterrichts- und Schulentwicklung angewiesen. Gleichzeitig ist Schulentwicklung als zukunftsgerichteter und nachhaltiger Prozess einer Unterrichts-, Personal- und Organisationsentwicklung nicht denkbar, ohne das Leistungsverständnis und die Praxis der Leistungsbewertung zumindest mittel- bis langfristig einzubeziehen. Dabei müssen Einzelschulen allerdings einen schwierigen Balanceakt wagen: Sie können zwar ein spezifisches Leistungs- und Bewertungsverständnis entwickeln, sind jedoch auch an die rechtlichen Bedingungen gebunden, die beispielsweise klare Vorgaben für Pflichtinhalte der Bildungspläne, Notenverordnungen, Abschlussprüfungen und Zeugnisregelungen beinhalten. Veränderungen der Leistungsbewertung vollziehen sich daher additiv zu diesen Regelungen (z.B. Portfolios), innerhalb dieser Regelungen (z.B. Benotung besonderer Lernleistungen) bzw. als pädagogische Ausgestaltung vorhandener Freiräume (z.B. Selbstbewertung, Beobachtungsbögen).

Zum Verhältnis von Bewertung und pädagogischer Diagnostik

Diagnostik und Bewertung

Prüfen und Bewerten im Offenen Unterricht bedient sich Instrumenten und Verfahren (z.B. im Rahmen der systematischen Beobachtung), die in der pädagogischen Diagnostik, vorwiegend im Bereich der Sonderpädagogik, schon lange angewandt werden. Der Begriff der Diagnostik wird häufig nicht trennscharf mit dem Begriff der Beurteilung oder Bewertung gleichgesetzt. Nach Eberle/Hillig (1988, S. 304) ist die pädagogische Diagnostik

»... die Gesamtheit der diagnostischen Aktivitäten im Bereich pädagogischen Handelns als Hilfe für aktuelle pädagogische Entscheidungen«.

Diagnostische Aktivitäten beziehen sich auf die differenzierte Erfassung von Lernvoraussetzungen oder Lernfortschritten der Schülerinnen und Schüler. An Sekundarschulen handelt es sich häufig um Laufbahn- oder Schulwechselentscheidungen, dabei gewinnen prognostische Aspekte an Bedeutung. Diagnostische Aktivitäten beziehen sich auf Handlungsfelder, die über den Unterricht hinausgehen: Gutachten von außerschulischen Experten, Beschreibung der familiären Situation, Beschreibung der bisherigen Schullaufbahn, Perspektiven verschiedener schulischer Fachkräfte u.a. Der Begriff der Bewertung ist enger als der Begriff der pädagogischen Diagnostik. Ergebnisse der Leistungsbewertung, die z.B. über eine systematische Unterrichtsbeobachtung gewonnen werden, aber auch die sonstigen Fachleistungen sind Teil der pädagogischen Diagnostik. Der Anspruch an die schulische Leistungsbewertung darf jedoch nicht überfrachtet werden. Vor allem die Zensurengebung wird mit einer Vielzahl sehr unterschiedlicher, zum Teil widersprüchlicher Funktionen versehen. Zahlreiche Funktionen (z.B. Prognosefunktion, Informationsfunktion) könnten von einer differenzierten und umfassenden pädagogischen Diagnostik eher erfüllt werden, die jedoch im Alltag der Sekundarschulen kaum eine Rolle spielt. Es ist daher kein Wunder, dass sich Lehrkräfte bei Schullaufbahnentscheidungen ihrer Schülerinnen und Schüler zumeist auf ihre Fachnoten stützen – andere differenzierte Instrumente sind nicht vorhanden, weil sie nicht Teil des schulischen und unterrichtlichen Handlungsrepertoires sind.

Diagnostik ist umfassender

Zur Abgrenzung von Bewertung und pädagogischer Diagnostik ist ein weiterer Aspekt wesentlich:

> **Leistungsbewertung im Offenen Unterricht sollte dem Anspruch verpflichtet sein, die einzelnen Kriterien so zu konzipieren, dass sie im Unterricht vermittelt und gelernt werden können (vgl. S. 95ff).**

Diese Einschränkung ist für Verfahren einer pädagogischen Diagnostik nicht notwendig, sie münden nicht in eine Note (während eine Bewertung nach dem hier zu Grunde liegenden Verständnis in eine Note münden *kann*). Die pädagogische Diagnostik ist primär eine Förderdiagnostik, die sich nicht aus Selektionsgründen speist, während über die schulische Leistungsbewertung die Selektionsfunktion der Schule gesichert wird. Im Rahmen eines differenzierten *Diagnose*bogens zum Lern- und Arbeitsverhalten können daher wesentlich mehr Aspekte aufgenommen werden, z.B. Lernwille, Kreativität, Konzentrationsfähigkeit, die nicht ohne weiteres in methodisch-didaktische Settings gefasst werden können. Diese Unterscheidung birgt Vorteile für das Bewertungsverständnis:

Diagnostik ist förder-, nicht selektionsorientiert

- Schülerinnen und Schüler erhalten konkrete Hilfen zur Erreichung der einzelnen Kriterien.
- Die Chance, dass bei den einzelnen Kriterien Verbesserungen erzielt werden, ist hoch.
- Der Anspruch an den (Offenen) Unterricht und die Bewertung ist praktikabel und damit eher Erfolg versprechend.

- Die Bewertung hält ethischen Gesichtspunkten stand, weil nur schwer veränderbare Problembereiche nicht in vorschnellen Bewertungen oder Noten münden.

Bewertung als Teil der Diagnostik

Eine veränderte Leistungsbewertung, die sich auf den gesamten erweiterten Lernbegriff bezieht, leistet einen wichtigen Beitrag zu einer pädagogischen Diagnostik, der über traditionelle Bewertungsverfahren nicht möglich wäre. Einige Funktionen der Zensurengebung, besonders die pädagogische Funktion, die Sozialisierungsfunktion und die Orientierungsfunktion (vgl. Jürgens/Sacher 2000, S. 21) können über Bewertungen im Offenen Unterricht eher erfüllt werden als über die traditionelle Bewertung, weil sie sich auf ein breiteres Lernspektrum beziehen. Versteht man die Funktionen der Zensurengebung als gesellschaftliche Erwartungen an die Schule, und versteht man ein verändertes Bewertungsverständnis als Teil einer umfassenderen pädagogischen Diagnostik, dann leistet die Ausweitung der Bewertung auf Leistungen im Offenen Unterricht einen wichtigen gesellschaftlichen Beitrag.

Zusammenfassung

- Sofern Prüfen und Bewerten im Offenen Unterricht in historischen oder theoretischen Begründungszusammenhängen thematisiert wurden, waren damit vorwiegend Varianten einer verbalen Beurteilung, einer sachimmanenten Rückmeldung oder einer Selbstbewertung gemeint.
- In Bildungsplänen der Sekundarschulen wird Offener Unterricht zwar gefordert, ab Klasse 7 sind in Zeugnissen jedoch fast ausschließlich Noten vorgesehen.
- Lehrkräfte an staatlichen Sekundarschulen müssen Noten geben. Eine veränderte Bewertung der Leitungen innerhalb des Offenen Unterrichts kann dies nicht ignorieren und muss auch Noten als Dokumentationsform akzeptieren. Um nicht eine unreflektierte Praxis der Zensurengebung zu fördern, sind entsprechende Gütekriterien notwendig.
- Lehrkräfte an Sekundarschulen, die bereits offen unterrichten, erhalten in schulrechtlicher und methodisch-didaktischer Hinsicht bisher wenig Unterstützung, um eine angemessene Leistungsbewertung durchführen zu können. Gleichzeitig ist Interesse an Bewertungsformen für Offenen Unterricht vorhanden.
- Mit traditionellen Formen der Leistungsbewertung (Klassenarbeiten, Tests, mündliche Noten) sind Kompetenzen eines erweiterten Lernbegriffs nicht überprüfbar. Die traditionelle Leistungsbewertung

weist damit ein »retardiertes Moment« (Schratz 1995, S. 281) auf und erschwert die weitere Unterrichtsentwicklung.
- Die Diagnose und Bewertung von Leistungen im Offenen Unterricht stärken die damit verbundenen Zielsetzungen. Schülerinnen und Schüler erleben eine Förderung und Kompetenzerweiterung in allen Bereichen des erweiterten Lernbegriffs; ihre Persönlichkeit und ihre Handlungskompetenz werden gestärkt.
- Vereinbarungen innerhalb der Einzelschule stärken die Durchführung veränderter Bewertungsformen. Damit wird die Unsicherheit vieler Lehrkräfte eher vermieden. Eine nachhaltige und zukunftsgerichtete Unterrichts- und Schulentwicklung ist ohne eine Weiterentwicklung der Leistungsbewertung nicht denkbar.
- Prüfen und Bewerten im Offenen Unterricht sind Teil einer differenzierten pädagogischen Diagnostik. Ein wesentlicher Unterschied liegt darin, dass die einzelnen *Bewertungs*kriterien im Unterricht in konkreten methodisch-didaktischen Settings erlernt werden können. Die Ausweitung der schulischen Leistungsbewertung auf Offenen Unterricht ist ein Beitrag zur Erfüllung der gesellschaftlichen Erwartungen an die Funktionen der Schule.

4. Leistungsbewertung bei ausgewählten Reformpädagogen

Vorbemerkungen

Offener Unterricht wird vielfach in Anlehnung an reformpädagogische Vorläufer begründet: Célestin Freinet, Maria Montessori, Peter Petersen, Berthold Otto, Helen Parkhurst, die Arbeitsschulbewegung (Georg Kerschensteiner, Hugo Gaudig), die Landerziehungsheimbewegung (Hermann Lietz, Gustav Wyneken, Kurt Hahn, Paul Geheeb) werden häufig genannt und der so genannten reformpädagogischen Epoche zwischen 1890 und 1933 zugeordnet. Eine Vielzahl unterschiedlicher Strömungen und Weltanschauungen wird dabei als *die* Reformpädagogik bezeichnet und unter dem gemeinsamen Anliegen einer Pädagogik vom Kinde aus zusammengefasst. Neuere Forschungsergebnisse (z.B. Grunder 1994; Oelkers 1996) belegen, dass die Bündelung unterschiedlicher Richtungen zu einer gemeinsamen und zeitlich begrenzten Epoche der Reformpädagogik nicht aufrechtzuerhalten ist. Gleichwohl zeigen sich in diesem Zeitraum bemerkenswerte, vielfältige und praxiserprobte Reformentwürfe in methodisch-didaktischer, pädagogischer und schulorganisatorischer Hinsicht, die nach wie vor einen hohen Anregungs- und Vorbildcharakter für die heutige Unterrichts- und Schulentwicklung bieten.

Die Kritik der Protagonisten der Reformpädagogik an der damaligen vom Herbartianismus geprägten Pauk- und Buchschule führte konsequenterweise auch zu veränderten Bewertungsformen und Zeugnisregelungen. Die Bewertungsverfahren einiger Reformpädagogen stelle ich vor.

Zum Begriff »Reformpädagogik«

Leistungsbewertung bei Célestin Freinet

Der Franzose Célestin Freinet (1896–1966) war ein überzeugter Anarchist, Mitglied der kommunistischen Partei Frankreichs, politisch und gewerkschaftlich engagiert. Im Mittelpunkt seiner Pädagogik steht der Begriff der Arbeit (L'éducation du travail), eng geknüpft an die Bedürfnis- und Ausgangssituation der Schülerinnen und Schüler. Seine Unterrichts- und Schulvorstellungen realisiert er über viele Jahre hinweg an einer eigenen Schule in Vence. Freinets Konzeption beeindruckt auf Grund eines ausdifferenzierten unterrichtsmethodischen Arrangements: Die Schuldruckerei, der Klassenrat und die Klassenkorrespondenz als die drei Kernelemente seiner Konzeption werden durch weitere Methoden und Techniken ergänzt (Arbeitsplan, Freier Ausdruck, Ateliers, Öffnung des schulischen Lernens für die reale Umgebung u.a.).

Schon frühzeitig bemüht sich Freinet, die Notengebung und auch die Abschlusszertifikate an seiner Schule zu verändern. Er bricht jedoch nicht mit den geltenden Verordnungen (z.B. Curricula) und sucht auch bei Fragen der Bewertung praktikable Mittelwege. Die Leistungsbewertung bei Freinet besteht aus drei Elementen (vgl. Jörg 1965):

- *Kontrolle und Bewertung über den Arbeitsplan.* Der Arbeitsplan (Beispiele in Jörg 1965, S. 208f.) ist in drei Bereiche aufgeteilt: 1. Schülerinnen und Schüler notieren selbst, welche der durchnummerierten Lernbögen sie erfolgreich bearbeitet haben; 2. in Fächern (z.B. Geschichte) oder in Arbeitsbereichen (z.B. Vorträge) werden fertig gestellte Einheiten notiert; 3. bestimmte Gebiete (z.B. einzelne Fächer, Fleiß, charakterliche Haltung, Gemeinsinn) werden mit Noten (in sechs Stufen von sehr gut bis ungenügend) bewertet und ihre Entwicklung in einer Art Diagramm als Leistungskurve veranschaulicht. Alle Angaben und Bewertungen werden zunächst selbst durchgeführt und anschließend mit der Lehrersichtweise zusammengeführt. Der Arbeitsplan wird regelmäßig von den Eltern unterschrieben. **Arbeitsplan**
- *Das Schultagebuch* (der Schülerinnen und Schüler). Jedes Kind besitzt ein Schultagebuch mit persönlichen Angaben (Name, Fotos der Familie, etc.) und ausreichend Raum, um die Leistungskurven aus dem Arbeitsplan auszuschneiden und einzukleben. Auch die Fertigkeitsbescheinigungen werden eingeklebt. Der Lehrer führt einen ähnlichen Leistungs- und Beurteilungsbogen, der nicht für die Schülerinnen und Schüler gedacht ist. Er kann jedoch von den Eltern eingesehen werden. **Schultagebuch**
- *Die Fertigkeitsbescheinigungen.* Die Schülerinnen und Schüler können in einer Art Meisterprüfung ihre Fähigkeiten und Fertigkeiten in bestimmten Bereichen beweisen. Hierfür erhalten sie dann eine entsprechende Fertigkeitsbescheinigung (brevets). Die dabei entstehenden Produkte werden ausgestellt und auch von Mitschülerinnen und Mitschülern bewertet. Die Prüfungen sind in Pflichtbereiche (z.B. für Schreiber, für Geschichte) und in zusätzliche Bereiche (z.B. eines Baumeisters, eines Marionettenspielers) eingeteilt. **Fertigkeitsbescheinigungen**

Insgesamt eröffnet Freinet ein sehr breites und ausdifferenziertes Spektrum an unterschiedlichen Bewertungssystemen. Er behält die Notengebung bei, um die Anschlussfähigkeit an das staatliche Schulwesen nicht zu verlieren. Gleichzeitig entwickelt er mit dem Schultagebuch eine Art Portfolio. Darüber hinaus findet eine Selbst- und Mitbewertung der

Schülerinnen und Schüler statt, unterschiedlichste Fähigkeiten und Fertigkeiten werden bewertet. Kritisch bliebe anzumerken, ob die Leistungskurven vor allem bei schwächeren Schülerinnen und Schülern nicht demotivierend wirken. Aus heutiger Sicht ist auch die Zensurengebung für Bereiche wie Fleiß oder charakterliche Haltung fragwürdig. Aber auch dies muss im Kontext seiner gesamten Pädagogik gesehen werden.

Leistungsbewertung in Helen Parkhursts »Dalton Plan«

Die amerikanische Lehrerin Helen Parkhurst (1886–1973) erprobt zunächst die Parkhurst-Methode, die später in Dalton weiterentwickelt wurde. Der Kern ihres Ansatzes sieht vor, den Unterricht so zu organisieren, dass Lernende ihr Lernen selbst steuern können. Das wesentliche Strukturierungselement ist die schriftliche Arbeitsanleitung (assignment). Die Lernumgebung wird entsprechend verändert, beispielsweise werden fachspezifische Arbeitsräume mit Materialien eingerichtet (Laboratory). Die grundlegenden Prinzipien Individualität, Freiheit und Kooperation werden von detaillierten Vorstrukturierungs- und Kontrollmaßnahmen begleitet. Der (quantitative) Lernfortschritt wird in drei Tabellen festgehalten (vgl. Popp 1995, S. 140ff.; Koch 1996, S. 101ff.):

Arbeitstabelle der Lernenden
- *Die individuelle Arbeitstabelle der Schülerinnen und Schüler* (Pupil's Contract Graph). Jeder Lernende trägt die bearbeiteten Einheiten jedes Faches in eine monatliche Arbeitskarte ein. Eine Einheit entspricht einem Tagespensum pro Fach. Das erledigte Pensum kann schnell überblickt werden, die Tabellen bieten daher Orientierung. Die Fachlehrerinnen und Fachlehrer bestätigen zuvor die Leistung. Auf dieser Karte werden auch die Ergebnisse der monatlichen Tests notiert, die das bearbeitete Pensum überprüfen.

Tabelle der Lehrkräfte
- *Die Tabelle der Fachlehrerinnen und Fachlehrer* (Instructor's Laboratory Graph). Jede Fachlehrkraft hält im jeweiligen Fachraum einen Plan bereit, auf dem die Anzahl der markierten Einheiten der einzelnen Schülerinnen und Schüler notiert ist. Pro Fach und Klasse wird eine Tabelle verwendet. Fachlehrerinnen und Fachlehrer erhalten dadurch eine gute Übersicht und können gegebenenfalls helfen.

Klassentabelle
- *Die Klassentabelle* (Form or House Graph). Für jede Klasse wird das erledigte Pensum aller Schülerinnen und Schüler in einer gemeinsamen Tabelle notiert.

Die Tabellen erfüllen eine wichtige Orientierungsfunktion, sie geben jedoch keine Auskunft darüber, was wirklich gelernt wurde. Der jeweilige Lernstand wird über die Kontrolle der Fachlehrkräfte, die monatlichen

Tests und teilweise über die Kooperation unter den Schülerinnen und Schülern eruiert. Die Selbststeuerung der Schülerinnen und Schüler wird über die eigenständige Eintragung des erledigten Lernpensums auf ihrer Karte geschult. Eine inhaltliche Selbstkontrolle findet jedoch nicht statt. Bis auf die Bewertung der Tests werden keine Noten vergeben, dies liegt zum einen an der reformpädagogisch motivierten Ablehnung der Zensuren, zum anderen am damals geringer ausgeprägten Grad der schulischen Selektionsmechanismen.

Leistungsbewertung in der Jena-Plan Schule Peter Petersens

Der deutsche Pädagoge, Hochschullehrer und Schulforscher Peter Petersen (1884–1952) vertritt die Idee einer Lebensgemeinschaftsschule, die er an seiner selbst entwickelten und wissenschaftlich begleiteten Jena-Plan Schule erprobt. Er lehnt Belehrungsinstitutionen und Stoffzentrierung ab. Neben methodisch-didaktischen Verfahren (z.B. Gruppenlernen) entwickelte er innovative schulorganisatorische Systeme (z.B. Stammgruppen, rhythmisierter Wochenplan). Er lehnt auch Noten und Zeugnisse ab, weil sie Konkurrenz erzeugen, betont jedoch, dass der sach- und kindgerechte Leistungsgedanke notwendig sei und von Kindern und Jugendlichen auch gefordert werde. Als Alternative zur Zensurengebung gibt es an der Jena-Plan Schule zwei adressatenspezifische Zeugnisberichte:

- *Der objektive Bericht für die Eltern.* Alle Lehrerinnen und Lehrer beteiligen sich am objektiven Bericht, der den Eltern zur Verfügung gestellt wird und explizit nicht für die Hand des Kindes gedacht ist. Der objektive Bericht enthält gute und schlechte Darstellungen des Kindes und ist so vielseitig wie möglich. **Objektiver Bericht**
- *Der subjektive Bericht für das Kind.* »Es bildet die Aufgabe des Lehrers, nur das dem Schüler zu sagen, was nach seiner besten Überzeugung für dieses Kind das Beste ist, was die reinste erzieherische Wirkung auszuüben im Stande sein mag.« (Petersen 1965, S. 65) Der subjektive Bericht ist also ein alters- und entwicklungsgemäß formulierter Zeugnisbrief, der erzieherisch wirken und motivieren sollte. **Subjektiver Bericht**

Ergänzt werden die Berichte durch weitere methodische Arrangements, in denen Prozesse und Produkte verglichen sowie selbst- und fremdbewertet werden und eine pädagogische Rückschau (vgl. Klein-Landeck 1997, S. 166f.) stattfindet: rückblickende Gruppengespräche, Vergleichsmöglichkeiten bei Ausstellungen, Halbjahresrückblicke u.a. Auf Grund der über drei Jahre hinweg stabilen Stamm- und nicht Jahrgangsgruppen ist die Frage der Versetzung stark zurückgedrängt, sodass die Bewertung nach anderen Gesichtspunkten als im staatlichen Schulwesen erfolgen kann.

Zur Aktualisierung reformpädagogischer Bewertungsverfahren

Bereits die hier nur kurz umrissenen Varianten dreier Reformpädagogen zeigen ein breites Bewertungsspektrum. Neben den dargestellten Verfahren ist die konkrete Bewertungspraxis von der jeweiligen Lernkultur geprägt. Dies wird bei Freinet besonders deutlich:

- Die Ergebnisse der Schuldruckerei erleichtern die Selbstkontrolle.
- Der hohe Stellenwert demokratischer Strukturen (z.B. Wandzeitung, Klassenrat) birgt regulierende Momente durch gegenseitige Unterstützung und Kontrolle.
- Beobachtung, Unterstützung und Beratung (ohne direkte Bewertung) spielen bei Freinet eine wichtige Rolle.

Leistungsbewertung innerhalb der pädagogischen Gesamtkonzeption

Die Leistungsbewertung in reformpädagogischen Modellen ist daher nicht nur auf die konkreten Verfahren und Instrumente reduzierbar, sondern wird erst im Kontext der gesamten pädagogischen Konzeption verständlich. Die dargestellten Bewertungsvarianten zeugen von pädagogischen Motiven, die auch heute noch ein hohes Anregungspotenzial bergen. Alle Reformpädagogen kritisierten in unterschiedlicher Radikalität und mit unterschiedlicher pragmatischer Konsequenz die »Zensurenpeitsche« (Ullrich 1986, S. 53). Bezieht man diese Kritik auf die heutige Unterrichts- und Schulentwicklung an staatlichen Sekundarschulen, die in hohem Maße, zumindest argumentativ, reformpädagogisch motiviert ist, dann muss eine verkürzte *Aktualisierung* reformpädagogischer Modelle angemahnt werden. Während Freiarbeit, Arbeit nach Wochenplan, projektorientiertes Arbeiten u.a. en vogue sind, hinken die bildungspolitisch und systemisch ermöglichten Bewertungsverfahren hinterher: Der Bewertungsalltag an Sekundarschulen ist von der Zensurengebung gekennzeichnet. In reformpädagogischen Modellen hingegen wird die Zensurengebung durchweg kritisiert und über andere, vorwiegend verbale Beschreibungen bzw. Charakteristiken oder ausdifferenzierte Rückmeldeverfahren ersetzt. Hinzu kommt, dass die *Rezeption* der Be-

Vernachlässigte Rezeption der Bewertungsmodelle

wertungspraxis der Reformpädagogik bisher weitgehend vernachlässigt wurde. Dies hatte zur Folge, dass in der für die Lehreraus- und -fortbildung maßgeblichen und anerkannten Literatur reformpädagogische Unterrichtsmodelle zwar vermittelt wurden, allerdings verkürzt um die Bewertungsverfahren (besonders deutlich im Handbuch Freinet-Pädagogik, vgl. Dietrich 1995); ergänzt durch alltagsferne Bewertungsvorschläge (z.B. Potthoff 1996) oder die Bewertungspraxis lediglich punktuell einbeziehend (z.B. Krieger 1994; Traub 1997).

Die Aktualisierung reformpädagogischer Modelle war und ist von der Hoffnung begleitet, die unpädagogischen Merkmale des Unterrichts, u.a. die Zensierungspraxis, allmählich durch pädagogische Verfahren zu ersetzen, zumindest zu ergänzen. Die Vernachlässigung von Bewertungsverfahren ist daher zwar verständlich, gleichwohl schulpraktisch ungelöst: Die Unterrichtsmodelle *sollten* angewandt werden, die Bewertungsmodelle (sofern sie vorhanden und bekannt waren) *konnten nicht* angewandt werden, allenfalls in Bruchstücken. Dieses Bewertungsproblem zu lösen blieb daher an staatlichen Sekundarschulen den Lehrkräften vorbehalten – mit der Konsequenz einer erheblichen Unsicherheit, die einen Teil zur geringen Verbreitung Offener Unterrichtsformen im Unterrichtsalltag beiträgt.

> **Eine Harmonisierung von Offenem Unterricht als reformpädagogisch motivierte und begründete Unterrichtsform und angemessener Bewertungspraxis unter Alltagsbedingungen an Sekundarschulen wurde bisher nicht geleistet.**

Diese Diskrepanz wurde von der verkürzten Rezeption und Aktualisierung reformpädagogischer Modelle begleitet und durch enge rechtliche Bewertungsvorgaben forciert.

Zusammenfassung

- Die methodisch-didaktische Vielfalt innerhalb der so genannten Reformpädagogik spiegelt sich auch in einer vielfältigen Bewertungspraxis wider. Dabei besteht Einigkeit in der Kritik an der Zensurengebung, die jeweils realisierten Bewertungsmodelle sind jedoch sehr unterschiedlich.
- Die Aktualisierung reformpädagogischer Unterrichtsmodelle wird vielfach gefordert. Reformpädagogische Bewertungsmodelle sind im Unterrichtsalltag an Sekundarschulen jedoch kaum vorgesehen. Die Aktualisierung muss daher als unvollständig und einseitig bezeichnet werden. Gleichzeitig wurde die Rezeption reformpädagogischer Bewertungsmodelle in der Literatur bisher vernachlässigt.
- Die Harmonisierung von Offenem Unterricht als reformpädagogisch motivierte und begründete Unterrichtsform und den alltäglichen Bewertungsbedingungen an Sekundarschulen wurde bisher nicht geleistet.

5. Diagnostische Grundlagen

Vorbemerkungen

Die in diesem Kapitel beschriebenen Begriffe sind für sämtliche Formen der schulischen Leistungsbewertung und pädagogischen Diagnostik grundlegend. Der theoretische und praktische Umgang mit diagnostischen Grundbegriffen ist, so meine Erfahrung aus Fortbildungen oder bei der Zusammenarbeit mit Lehrkräften, im Laufe der Berufssozialisation eher verloren als in eine differenzierte Alltagsroutine übergegangen. Bewertungsverfahren im Offenen Unterricht beruhen auf komplexen Leistungen. Grundlegende diagnostische Fehler verunsichern das gesamte Beurteilungsverfahren. Besondere Unsicherheit zeigt sich beispielsweise in folgenden Situationen:

Diagnostische Kompetenz wird vernachlässigt

- Keine bewusste Unterscheidung zwischen Leistungsbeschreibung auf der einen und Leistungsbewertung auf der anderen Seite, z.B. während der Beobachtung einer Präsentation.
- Sprachliche und verfahrensbezogene Unsicherheit wann welche Bezugsnorm berücksichtigt werden kann, z.B. bei verbalen Ergänzungen auf einem Bewertungsbogen.
- Unbewusste Anwendung unterschiedlicher Inferenzniveaus innerhalb eines Bewertungsbogens, z.B. im Rahmen einer Projektprüfung.

Daher erscheint es sinnvoll, einige Grundbegriffe mit spezifischem Blick auf Leistungsbewertung im Offenen Unterricht genauer zu beschreiben. Ausführliche Einführungen liegen bereits vielfach vor (z.B. Sacher 2001; Jürgens 1992; Ingenkamp 1990). Die Grundbegriffe Objektivität, Reliabilität und Validität werden im folgenden Kapitel im Kontext pädagogischer Gütekriterien ausführlicher diskutiert.

Phasen des Beurteilungsverfahrens

Der gesamte Beurteilungsprozess lässt sich in unterschiedliche Phasen unterteilen. Diese Phasen können im Übrigen bei traditionellen Verfahren schärfer unterschieden und insbesondere mit mehr Zeit berücksichtig werden, während bei einer Prozess- oder Präsentationsbewertung die zentralen Vorgänge verdichtet ablaufen.

Zunächst wird mit den Schülerinnen und Schülern vereinbart, welche Aufgaben zu bearbeiten und welche Leistungen dabei zu zeigen und zu bewerten sind, es kommt zu einer *Leistungsvereinbarung*. Beispielsweise wird eine längere projektorientierte Phase vereinbart, an deren Ende eine Präsentation und zwei Produkte (Lernplakat und individuelle Dokumentation) bewertet werden sollen. Die Jugendlichen bereiten in einem längeren Arbeitsprozess die vereinbarten Bereiche vor, sie *erbringen* bereits hier einen Teil ihrer Leistung, auch wenn der Prozess selbst nicht bewertet wird. Am Tag der Präsentation *erbringen* sie nun die bewertete Leistung und werden dabei von der Lehrerin *beobachtet*. Die Lehrerin verwendet hierfür den gemeinsam entwickelten Beobachtungsbogen. Sie notiert Aspekte der beobachteten Leistung (Performanz), versucht also die Leistung zu *beschreiben*. Sofern die Schülerinnen und Schüler bereits vorher ihre Produkte vollständig erstellt hatten, werden auch diese von der Lehrerin kontrolliert – i.w.S. kann man sagen, sie *beobachtet* auch hier (nach diesem Verständnis ist auch die Korrektur einer Klassenarbeit eine Beobachtung, manche Autoren sprechen hier jedoch von Leistungsermittlung – vgl. Jachmann 2003, S. 17) und *beschreibt* ihre Eindrücke (Abb. 5, S. 60).

Nun folgt der wichtige und (vor)entscheidende Übergang zur *Bewertung*. Wurde bisher lediglich beobachtet und beschrieben, so trifft die Lehrerin nun eine persönliche Wertung. Dabei legt sie einen bestimmten Maßstab zu Grunde und ordnet die beschriebene Verhaltensweise in diesen Maßstab ein. Das könnte in unserem Beispiel ein Punktesystem sein. So könnte ein Bewertungsbogen für eine Präsentation ein Kriterium Gestaltung von Hilfsmitteln (Folien, Plakate) sein. Lesbarkeit könnte dabei ein geeigneter Indikator sein – demnach könnte hier ein leichter Punktabzug erfolgen. Allerdings könnte es auch möglich sein, dass die Lehrerin eine beobachtete Verhaltensweise zwar wertet, diese Bewertung jedoch lediglich für eine mündliche Rückmeldung schriftlich festhält und sie nicht in ein Punkte- und Notensystem überführt. Der zu Grunde liegende Maßstab ist dann nicht die Notenskala, sondern möglicherweise ein skaliertes Raster. Bewerten bedeutet keinesfalls zwangsläufig Benoten. Insgesamt entsteht über zahlreiche Einzelbewertungen eine Gesamtbewertung der Präsentationsleistung. Nochmals: Der kleine (möglicherweise in Sekunden vollzogene) Übergang vom Beschreiben zum Bewerten ist folgenreich. Er kann geschmeidiger vollzogen werden, wenn das gesamte Verfahren sorgfältig geplant und durchgeführt wird. Problematisch wird der Übergang vom Beschreiben zum Bewerten dann, wenn sowohl für Lernende als auch für Lehrkräfte keine Klarheit über die erwartete Leistung und deren Bewertung besteht. Die Wahrscheinlichkeit steigt

Wichtiger Übergang vom Beschreiben zum Bewerten

Abb. 5:
Phasen des Beurteilungsverfahrens

Phase	Konkretisierung/Beispiel
Leistungs-vereinbarung	Die Lehrerin vereinbart mit ihrer Klasse, im Rahmen eines mehrwöchigen Projektes am Ende eine Präsentation und ein Produkt zu bewerten.
Leistungs-erbringung	Die Jugendlichen arbeiten in Gruppen und erbringen die vereinbarten (und weitere) Teilleistungen. Die Leistungserbringung bezieht sich auf den Prozess, die Präsentation und das Produkt – unabhängig davon, ob alle drei Bereiche später bewertet werden.
Leistungs-beobachtung	Die Lehrerin (oder auch Mitschülerinnen und Mitschüler) beobachten die Leistung (z.B. eine Präsentation) i.d.R. anhand eines vereinbarten Beobachtungsbogens.
Leistungs-beschreibung	Die Lehrerin beschreibt die beobachtbaren Verhaltensweisen während einer Präsentation, z.B.: »Die verwendete Buchstabengröße auf der Folie ist ab der zweiten Reihe nicht lesbar.« (Die Lehrerin wird dies in der Situation sicherlich kürzer formulieren, z.B. »nicht lesbar«.)
Leistungs-bewertung	Die beschriebene Verhaltensweise wird in einen bestimmten Bewertungsmaßstab (z.B. Notenskala, skaliertes Raster) eingeordnet und erst damit als z.B. gut oder schlecht definiert.
Leistungs-beurteilung	Eine Beurteilung fasst mehrere Bewertungen über einen längeren Zeitraum (z.B. ein Halbjahr oder ein Schuljahr) hinweg zusammen und führt z.B. zu einer Note im Zeugnis.
Leistungs-dokumentation	Überfachliche Kompetenzbereiche können in einer getrennten Zeugnisbeilage dokumentiert werden (z.B. Thüringen).
Leistungs-prognose	Aus den Erkenntnissen über die Leistungsfähigkeit innerhalb der Schulzeit wird auf zukünftige Verhaltensweisen geschlossen.

dann, dass die Bewertung nicht sachlich begründet werden kann und damit besonders anfällig für Fehlerquellen wird. Hilfreich sind beispielsweise die Beteiligung der Schülerinnen und Schüler bei der Erstellung der Kriterien, ein vorheriger Probedurchlauf einer Präsentation und eine im Detail gut vorbereitete Präsentationsbewertung der Lehrkraft. Im Übrigen zeigt sich exakt an diesem Übergang die Komplexität einer Prozessbewertung und auch einer Präsentationsbewertung (vgl. S. 89 ff.) – während eine Produktbewertung einfacher ist. Ein Produkt kann mehrfach beobachtet und beschrieben werden, die Einordnung in einen Bewertungsmaßstab ist ruhiger möglich.

Bewertung und Beurteilung ...

Leistungsbewertung und -beurteilung werden häufig synonym verwendet. Ich folge der Unterscheidung v. Salderns (1999, S. 176): Leistungsbewertung ist die konkrete und detaillierte Einordnung einer beschriebenen Leistung in einen bestimmten Maßstab. Leistungsbeurteilung hingegen bezieht sich auf einen längeren Zeitraum und ist damit auch stärker an juristische Vorgaben und Einklagbarkeit gebunden. Daher spreche ich häufig von Beurteilungsverfahren, wenn ich an einen längeren Zeitraum (z.B. ein Schuljahr) denke.

Von beiden Begriffen ist Leistungsmessung abzugrenzen: Leistungsmessung folgt einem höheren messtheoretischen Anspruch (Ingenkamp 1995b, S. 333). In pädagogischem Kontext würde damit eine mathematische Exaktheit vorgegeben, die weder grundsätzlich noch im Alltag erreicht werden kann. Schulische Leistungsbeurteilung folgt immer einem bestimmten Wertemaßstab, der jeweils zu klären und zu definieren ist. Der Begriff Messung forciert letztlich eine »bedenkliche Scheinobjektivität« (Sacher 2001, S. 41). Leistungsbewertung enthält zwar messende Vorgänge (z.B. das Abzählen von Fehlern), geht jedoch weit darüber hinaus. Insbesondere bei komplexen Bewertungen im Offenen Unterricht (z.B. von Teamfähigkeit oder Arbeitsprozessen) oder bei der Anwendung einer individuellen Bezugsnorm ist der Begriff Leistungsmessung unpassend. Dies schließt nicht aus, dass Gütekriterien wie Objektivität, Validität und Reliabilität im Dienste einer pädagogischen Professionalität permanent angestrebt werden sollten.

... und Messung

»Bedenkliche Schein-objektivität«?

Ist die Bewertung oder längerfristige Beurteilung vollzogen, so stellt sich die Frage, auf welche Weise sie dokumentiert wird. Hier ist insbesondere die Gestaltung von Zeugnissen gemeint, aber auch die Frage, auf welche Weise im Unterrichtsverlauf die Schülerinnen und Schüler die Bewertungen erhalten. Angesichts derzeitiger Zeugnisreformen (z.B. Sachsen und Thüringen, vgl. S. 139 ff.) tritt der Zusammenhang zum vorausgehenden Unterricht in unterschiedlicher Gestalt hervor, die Frage der angemessenen Dokumentation bedarf daher eigenständiger Überlegungen.

Schließlich sollte schulische Leistungsbeurteilung eine prognostische Auskunft enthalten, die im Zeugnis oder in einem mündlichen Gespräch weitergegeben wird. Dies kann sich beispielsweise auf die Fähigkeit eigenständigen Lernens beziehen, die für berufliche Aufgabenfelder (Einarbeitung in neue Bereiche, kontinuierliche Weiterbildung) wichtig ist. Damit wird der Blick von der Schulzeit auf die (berufliche) Zukunft gelenkt.

Inferenz

Leistungsbewertung im Offenen Unterricht lässt sich über einen kriteriumsbezogenen Zugang durchführen. In vielen Fällen spielt dabei die Beobachtung von Schülerinnen und Schülern eine wesentliche Rolle. Zur

Formulierung von Kriterien, sowie zur bewussten Gestaltung der Übergänge von Beobachtungs- zu Beschreibungs- und Bewertungsphasen ist der Begriff der Inferenz (Schlussfolgern) wichtig:

niedrige Inferenz
- Eine *niedrige* Inferenz liegt vor, wenn im Rahmen einer Unterrichtsbeobachtung eine bestimmte Situation oder Verhaltensweise unmittelbar notiert wird, z.B. der Schüler sagt: »Ich stelle nun den Ablauf der Präsentation vor.«

hohe Inferenz
- Eine *hohe* Inferenz liegt vor, wenn die beobachtende Lehrkraft aus einer oder mehreren kleinen Situationen auf einen größeren Zusammenhang schließt, z.B. der Schüler hat eine hohe Präsentationskompetenz.

Der Unterschied zwischen einer niedrigen und einer hohen Inferenz verweist auf zwei Zusammenhänge. Erstens ist damit die Frage aufgeworfen, mit welchem Grad der Konkretheit Beobachtungs- und Bewertungskriterien formuliert sind. Je konkreter (niedriginferenter) Kriterien sind, desto eher können sie beobachtet werden. Abstrakte und allgemein formulierte Kriterien sind nicht unmittelbar beobachtbar (vgl. auch S. 96), sie geben jedoch eher zusammenfassende Auskunft z.B. über eine bestimmte Kompetenz. Damit ist der zweite Aspekt angesprochen: Bei hochinferenten Kriterien wird zwangsläufig weniger beschrieben als vielmehr von einem oder mehreren Ereignissen auf eine allgemeinere Ebene abstrahiert: Der Vorgang driftet immer stärker in Richtung Bewertung und Beurteilung (Abb. 6).

Abb. 6: Inferenz

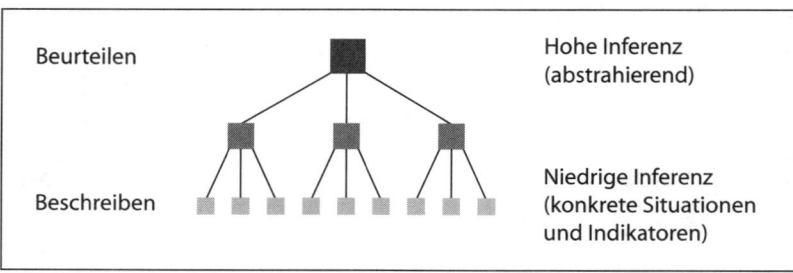

Der diagnostische Begriff Inferenz lässt sich damit in didaktische und pädagogische Kontexte überführen: Lehrkräfte schließen alltäglich von konkreten Situationen auf mittel- bis langfristige belegte Beurteilungen. Deutlich wird dies etwa im Thüringer Zeugnisformular zur Kompetenzentwicklung (S. 142). Hier ist aus mehreren oder zahlreichen Unterrichtssituationen auf eine allgemeine Einschätzung z.B. zur Präsentationskompetenz zu schließen, die dann wiederum schriftlich konkretisiert und, etwa zur Vorbereitung einer Beratung, an bestimmte Situationen gekoppelt werden kann. Anders formuliert: Problematisch wird eine Beurteilung dann, wenn sie sich nicht auf mehrere konkrete Situationen oder hieraus gebündelte Zwischeneinschätzungen zurückführen lässt. Methodisch-didaktisch und pädagogisch betrachtet, sollte der Begriff der Inferenz nicht dazu verleiten, auf mathematische Exaktheit in diesem Prozess des Schlussfolgern zu insistieren. Vielmehr sollte daraus ein Bemühen um sorgfältige Durchführung des Beurteilungsverfahrens folgen. Als Ziel könnte formuliert werden, in Beratungsgesprächen oder in verbalen Beurteilungen den Vorgang des Schlussfolgerns genau belegen zu können, sodass er auch für Dritte (z.B. Schülerinnen und Schüler, Eltern) verständlich wird, ohne dabei auf sachfremde Kriterien oder implizite Persönlichkeitstheorien auszuweichen.

Keine mathematische Exaktheit

Bezugsnorm

Jede Bewertung vollzieht sich auf dem Hintergrund einer bestimmten Norm, die bewusst oder unbewusst angewandt wird. Grundsätzlich sind drei Bezugsnormen zu unterscheiden:

- *Die individuelle Bezugsnorm.* Hier wird der Lernfortschritt des Einzelnen bewertet. Der Vergleichsmaßstab ist die vorherige Leistung des Einzelnen.   **individuell**
- *Die soziale Bezugsnorm.* Hier wird die Leistung eines Einzelnen mit der einer Gruppe verglichen. Der Vergleichsmaßstab ist in der Regel die Klasse.   **sozial**
- *Die sachliche Bezugsnorm.* Hier liegen vorab festgelegte Lernziele oder Anforderungen zu Grunde, an denen die Leistung des Einzelnen gemessen wird.   **sachlich**

An deutschen Sekundarschulen dürfte eine Mischung aus sozialer und sachlicher Bezugsnorm gängig sein, die, so meine Vermutung, von einem jeweils schwer zu durchschauenden persönlichen Referenzrahmen und Erwartungshorizont jeder einzelnen Lehrkraft durchmischt wird, sodass keine einzelne Bezugsnorm in Reinform auftritt.

Mischung im Alltag?

Diese drei Bezugsnormen sind nicht nur in alltäglich-handwerklicher Hinsicht zu betrachten. Vielmehr liegen gesellschaftlich-politische Vorentscheidungen zu Grunde, die bis in die alltägliche Praxis im Klassenzimmer wirken. So nennen Lehrkräfte immer wieder die Spannung, die von zentralen und einheitlichen Prüfungsanforderungen ausgeht und die die Anwendung einer individuellen Bezugsnorm erheblich erschwert: Spätestens bei der Prüfung (klare sachliche Bezugsnorm) werde jede pädagogisch motivierte Bemühung, den Lernfortschritt des Einzelnen zu

Frühe Zensurengebung erschwert die Anwendung einer individuellen Bezugsnorm

honorieren, behindert, wenn nicht sogar verhindert. Zudem sind individuelle Lernfortschritte über die gängige Zensurengebung kaum ausweisbar. Die Problematik verschärft sich auf Grund der im internationalen Vergleich extrem frühen Zensurengebung in Deutschland: Eine spätere Zensurengebung (z.B. ab Klasse 8 in Finnland) lässt mehr Spielraum zur Anwendung einer individuellen Bezugsnorm. Des Weiteren wirken derzeit diskutierte und bereits realisierte Vergleichstests, die früh, etwa in den Klassenstufen 6 und 8 eingezogen werden, hier kontraproduktiv. Die Anwendung einer sachlichen Bezugsnorm wird dadurch verstärkt eingefordert.

Aus pädagogischen Gründen wäre eine individuelle Bezugsnorm sicher wünschenswert. Belegt sind die negativen Auswirkungen der sozialen Bezugsnorm insbesondere bei schwachen Schülerinnen und Schülern (z.B. Rheinberg 1987), die über Jahre hinweg schulische Misserfolgserlebnisse verarbeiten müssen. Es wäre jedoch naiv und ein bloßer peinlicher »Gnadenakt« (Sacher 2001, S. 46), wenn man im Unterricht daraufhin bei schwachen Schülerinnen und Schülern gelegentlich eine individuelle Bezugsnorm einsetzen würde. Im Rahmen eines differenzierten Unterrichts und einer kontinuierlichen Begleitung der Lernentwicklung der Jugendlichen ist die Anwendung einer individuellen Bezugsnorm konsequent, sie ergibt sich fast zwangsläufig: Über einen erweiterten Lernbegriff und einen pädagogischen Leistungsbegriff treten individuelle Stärken eher hervor und erfordern weiterführende Begleitung. Eine individuelle Bezugsnorm harmoniert mit einem differenzierten Unterrichtsarrangement. Gleichzeitig kann eine sachliche oder soziale Bezugsnorm nicht einfach ausgesetzt werden. Zudem lässt sich die individuelle Bezugsnorm nur anwenden, wenn über einen längeren Zeitraum hinweg ein Lernfortschritt beobachtet werden kann. Dies ist bereits wissenschaftlich ein schwieriges Feld, weil zahlreiche Variablen in eine längerfristige Entwicklung einfließen. Ein Lernfortschritt lässt sich nicht einfach dadurch dokumentieren, dass dieselben Anforderungen einige Zeit später nochmals auferlegt werden. Vielmehr werden Anforderungsart und -niveau in der Regel kontinuierlich verändert. Angesichts der bekannten Fehlerquellen und mangelnden Objektivität der Zensurengebung (und auch anderer Bewertungsformen) ist die bloße Verbesserung einer Note oder einer bestimmten Punktzahl noch kein Indiz eines Lernfortschritts – vielmehr ist genauer zu benennen, bei welchen Aufgaben oder Kompetenzelementen ein Fortschritt festgestellt werden kann. Bei leistungsstärkeren Schülerinnen und Schülern ist eine individuelle Bezugsnorm nur sinnvoll, wenn ihnen immer wieder neue Herausforderungen angeboten werden.

Bewertung des Lernfortschritts

Entscheidend ist der Zusammenhang zwischen der Bewertung bzw. Bezugsnorm und dem zu Grunde liegenden Unterricht. Auch hier sei auf den roten Faden einer schulischen Beurteilungskonzeption hingewiesen, der bis hin zu Zeugnissen Offenheit für eine individuelle Bezugsnorm lässt (nochmals: vgl. das Beispiel Thüringen, S. 142).

Die Bezugsnorm fungiert als Hintergrundfolie, in welche die einzelnen Leistungen eingeordnet werden. Für Schülerinnen und Schüler selbst wird die Bezugsnorm nicht unmittelbar ersichtlich, es sei denn, diese wird, wie oben vorgeschlagen, thematisiert. Insbesondere über verbale Beurteilungen oder bestimmte Skalierungen lassen sich Unterschiede schriftlich verdeutlichen (Abb. 7).

Bezugsnorm schriftlich verdeutlichen

Individuelle Bezugsnorm	»Gegenüber deinen ersten Versuchen im vergangenen Halbjahr wird deutlich, dass ...«
	»Im Verlauf des ersten Halbjahrs gelang es dir immer besser ...«
	»Fortschritte sind erkennbar im Bereich ...«
	»In den letzten Wochen konntest du jedoch ...«
	»Zunehmend hast du in den letzten Monaten ...«
Sachliche Bezugsnorm	»Bezogen auf die im Bildungsplan beschriebenen Inhalte ...«
	»Die Addition gleichnamiger Brüche machen dir keine Probleme ...«
	»Das vereinbarte Basiswissen für das siebte Schuljahr hast du nachweisen können, nun ...«

Abb. 7: Bezugsnormorientierte Formulierungsmöglichkeiten

Angesichts des skizzierten Spannungsfelds ist es m.E. ein guter Kompromiss, so häufig wie möglich die individuellen Lernfortschritte hervorzuheben *und* gleichzeitig die gegebenen sachlichen Anforderungen zu fokussieren *und dies* mit Schülerinnen und Schülern auch so zu thematisieren und zu diskutieren. Schülerinnen und Schüler kennen die Mechanismen der Schule und verstehen die Unterscheidung zwischen den Bezugsnormen in der Regel problemlos. Letztlich wird dadurch ein Beitrag zur Entschleierung der vermeintlichen Objektivität der schulischen Zensurengebung geleistet. Im Übrigen weisen die individuelle und die sachliche Bezugsnorm durchaus Schnittmengen auf: Ohne individuellen Fortschritt wird eine sachliche Norm nicht erreicht. Wenn es gelingt, die individuelle Leistungsentwicklung sichtbar zu machen, dann werden individuelle Stärken und Schwächen und ihr Verhältnis zu einer sachlichen Norm erkennbar. Dies wiederum eröffnet gezielte Fördermöglichkeiten.

Vorschlag: transparente Kombination individueller und sachlicher Bezugsnorm

Fehlerquellen

Fehlerquellen bei verschiedenen Bewertungsformen

Die schulische Leistungsbeurteilung unterliegt zahlreichen Fehlerquellen. Belegt wurde dies insbesondere für die Zensurengebung, allerdings verhält es sich bei anderen Formen (z.B. verbale Beurteilung) nicht zwangsläufig anders (vgl. Ingenkamp 1987). Beim Bewerten im Offenen Unterricht können diese Fehlerquellen ebenso in Erscheinung treten. Realistischerweise besteht sogar die Gefahr, das Fehlerpotenzial auf Grund geringer Erfahrungswerte und einer möglicherweise unklaren und flüchtigen Sachlage (z.B. bei einer Prozess- oder Präsentationsbewertung) sogar noch auszuweiten. Daher ist es notwendig, auf gängige Fehlerquellen hinzuweisen und deren mögliche Implikationen für unser Thema zu diskutieren. Zusammenfassend können die folgenden Fehlerquellen genannt werden (vgl. Jürgens/Sacher 2000, S. 38–53; Ziegenspeck 1999, S. 173–208; Kleber 1992, S. 103–141; v. Saldern 1999, S. 183–190):

Logischer Fehler

- *Logischer Fehler* (implizite Persönlichkeitstheorie). Hier schließt die Lehrkraft von den sehr guten Leistungen eines Kindes in einem Bereich (z.B. schriftliche Leistung Mathematik) auf dieselben Leistungen in einem anderen Bereich (z.B. schriftliche Leistung Biologie). Persönliche und biografisch gefestigte Vorannahmen werden wirksam, die aus Erfahrungen vermeintlich stabil gewonnen wurden. Mit diesen Annahmen muss die Lehrkraft nicht zwangsläufig falsch liegen, allerdings stellen sie keine sachliche Basis einer professionellen Leistungsbewertung dar. Grundlage der Bewertung sollten konkret erbrachte Leistungen sein. Im Offenen Unterricht kann diese implizite Persönlichkeitstheorie dergestalt wirken, dass die Präsentationsleistung eines bei schriftlichen Leistungen guten Mathematikschülers besser bewertet wird als diejenige eines schwachen Mathematikschülers. Auf der Basis eines erweiterten Lernbegriffs kann sich jedoch gegenüber früheren Bewertungen einer Verschiebung einstellen: dann nämlich, wenn etwa methodische oder soziale Kompetenzelemente in die Präsentationsnote einfließen und die alleinige Dominanz fachlich-inhaltlicher Bewertungskriterien damit relativiert wird.

Reihungsfehler

- *Reihungsfehler*. Die Abfolge bestimmter Situationen beeinflusst die Bewertung. So scheuen sich Lehrkräfte, mehrfach hintereinander eine sehr gute Note zu erteilen (vgl. Jürgens/Sacher 2000, S. 40). Relevant wird ein solcher Reihungsfehler, wenn etwa bei Gruppenpräsentationen die ersten beiden Gruppen eine hervorragende Leistung zeigen, bei der dritten Gruppe dann ein strengerer Maßstab angelegt wird, obwohl auch deren Leistung hervorragend ist.

Kontrastfehler

- *Kontrast- oder Ähnlichkeitsfehler*. Hier schließt die Lehrkraft bewusst oder unbewusst von eigenen Fähigkeiten auf erwartete Fähigkeiten der Schülerinnen und Schüler: Das was er/sie gut kann, wird auch bei den Lernenden mit besonders hohen Erwartungen belegt. So könnte ein sprachbegabter Lehrer Sprachfehler strenger beurteilen. Im Sport ist dies sicher kein Einzelfall: Eine Sportlehrerin, die in ihrer Freizeit intensiv Volleyball spielt, hat an ihre Schülerinnen und Schüler höhere Erwartungen als bei anderen Mannschaftssportarten. Zum Ende eines projektorientierten Unterrichts könnte ein rhetorisch geschulter Lehrer überzogene Erwartungen an den freien Vortrag seiner Schülerinnen und Schüler anlegen.

- *Milde- und Strengefehler.* Dieser Effekt tritt bei einzelnen Schülerinnen oder Schülern ebenso auf wie in gesamten Klassen. Manche Lehrkräfte legen kontinuierlich einen strengeren Maßstab an als andere, etwa auf Grund höherer Fachkompetenz (ähnlich wie bei Kontrastfehlern) oder sorgfältiger Unterrichtsvorbereitung. Manche Klassen werden daher milder oder strenger bewertet als andere. Im Bezug auf einzelne Bewertungen kann dieser Fehler mit unterschiedlicher Sympathie erklärt werden: Unsympathische und unbekannte Menschen werden offensichtlich strenger bewertet (vgl. Jürgens/Sacher 2000, S. 39). Möglicherweise sind Bewertungen im Offenen Unterricht für diesen Fehler besonders anfällig. Im nicht-fachlich-inhaltlichen Bereich ist die Zielerreichung nicht einfach beschreibbar, sodass Abweichungen für subjektive Vorannahmen eher möglich sind. In diesem Fall weist die Bewertung einer ganzheitlichen Leistung (z.B. die längerfristige Prozessbeobachtung oder der nervöse Auftritt bei einer Präsentation) eine höhere Persönlichkeitsnähe auf als ein schriftliches Produkt (z.B. eine Klassenarbeit). Mildefehler bei Sympathie, Strengefehler bei Antipathie (in der Wahrnehmung der bewertenden Person) sind wahrscheinlicher.

Milde- und Strengefehler

- *Tendenz zur Mitte.* Dieser Fehler lässt sich an der Zensurengebung besonders gut verdeutlichen: Hier bilden die Werte in der Regel Gaußsche Normalverteilung ab. Extrem gute oder extrem schlechte Zensuren werden vermieden. Die Mehrheit der Schülerinnen und Schüler bewegt sich im mittleren Notenbereich. Die Tendenz zur Mitte kann auf Grund der hohen Gewichtung von Aufgaben mittleren Niveaus entstehen. Bei der Bewertung im Offenen Unterricht ist diese Tendenz ebenfalls nicht unwahrscheinlich. Auf Grund geringer biografischer Erfahrungen mit Bewertungen im nicht-fachlich-inhaltlichen Bereich fühlt man sich im mittleren Bewertungsbereich eher sicher und weniger angreifbar. Dies kann auch dazu führen, dass eher milde bewertet wird.

Tendenz zur Mitte

- *Halo-Effekt (Hof-Effekt).* Der Halo-Effekt tritt ein, wenn eine Eigenschaft eines Jugendlichen sich auf Bereiche auswirkt, zu denen kein Zusammenhang besteht: Beispielsweise wird vom aufsässigen Verhal-

Haloeffekt

ten oder der chaotischen Heftführung eines Schülers auf schwache fachliche Leistungen geschlossen. Oder: Die zurückhaltende Art und korrekte Heftführung münden in einer guten fachlichen Leistung. Von einer einzelnen Verhaltensweise oder Eigenschaft wird also auf eine allgemeine Bewertung in einem anderen Bereich geschlossen.

Wissen-um-die-Folgen-Fehler

- *Wissen-um-die-Folgen-Fehler.* Ein Urteil fällt milder aus, wenn die beurteilende Lehrkraft weiß, dass daraus in der Zukunft negative Konsequenzen resultieren. Dieser Fehler wird dann evident, wenn eine Note verbessert wird, um das Sitzenbleiben eines Schülers zu vermeiden. Allerdings kann hier durchaus eine pädagogische Begründung zu Grunde liegen, die eine spezielle Sichtweise rechtfertigt. Im Kontext von Projektprüfungen (z.B. in der Hauptschulabschlussprüfung Baden-Württemberg) wird dieser Fehler unter Lehrkräften besonders diskutiert. Hier möchte man den Schülerinnen und Schülern über ein gutes Ergebnis im überfachlichen Bereich ein Erfolgserlebnis vermitteln. Wie bereits erwähnt: Dies kann durchaus pädagogisch motiviert sein, ob in diesem Fall von einem Fehler gesprochen werden kann, sei deshalb dahingestellt.

Pygmalion-Effekt

- *Pygmalion-Effekt.* Dieser Effekt (vgl. z.B. Ziegenspeck 1999, S. 185) beschreibt die komplexe Wechselwirkung von Vorannahmen der Lehrperson über einzelne Schülerinnen und Schüler, den daraus resultierenden spezifischen Interaktionen (z.B. Bevorzugung, Benachteiligung), die wiederum eine bestimmte Reaktion auf Seiten der Schülerinnen und Schüler hervorrufen und damit z.B. Selbstkonzept, Motivation, Leistungsniveau beeinflussen. Ein Jugendlicher bestärkt also auf Grund seiner Haltung die Erwartungen seiner Lehrerin, die sich dann bestätigt fühlt und auch weiter in diesen vordefinierten Bahnen agiert.

Möglichkeiten, um Fehlerquellen zu verringern

Welche Konsequenzen sind aus diesen Fehlerquellen zu ziehen? Beim Prüfen und Bewerten im Offenen Unterricht stellt sich auf Grund der komplexeren Leistungs- und Bewertungssituation besonders deutlich die Frage nach der Gestaltung des gesamten Verfahrens. Die im folgenden Kapitel beschriebenen Gütekriterien beschreiben die grundsätzliche Richtung. Fehlerquellen können zudem verringert werden, wenn einige allgemeine Hinweise beachtet werden:

- Das Wissen um Fehlerquellen schärft das Bewusstsein für den schwierigen Bewertungsprozess.
- Die Kenntnis der Fehlerquellen ist jedoch wirkungslos, wenn der eigene Bewertungsprozess nicht permanent kritisch durchleuchtet und auf seine sachliche Basis hinterfragt wird. Erst dadurch kann der Einfluss einer impliziten Persönlichkeitstheorie gemildert werden. Hier

hilft eine kritische Selbstbeobachtung, die durchaus systematisch verlaufen kann, z.B. mittels Aufzeichnen einer Unterrichts- oder (Probe-)Bewertungssituation, mittels gezielter Beobachtungsaufträge an Schülerinnen und Schüler oder regelmäßiger Befragung der Klasse zur Leistungsbewertung.

- Die Gesamtbeurteilung einer Leistung entsteht nicht auf Grund eines subjektiven Eindrucks, sondern auf Grund einer systematischen Beobachtung und Bewertung von konkreten Situationen, in denen eine besondere Leistung eingefordert wird. Die Bewertung ist also auf konkrete Situationen zurückführbar – daraus entsteht die sachliche Basis.
- Einige Fehlerquellen werden im Übergang von der Leistungsbeschreibung zur Leistungsbewertung offensichtlich. Diese Stelle bedarf daher besonderer Aufmerksamkeit, sie kann u.a. durch einen sorgsamen Umgang mit Bewertungskriterien stabilisiert werden (s.u.). Hier greift der Begriff der Inferenz (s.o.): Der Übergang von konkreten Situationen zu abstrahierten Gesamtbeurteilungen (z.B. in Zeugnissen) ist sachlich und nachvollziehbar zu begründen.
- Um Vorannahmen, Halo-Effekte oder implizite Persönlichkeitstheorien zu minimieren, helfen gelegentliche überraschende und für Schülerinnen und Schüler erwartungswidrige Handlungen, z.B. bestimmte, auch kleinere Leistungen in den Vordergrund stellen und honorieren oder bei guten Schülerinnen und Schülern einen bewusst hohen Leistungsanspruch zu setzen und sich nicht zu früh mit der (nach sozialer Bezugsnorm) guten Leistung zufrieden zu geben.
- Im unterrichtlichen und schulischen Alltag könnte die Kompetenz von Kolleginnen und Kollegen vergleichsweise leicht genutzt werden, um die eigene Bewertungspraxis kritisch zu analysieren. Besonders bei der Bewertung Offenen Unterrichts wirkt hier jegliche Kooperation entlastend (vgl. Bohl 2001c, S. 345).

Schließlich ist jedoch festzuhalten, dass es recht einfach, ist Fehlerquellen zu benennen – verglichen mit der Schwierigkeit, diese im Alltag zu verringern oder gar zu verhindern. Eine objektive Bewertung, an der man sich orientieren könnte, gibt es nicht, auch der Einsatz standardisierter Schulleistungstests hilft hier – im Kontext des Offenen Unterrichts – nicht weiter. Zudem liegen zahlreiche Fehlerquellen bereits im Instrument der Zensuren, in welche komplexe Leistungssituationen gepresst werden. Allerdings ist der bewusste und reflektierte Umgang mit sämtlichen Bewertungsfragen Teil des professionellen Handlungsrepertoires einer Lehrkraft. Diese Forderung kollidiert mit einem generell problematischen Fehlerbegriff in der Biografie von Lehrkräften. Sowohl in der eigenen Arbeit als auch in der Arbeit mit Lernenden ist der konstruktive

Voraussetzung: eigene Fehlerfreundlichkeit bei Lehrkräften

und wertschätzende Umgang mit Fehlern nur wenig ausgeprägt. Die Vermeidung von Fehlerquellen bei der Leistungsbewertung setzt eine eigene Fehlerfreundlichkeit voraus.

Skalierungsformen

Effizienz und Klarheit ...

In Zeugnisformularen und Bewertungsbögen werden häufig Ratings verwendet. Dabei handelt es sich um ein Einschätzungsverfahren, das im Alltag auf Grund effizienter Einsatzmöglichkeiten und klarer Aussagen geschätzt wird. Im Kern werden hier Beobachtungen mittels vorgegebener Stufungen quantifiziert. Das auf den ersten Blick leichte Verfahren, der Beobachtende setzt lediglich ein Kreuz, birgt allerdings einige Probleme in sich. Abbildung 8 verdeutlicht wesentliche Skalierungsformen.

Abb. 8: Skalierungsformen

1. **Verbale Skala** (Häufigkeit, Fünferskalierung)

☐	☐	☐	☐	☐
immer	häufig	gelegentlich	selten	nie

2. **Verbale Skala** (Intensität, Fünferskalierung)

☐	☐	☐	☐	☐
sehr sicher	sicher	teilweise sicher	unsicher	sehr unsicher

3. **Bipolare Dreierskalierung**

☐	☐	☐
−	o	+

4. **Numerische Skala**

☐	☐	☐	☐	☐	☐	☐
1	2	3	4	5	6	7

5. **Bipolare Viererskalierung**

☐	☐	☐	☐
−2	−1	+1	+2

6. **Skala mit Begriffspolen**

   | schwach ausgeprägt | ☐ 1 | ☐ 2 | ☐ 3 | ☐ 4 | ☐ 5 | stark ausgeprägt |

... aber: Komplexitätsreduzierung

Die genannten Vorzüge dieser Skalierungen entstehen nur zum Preis einer immensen Komplexitätsreduzierung: Die beobachtete Situation oder Eigenschaft wird *einer* Skalierungsstufe zugeordnet. Da es nicht möglich ist, gleichzeitig eine breite Auskunft (z.B. für ein Zeugnis) *und* detaillierte Situationsanbindung (z.B. Beobachtungsbogen für Freiarbeit) zu erhalten, muss die Skalierung sorgfältig durchdacht werden.

Hinweise zu Skalierungen

- Der Beobachtende sollte sich darüber im Klaren sein, dass das Setzen eines Kreuzes eine Wertung, mindestens die Vorentscheidung hierfür darstellt.
- Ein Rasterzeugnis oder Skalierungen auf einem Beobachtungsbogen sollten möglichst über verbale Konkretisierungen inhaltlich gefüllt werden. Die Entscheidung oder Bewertung sollte also verbal begründet sein, z.B. mittels Erläuterung oder Nennung konkreter Situationen und Beobachtungstage.
- Skalierungen sollten spontane Beobachtungen, die außerhalb des Kriteriums und Rasters liegen, nicht unterdrücken. Auch aus diesem Grund sind Freiräume für verbale Ergänzungen notwendig.
- Damit bieten sich Einschätzungen über Rasterbögen oder -zeugnisse nicht als einzelnes Instrument an, sondern integriert in schriftliche Konkretisierungen und zusätzliche mündliche Beratungen.
- Die Frage der Bezugsnormen stellt sich auch hier. Eine soziale Bezugsnorm ist nicht geeignet. Individuelle Entwicklungen können nur mittels verbaler Konkretisierungen in Rastern dargestellt werden, z.B. über den Begriff »Fortschritt« eingefügt wird.
- Zu detaillierte Skalierungen (Skala 4) überfordern den Beobachtenden. Bereits eine Fünferskalierung ist sehr detailliert und erfordert hohe diagnostische Kompetenz und viel Erfahrung.
- Ein Merkmal kann in Bezug auf seine Häufigkeit (Skala 1) oder seine Intensität (Skala 2) eingeschätzt werden. Diagnostisch ist jedoch zu differenzieren. Ein Schüler kann beispielsweise zu bestimmten Zeiten (z.B. montags oder 6. Stunde) sehr unkonzentriert (Intensität) arbeiten – also *nicht* immer (Häufigkeit). Bei seltenen Beobachtungssituationen ist es zudem fraglich, ob eine Unterscheidung nach Häufigkeit möglich ist. Eine rein numerische Skalierung ohne verbale Klärung kann daher zu Missverständnissen führen.
- Bei verbalen Skalen verdient die Formulierung der Pole besondere Aufmerksamkeit. Ein Beispiel: der positive Pol »sicher« und der negative Pol »benötigt Hilfe«. Hier besteht die Gefahr, dass Hilfe negativ assoziiert wird, obwohl das Einfordern von Hilfe eher positiv ist. Ein sachlicher Gegenpol wäre »unsicher«.

Bei sämtlichen Skalierungen ist vorauszusetzen, dass ein entsprechend differenziertes Unterrichtsarrangement und ausreichende Beobachtungsanlässe vorhanden sind. Erst dann können unterschiedliche Stufungen an ihre situativen Pendants gekoppelt werden.

Zusammenfassung

- Angesichts komplexer Bewertungsverfahren im Offenen Unterricht ist eine Rückbesinnung auf diagnostische Grundlagen notwendig, die im schulischen Alltag kaum präsent sind.
- Das gesamte Beurteilungsverfahren kann in mehrere Phasen untergliedert werden. Besonders bedeutsam ist dabei der Übergang von der Leistungsbeschreibung zur Leistungsbewertung: Hier erfolgt die Einordnung in einen bestimmten Maßstab. Angesichts dieses anspruchsvollen Übergangs ist eine sorgfältige Vorbereitung und -klärung notwendig.
- Mit dem Begriff der Inferenz wird der Prozess des Schlussfolgerns bezeichnet. Eine niedrige Inferenz bezieht sich auf eine konkrete Situation und einen konkreten Indikator. Eine hohe Inferenz ergibt sich aus dem Schlussfolgern mehrerer kleiner Situationen zu einem größeren Zusammenhang.
- Die Frage der Bezugsnorm ist für jede Bewertung grundlegend. Im Offenen Unterricht bietet sich eine individuelle und/oder eine sachliche Bezugsnorm an. Eine individuelle Bezugsnorm steht in einem Spannungsverhältnis zu standardisierten und zentralisierten Prüfungen. Die jeweiligen Eigenschaften dieser Bezugsnormen können mit Schülerinnen und Schülern erörtert und geklärt werden. Damit wird das Spannungsfeld transparent, wenn auch nicht aufgelöst.
- Sämtliche Fehlerquellen der Zensurengebung können sich auch beim Bewerten im Offenen Unterricht wieder finden. Das Wissen um diese Fehlerquellen und die selbstkritische Analyse der eigenen Bewertungspraxis können zur Vermeidung beitragen. Zudem ist bei sämtlichen Bewertungen permanent die sachliche Basis herauszuarbeiten, sodass subjektive Einflüsse und irreführende Vorannahmen minimiert werden.
- Innerhalb von Bewertungsbögen können verschiedenen Skalierungsformen genutzt werden. Empfehlenswert ist, zumindest bei wenig Erfahrung, eine dreistufige Skalierung mit verbalen Ergänzungen.

6. Gütekriterien

Vorüberlegungen: Testtheoretische und qualitative Kriterien

Jede Form der schulischen Bewertung sollte selbstverständlich von hoher Qualität sein. Das ist zwar unstrittig, gleichzeitig ohne jegliche Aussagekraft, solange unklar bleibt, was unter Qualität zu verstehen ist und auf welche Weise diese erreicht oder verbessert werden kann. Schule verfolgt einen Erziehungs- und Bildungsauftrag, d.h., jede Form der Bewertung untersteht pädagogischen Gesichtspunkten und ist niemals nur auf einen sachlichen oder gar rein rechnerischen Vorgang reduzierbar. Der zu bewertende Gegenstand, die jeweilige Leistung von jungen Menschen, ist in ein komplexes Geflecht persönlicher, pädagogischer, methodisch-didaktischer, institutioneller und gesellschaftlicher Bedingungen eingebettet:

Leistung ist das Ergebnis vielfältiger Ursachen

- Die Leistung hängt vom situativen Zustand ab. Angst, Stress, Wohlbefinden, ein vorausgegangener Streit, eine schlechte Vorbereitung u.a. beeinflussen die Leistung.
- Die Leistung hängt von der Qualität des vorausgehenden Unterrichts und damit von der Fähigkeit einer Lehrkraft ab, Lehr-Lern-Prozesse für die individuelle Entwicklung eines Kindes erfolgreich zu gestalten.
- Die Leistung hängt von der Zusammensetzung der Klasse, d.h. von der Leistungsfähigkeit und der sozialen Struktur der Mitschülerinnen und Mitschüler, ab. Dies gilt besonders bei Anwendung einer sozialen Bezugsnorm.
- Die Leistung der Schule hängt vom Leistungsverständnis und Schulethos der Einzelschule ab, die beispielsweise einem engen oder einem pädagogischen Leistungsbegriff mit differenzierten Beratungs- und Förderangeboten folgt.
- Die Leistung hängt vom sozialen und familiären Kontext ab. Familiäre Problemlagen können Lernprozesse vollständig überlagern, ein geringer sozialer Status kann zu mangelndem Selbstvertrauen oder zu ungeeigneten Ersatzhandlungen führen. Auf diesen Zusammenhang hat nicht zuletzt die PISA-Studie deutlich hingewiesen.
- Die Leistung hängt von kulturellen und gesellschaftlichen Werten und Normen ab, die sich im Bildungswesen und den erwarteten und geprüften Standards der Abschlussprüfungen niederschlagen.

Zur Verbesserung der Qualität der schulischen Leistungsbewertung genügt es daher nicht, lediglich das Bewertungsverfahren selbst zu berücksichtigen. Die im Folgenden erläuterten Gütekriterien versuchen, den Qualitätsbegriff in einem qualitativen, d.h. ganzheitlichen Verständnis darzulegen.

Für die schulische Bewertungspraxis gelten die testtheoretisch begründeten Gütekriterien Objektivität, Reliabilität und Validität:

Objektivität
- Das wichtigste testtheoretische Gütekriterium ist die *Objektivität*, darunter versteht man den Grad, in welchem Bewertungsergebnisse unabhängig von der Lehrperson sind (Lienert 1987, S. 54).

Reliabilität
- *Reliabilität* ist die Genauigkeit der Messung eines Merkmals bei zwei oder mehreren aufeinander folgenden Messungen (Lienert 1987, S. 55), wenn also ein Merkmal »zeitstabil« (Eggert 1998, S. 27) ist.

Validität
- *Validität* (Gültigkeit) gilt als »Grad der Genauigkeit, mit der ein Merkmal gemessen bzw. vorhergesagt wird, das zu messen beansprucht wird« (Lienert/Raatz 1994, S. 10). Im schulischen Zusammenhang bezieht es sich vorwiegend auf die curriculare Genauigkeit und auf die prognostische Validität.

Testtheoretische Maßstäbe sind aus gesellschaftlicher und wissenschaftlicher Perspektive wichtig, sie sichern die Legitimation schulischer Entscheidungen. Sie verdeutlichen zudem einen permanent hohen Anspruch an die diagnostische Kompetenz von Lehrkräften.

Wissenschaftliche Kritik an der Zensurengebung zeitigt keine Konsequenzen

Kaum ein Forschungsfeld der Schulpädagogik bzw. der pädagogischen Psychologie ist derart intensiv untersucht worden wie die Zensurengebung (z.B. Ingenkamp 1995a). Die Ergebnisse sind ernüchternd: Die genannten Kriterien werden in der schulischen Zensierungs- und Bewertungspraxis nicht erfüllt. Die daraus resultierende Kritik an der Zensurengebung hat sich jedoch *nicht* in einer veränderten Praxis oder gar in der Abschaffung der Zensurengebung niedergeschlagen.

Welche Gründe können dafür genannt werden? Die Lehrerschaft an Sekundarstufen ist derzeit nicht ausreichend qualifiziert, um eine wissenschaftlich abgesicherte Diagnose und Bewertung nach testtheoretischen Maßstäben durchzuführen. Neben den Ausbildungsstrukturen sind die Alltagsstrukturen, die Lehrerinnen und Lehrer umgeben, um zu ihren Bewertungsentscheidungen zu gelangen, nicht auf die Anwendung strenger Maßstäbe ausgerichtet: Beispielsweise ist strukturell nicht abgesichert, dass eine Bewertungseinheit (z.B. eine Klassenarbeit) von einer weiteren Person bewertet wird, um ein möglichst hohes Maß an Objektivität zu garantieren. Lehrkräfte handeln daher in ihrem Alltag in hohem Maße »kontextrational« (Terhart 2000, S. 43), wenn sie testtheoretische Maßstäbe *nicht* berücksichtigen.

Selbst eine diagnostisch geschulte und aktiv danach handelnde Lehrerschaft wäre noch kein Beitrag zu einer verbesserten Praxis des *Lernens* der Schülerinnen und Schüler. Der Weg der Verbesserung würde tendenziell darin liegen, die Testinstrumente immanent zu optimieren. Dies wäre zwar ein wichtiger Schritt, die Rückkoppelung der dann objektiven Bewertungen an die Lernbiografien der Kinder und Jugendlichen wäre jedoch noch nicht geleistet.

> **Ein wesentlicher Beitrag zur Verbesserung der Bewertungsqualität liegt, über den Anspruch testtheoretischer Vorgaben hinaus, in einer engen Verknüpfung des Bewertungsverfahrens mit dem Lernverhalten und der Lernbiografie der Schülerinnen und Schüler.**

In der sonderpädagogischen Förderdiagnostik wird seit einigen Jahren ein Paradigmenwechsel von testtheoretischen zu qualitativen Gütekriterien (Eberwein/Knauer 1998) beschrieben. Diese Entwicklung kann auch für die Bewertungspraxis an staatlichen Sekundarschulen ertragreich sein. Im Kern geht es dabei um die Aufwertung des Veränderungsmodells gegenüber der Konstanzannahme. In Anlehnung an Eggert (1998, S. 25) kann dies präzisiert werden (Abb. 9).

Logik der Testtheorie	Logik von Pädagogik
• Suche nach Objektivität in Messung und Interpretation. Bewertung nach quantitativen Normen. Klassifikation nach quantitativen Ergebnissen. • Ziel: Konstanz	• Veränderung eines komplexen Mensch-Umwelt-Systems, um es dem Menschen zu ermöglichen, sich effektiver als bisher mit sich und seiner Umwelt auseinander zu setzen. • Ziel: Veränderung

Abb. 9: Widersprüchliche Logiken von Testtheorie und Pädagogik

Der Mensch ist ein ganzheitliches und entwicklungsfähiges Wesen, daher muss auch die Diagnostik entwicklungsfähige Verfahren berücksichtigen. Der Paradigmenwechsel erinnert an den Streit zwischen quantitativen und qualitativen Forschungsmethoden, der in der Sozialwissenschaft lange geführt wurde. Kritikpunkte an der quantitativen Sozialforschung als ein naturwissenschaftlich begründetes Verfahren sind ebenso für die alleinige Anwendung testtheoretischer Gütekriterien auf die schulische Notengebung zutreffend.

> **Es gilt daher, für die schulische Praxis des Prüfens und Bewertens (im Offenen Unterricht) qualitative Gütekriterien zu benennen, um damit testtheoretische Ansprüche zu ergänzen.**

In Anlehnung an sozialwissenschaftliche Kriterien (vgl. Mayring 1999; Lamnek 1995a) präzisiere ich qualitative Kriterien für die schulische Leistungsbewertung:

Kommunikative Validierung
- *Kommunikative Validierung.* Lehrkräfte und Schülerinnen und Schüler sind zwangsläufig in die erbrachten Leistungen involviert, dies muss aktiv und gemeinsam gestaltet werden. Über Sprache und Interaktion wird das Bewertungsverfahren in einem gemeinsamen Prozess kommunikativ validiert. Über die kommunikative Validierung wird in einem nie abgeschlossenen Prozess versucht, schulische Spannungsfelder zu minimieren, z.B. Schülerbeteiligung und Lehrerverantwortung, Fördern und Bewerten.

Transparenz und Beteiligung
- *Transparenz und Beteiligung.* Die einzelnen Schritte des Bewertungsverfahrens müssen offen gelegt werden und für Schülerinnen und Schüler verständlich sein, wenn möglich wird das Bewertungsverfahren gemeinsam mit ihnen festgelegt. Dies trifft besonders auf die Formulierung der einzelnen Bewertungskriterien zu. Explikation und Transparenz sind Voraussetzung für eine weiterführende Schülerpartizipation, z.B. bei der Formulierung von Kriterien, als Selbst- oder Mitbewertung und sind Voraussetzung für ein Verstehen und Erfüllen des Leistungsanspruches.

Gegenstands- und Zielangemessenheit
- *Gegenstands- und Zielangemessenheit.* Die angewandten schulischen Bewertungsverfahren korrespondieren mit den Unterrichtszielen und den methodischen Arrangements. Vielfältige Zielsetzungen des Offenen Unterrichts können daher nicht in ein enges Leistungs- und Bewertungsverständnis münden. Die Zielangemessenheit bezieht sich auf die Leistungsbewertung und -dokumentation von Unterrichtseinheiten und von Schuljahresleistungen.

Prozesscharakter
- *Prozesscharakter.* Unterrichtsprozess und Bewertungsverfahren sind nicht definitiv festgelegt, sondern orientieren sich am Lerngegenstand und an den Interessen, Bedürfnissen und Fähigkeiten der Lernenden. Bewertungskriterien können daher verändert, weiterentwickelt und gegebenenfalls für unterschiedliche Leistungen unterschiedlich konfiguriert werden.

Systemische Passung
- *Systemische Passung.* Leistungsbewertung vollzieht sich zwar konkret in unterrichtlichen Situation, ist jedoch abhängig vom systemischen Kontext. Sowohl innerhalb einer Einzelschule als auch in bildungssystemischer Hinsicht ist eine unterstützende und einheitliche Vorgehensweise notwendig: Vereinbarungen innerhalb der Einzelschule und der einzelnen Lehrerteams erhöhen die Bewertungsqualität. Passende schulorganisatorische und schulrechtliche Bedingungen (z.B. Flexibilisierung der Zeugnisbeilage) erleichtern die Anwendung und Akzeptanz neuer Bewertungsformen.

Diese Kriterien dienen der Abgleichung praktischer Bewertungsverfahren, sie sind auf theoretischer Ebene zudem anschlussfähig an die formulierten Leitbilder (Kap. 1), besonders an einen pädagogischen Leistungsbegriff: Grundlegend ist eine subjektnahe und ganzheitliche Betrachtungsweise. Welche Konsequenzen resultieren daraus? In den folgenden Teilkapiteln schlage ich vier Gütekriterien vor.

Stützungssysteme und Konsensbildung innerhalb der Einzelschule

Dieses Gütekriterium verweist auf die enge Verbindung von Unterrichts- und Schulentwicklung. Die Qualität des Unterrichts steigt, wenn es gelingt, gemeinsame Zielvorstellungen in sorgfältig abgestimmte und alltagswirksame Handlungen umzusetzen. Ein verändertes Leistungsverständnis gilt dann als Teil des Schulethos und nicht als additive, im Grunde jedoch schulethosferne Beigabe einiger besonders engagierter Feiertagsdidaktiker und Feiertagsdidaktikerinnen. Damit ist jedoch nicht gemeint, dass nun alle Lehrkräfte dieselben Kriterien verwenden oder ihre Unterrichtsplanung im Detail angleichen. Vielmehr geht es um die Entwicklung einer Rahmenkonzeption innerhalb der Einzelschule und hier innerhalb der einzelnen Fächer, Schulstufen und Klassenteams. Dies wird erleichtert, wenn bereits Konsens über Zielvorstellungen besteht (z.B. auf Grund von vereinbarten Schulprogrammen oder schulinterne Curricula), und erschwert, wenn kein Konsens möglich ist.

Gemeinsame alltagswirksame Handlungen

Eine Vereinbarung kann sich beispielsweise darauf beziehen, Klassenarbeiten durch andere Leistungen (z.B. Präsentationen) zu ersetzen oder bestimmte überfachliche Kompetenzen zu diagnostizieren und systematisch zu fördern. Eine Absprache im Kollegium wirkt für Lehrerinnen und Lehrer psychisch entlastend, insbesondere wenn mit der Beurteilung selektionswirksame oder berufswahlentscheidende Folgen verbunden sind. Beispielsweise werden Jugendliche und ihre Eltern sehr aufmerksam, wenn nur in einer von drei Abschlussklassen zusätzlich zum Zeugnis Portfolios entstehen, die möglicherweise bessere Chancen bei anstehenden Bewerbungen bewirken.

Psychische Entlastung durch Absprachen

Die Konsensfindung innerhalb eines Kollegiums ist möglicherweise ein langwieriger Prozess. Folgende Hinweise zur schrittweisen Einführung veränderter Bewertungsformen können hilfreich sein:

- Mit der eigenen Leistungsbewertung in sicheren Unterrichtsfeldern beginnen, z.B. keinesfalls mit einer Prozessbewertung starten, sondern zunächst an bekannten didaktischen Variationen (Buchvorstellung, Referat) ansetzen.

- Wenn möglich, interessierte Kolleginnen und Kollegen in den eigenen Unterricht einladen (z.B. bei Präsentationsbewertungen, sofern die Schülerinnen und Schüler einverstanden sind, oder bei Probedurchläufen) – dies eröffnet sachlich fundierte Anknüpfungspunkte und senkt die Hemmschwelle zur eigenen Erprobung.
- Kolleginnen und Kollegen suchen, um gemeinsam das Bewertungsverfahren vorzubereiten, durchzuführen und auszuwerten *und* in weiteren Konferenzen die Erfahrungen vorzustellen.
- Vor einer Bewertung (z.B. Präsentationsbewertung) mit den Schülerinnen und Schülern einen Probedurchlauf organisieren, in welchem z.B. die Bewertungskriterien, der organisatorische Ablauf oder die Beobachtungssituation gemeinsam beleuchtet werden.
- Sicherheit über rechtliche Fragen (vgl. Bohl 2001b, S. 348) gewinnen, diese stärken häufig pädagogische Argumentationen (z.B. rechtliche Grundsätze *jeder* Leistungsbewertung), obwohl Lehrkräfte sie eher als einschränkend empfinden.
- Im Kollegium keine endgültigen Abstimmungen treffen (»Ab dem nächsten Schuljahr müssen alle ...«), sondern Erprobungsschritte und -phasen vereinbaren, die anschließend sorgfältig ausgewertet werden.
- Innerhalb des Kollegiums systematisch eine mittel- bis längerfristige Fortbildungskonzeption entwickeln und die Kompetenzerweiterung intern nutzen. So könnte es z.B. sinnvoll sein, dass eine Gruppe verschiedene offene Unterrichtsformen, eine zweite parallel veränderte Bewertungsformen vertieft – während eine dritte Gruppe das Thema Beratung angeht.
- Die langfristige Perspektive im Auge behalten, z.B. welche Konsequenzen könnten für die Veränderung oder Ergänzung des Zeugnisses folgen?

Konsensbildung innerhalb der Einzelschule wirkt als Gütekriterium insbesondere dann, wenn spürbare Folgen für Schülerinnen und Schüler entstehen. Bei einer einheitlichen Konzeption wird die Schul- und Unterrichtsentwicklung stabilisiert – eine konsequente Unterrichtsentwicklung ist ohne eine Veränderung der Leistungsbewertung nicht denkbar.

Prüfen und Bewerten als Teil einer pädagogischen Handlungseinheit

Verfahren der traditionellen Leistungsbewertung (Klassenarbeiten, Tests, mündliche Überprüfungen) vollziehen sich, insbesondere in den Hauptfächern, weitgehend als kognitiv und räumlich abgekoppelte Handlungsschritte der einzelnen Lehrerinnen und Lehrer:

- Die Lehrperson wählt aus dem Lehrplan die Unterrichtsinhalte aus, didaktisiert sie zu Hause, präsentiert sie im Unterricht.
- Die Lehrperson entwickelt zu bestimmten Zeitpunkten ein geeignetes Instrument und überprüft den Lernfortschritt der Schülerinnen und Schüler.
- Die Lehrperson korrigiert die abgegebenen Arbeiten zu Hause und übergibt sie anschließend den Schülerinnen und Schülern.
- Die Lehrperson führt eine Verbesserung durch und kontrastiert die Schülerleistungen mit dem erwarteten Anspruchsniveau.
- Anschließend erfolgt der Wechsel zu einer neuen Unterrichtseinheit und zu einem neuen Thema.

Dieses, hier möglicherweise überzogen dargestellte Verfahren, ist im Zuge eines veränderten Leistungs- und Bewertungsverständnisses in verschiedener Hinsicht ungeeignet. Es entspringt einem Unterrichtsverständnis, in welchem die Lehrperson gegenüber der Lerngruppe bestimmend agiert und zudem ihre Tätigkeit außerhalb des Unterrichts als Einzelkämpfer versteht. Es ist höchst wahrscheinlich, dass die individuellen Lern- und Verstehensprozesse der Lernenden den Handlungsschritten der Lehrperson nicht folgen.

Die Komplexität von Bewertungsverfahren für Offenen Unterricht erfordert einen anderen Zugang. Das Bewertungsverfahren ist in eine umfassendere Abfolge eingebettet (Abb. 10). Die Abbildung verdeutlicht

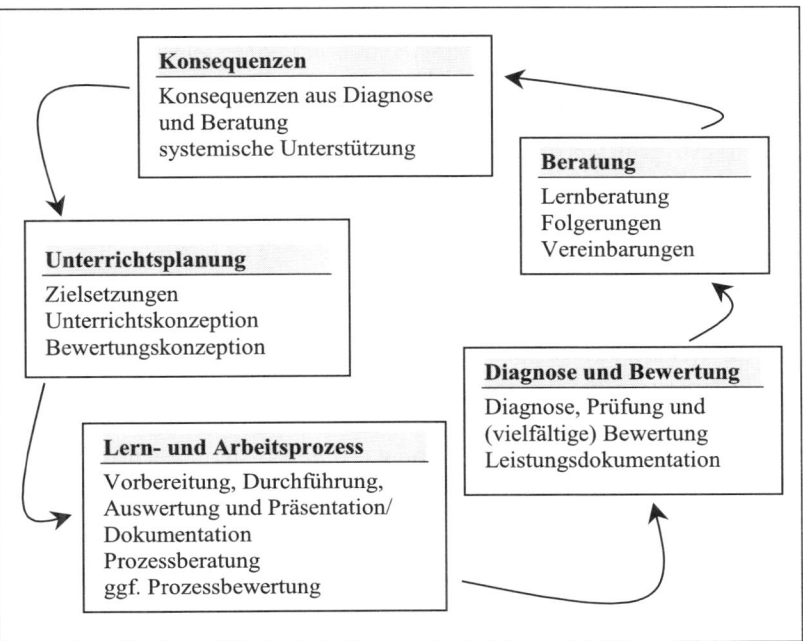

Abb. 10: Prüfen und Bewerten in einer umfassenden Handlungseinheit

einen spiralförmigen Zyklus, der unterschiedlich lang andauern kann, er kann beispielsweise eine projektorientierte Unterrichtseinheit beschreiben.

Die Einheit beginnt mit der *Unterrichtsplanung*, die fachspezifisch oder fächerübergreifend, alleine oder im Team erfolgt. Hier wird eine Unterrichts- und Bewertungskonzeption erstellt, die einen bestimmten Zeitraum vorstrukturiert. Wesentlich ist dabei die Abstimmung im Lehrerteam einer Klasse, sodass der sekundarstufenspezifischen Parzellierung für Schülerinnen und Schüler spürbar begegnet wird. Ansetzend an die unterrichtlichen Ziele, entsteht die Bewertungskonzeption: In welchen (Offenen) Unterrichtsphasen erfolgt eine Leistungsbewertung? Wie wird bewertet? Wie wird dokumentiert? Wie werden die Bewertungskriterien vorbereitet? Die Konzeption entsteht in einem Verständigungsprozess mit Schülerinnen und Schülern.

Der *Lern- und Arbeitsprozess* der Schülerinnen und Schüler wird dadurch vorbereitet: Sie wissen, nach welchen Kriterien bewertet wird, der Unterricht ist daraufhin vorstrukturiert, die Leistungserwartungen können eingeübt und erfüllt werden. Während der Arbeitsphase erfolgt eine Beratung und, sofern Teil der Bewertungskonzeption, eine Prozessbewertung.

Differenzierte Diagnose ohne weitere Unterstützung ist wenig hilfreich

In der nächsten Phase wird die erbrachte Leistung *diagnostiziert, bewertet* und *dokumentiert*. Dies kann in einer projektorientierten Unterrichtseinheit beispielsweise dadurch geschehen, dass am Ende alle Schülerinnen und Schüler einen Bewertungsbogen erhalten. Wird die Handlungseinheit im Anschluss an die Diagnose und Bewertung abgebrochen, findet also keine weitere Beratung statt, dann wirkt selbst eine differenzierte Diagnose eher schädlich als nützlich (vgl. Weinert/Helmke 1987, S. 27). Lernende werden dadurch verunsichert, insbesondere bei Anhäufung negativer Bewertungen. Sie können die Ergebnisse zwar zur Kenntniss nehmen, sind jedoch kaum in der Lage, ihr Lernverhalten selbst zu verändern. Es genügt also nicht, einen Lernenden darauf hinzuweisen, *dass* seine Leistung nicht ausreicht oder defizitär ist, vielmehr ist zu klären und zu konkretisieren, *auf welche Weise* eine Verbesserung stattfinden soll und wie bzw. wann eine Veränderung gemeinsam überprüft wird. Der differenzierten Diagnose und Bewertung folgt daher eine Beratung. Der Lernprozess und die dokumentierten Ergebnisse werden in einer in-

Unterschiedliche Sichtweisen sind wertvoll

dividuellen Lernberatung beschrieben, besprochen und reflektiert. Je differenzierter dabei der Arbeits- und Lern*prozess* berücksichtigt werden kann, desto eher wird sich auch eine Verbesserung des Lernverhaltens anschließen können. Unterschiedliche Sichtweisen sind dabei besonders wertvoll, sie bieten die Chance eines gemeinsamen Klärungsprozesses, der im sonstigen Unterricht außerhalb einer individuellen Lernberatung kaum möglich ist.

Aus dem Beratungsgespräch resultieren *Konsequenzen* für Lehrende und Lernende. Einzelne Stärken und Schwächen können schriftlich formuliert und als besondere Bezugspunkte der folgenden Unterrichtseinheit fokussiert werden. Mit Hilfe geeigneter Stützungsmaßnahmen (z.B. spezielles Lernangebot, regelmäßige Besprechung und Beratung, schriftliche Protokollierung des Lernprozesses) werden Schülerinnen und Schüler begleitet, Lehrkräfte formulieren ebenfalls Konsequenzen für ihren Unterricht. Dabei können inner- und außerschulische Maßnahmen (z.B. differenzierte sonderpädagogische Diagnostik, begleitende Elterngespräche, gezielte Fördermaßnahmen) notwendig werden. Hier zeigt sich deutlich, dass eine veränderte Leistungsbewertung auf systemische Unterstützungsmaßnahmen angewiesen ist, die effizient und gezielt eingesetzt werden können. Schließlich resultiert aus dem bisherigen Zyklus eine *erneute Unterrichtsplanung*, in der neue Zielsetzungen und Konzeptionen formuliert werden.

Konsequenzen aus Beratung

Die einzelnen Phasen sind nicht scharf trennbar, sie verdeutlichen unterrichtliche Schwerpunkte zu bestimmten Zeiten. Gegenüber einem traditionellen Bewertungsverständnis zeigt sich besonders, dass im Anschluss an die Bewertung die für die Lernbiografie der Schülerinnen und Schüler wichtige Beratung und weitere daraus folgende Handlungsschritte zu berücksichtigen sind.

Beteiligungs-, Reflexions- und Rückmeldekultur

Die kommunikative Validierung zeigt sich in einer Kultur der Verständigung über den gesamten Bewertungsprozess bzw. über den Prozess der unterrichtlichen Handlungseinheit. Zur Vermeidung von Missverständnissen: Damit ist keinesfalls die Übergabe des Bewertungsmonopols an Schülerinnen und Schüler oder eine leistungs- und anstrengungsarme Kuschelecke gemeint. Im Gegenteil: Die Frage des Leistungsanspruches ist zentral und wird insbesondere vom Niveau der einzelnen Bewertungskriterien bestimmt (S. 98).

Menschen beschreiben, konstruieren und reflektieren über ihre Erfahrungen, ihre Beobachtungen und ihre Wirklichkeit mit Hilfe von Sprache. Die unterschiedlichen Sichtweisen müssen zusammengeführt werden. In jüngster Zeit hat die konstruktivistische Didaktik auf die Bedeutung dieses grundlegenden Aspektes hingewiesen:

Lernen als Konstruktion

> *»Gerade weil wir lebensgeschichtlich geprägte unterschiedliche Erfahrungen gemacht haben, müssen die Differenzen und unterschiedliche Deutungen zur Sprache gebracht und verglichen werden.«* (Siebert 1994, S. 57)

Die Verständigung über Sprache erfolgt in Wechselwirkung mit Handlungen. Der Verständigungsprozess mit Schülerinnen und Schülern wird erleichtert, wenn über gemeinsam erfahrene Handlungen reflektiert wird. So können Bewertungskriterien von Lernenden (und Lehrkräften) erst in den individuellen Sinnzusammenhang eingefügt werden, wenn diese eingeübt und erprobt wurden. Erst dann wird klar, ob man die Kriterien verstehen und erfüllen kann bzw. ob und auf welche Weise sie bewertbar sind.

Beteiligung von Schülerinnen und Schülern in allen Phasen

Die *Beteiligung* von Schülerinnen und Schülern bei der Bewertung wird je nach Lerngruppe variieren, jedoch darauf ausgerichtet sein, kontinuierlich zuzunehmen. Schülerinnen und Schüler können in der Vorbereitungs-, Durchführungs- und Auswertungsphase der Bewertung beteiligt werden.

Vorbereitung
- In der *Vorbereitungsphase* ist die Beteiligung bei der Formulierung und Aufstellung von Kriterien wesentlich. Kinder und Jugendliche können in einem fortgeschrittenen Beteiligungs- und Bewertungsstadium eigene Ziele und Bewertungskriterien formulieren.

Durchführung
- In der *Durchführungsphase* können Schülerinnen und Schüler bei der Bewertung selbst beteiligt werden, z.B. bei der arbeitsteiligen Mitbewertung einer Präsentation, der Selbstbewertung oder Beobachtung des Lern- und Arbeitsverhaltens ihrer Mitschülerinnen und Mitschüler in der Freiarbeit.

Auswertung
- In der *Auswertungsphase* werden Schülerinnen und Schüler bei der Analyse und Reflexion über den individuellen und gemeinsamen Lern- und Bewertungsprozess beteiligt.

Das Mindestmaß an Beteiligung wäre darin zu sehen, dass die Bewertungskriterien gemeinsam besprochen bzw. formuliert werden. Bewertungskriterien können dann zunehmend selbst erstellt werden.

Unterrichtsformen, in denen Schülerinnen und Schüler selbstständig agieren, sind komplex, anspruchsvoll und keinesfalls spannungsfrei. Sie bedürfen daher einer regelmäßigen Vergewisserung. Die Beteiligten begeben sich dabei auf eine Metaebene und *reflektieren* über den bisherigen Prozess: Wo stehen wir? Was hat gut geklappt, wo sind Probleme sichtbar? Welche Aspekte der Bewertung haben sich bewährt, welche sollten verändert werden? Wie geht es weiter? Die Reflexion ist darauf ausgerichtet, die Situation von Schülerinnen und Schülern im gesamten Arbeitsprozess zu verorten und Unklarheiten zu begegnen.

Die Beteiligung der Lernenden und die Reflexion über den Unterrichts- und Bewertungsprozess benötigt eine rücksichtsvolle und einfühlsame *Rückmeldekultur*. Dazu zählen zwei Fähigkeiten:

- Die Fähigkeit, eine wertschätzende, sachliche und ehrliche Rückmeldung geben zu können.
- Die Fähigkeit, eine wertschätzende, sachliche und ehrliche Rückmeldung annehmen und für sich selbst konstruktiv deuten zu können.

Rückmeldekultur

Offensichtlich wird dies, wenn über eine konkrete Leistung, zum Beispiel über die Präsentationsleistung einer Schülerin, gesprochen wird. Verbesserungsvorschläge können sehr hilfreich sein, wenn sie nicht als Kritik, sondern als Chance zur Weiterentwicklung verstanden werden. Diejenigen, die Kritik äußern, müssen lernen, sie rücksichtsvoll zu formulieren. Dies wird dadurch erleichtert, dass die Rollen wechseln und alle Schülerinnen und Schüler als Akteur und als Zuschauer agieren.

Der Kontext der einzelnen Bewertungskriterien

Bei der traditionellen Leistungsbewertung sind die zu erreichenden Kriterien zumeist unklar. Schülerinnen und Schüler wissen in der Regel nicht, nach welchen Kriterien ihre mündliche Note zu Stande kam oder welche Fragen in der kommenden Klassenarbeit zu erwarten sind. Die Bewertung von Leistungen im Offenen Unterricht hingegen ist vollständig transparent. Die einzelnen Bewertungskriterien sind vorab bekannt. Das zielgerichtete Anstreben der Kriterien ist beabsichtigt. Der Leistungsanspruch wird nicht dadurch künstlich erhöht, dass der zu prüfende Gegenstand im Detail unbekannt und geheim bleibt. Kriterien und Anspruchsniveau sind bekannt. Die einzelnen Bewertungskriterien, die innerhalb der Bewertungskonzeption erstellt werden, müssen vor- und nachbereitet werden. Dies sei an einem Kriterium exemplarisch verdeutlicht. Das Kriterium ...

> Der Schüler/die Schülerin ist in der Lage, eine selbstständige Lösungskontrolle durchzuführen.

... könnte einem Beobachtungsbogen für das Lern- und Arbeitsverhalten in der Freiarbeit, Wochenplanarbeit oder Stationenarbeit entnommen sein. Die folgenden Fragen erleichtern die Einordnung einzelner Bewertungskriterien in den Unterrichtsverlauf:

- *Weshalb ist das Kriterium wichtig?* Die Fähigkeit, Lösungen selbstständig kontrollieren zu können, ist ein Element des selbstständigen Lernens und Arbeitens. Die eigene Leistung wird überprüft, der Blick für den eigenen Lernprozess geschärft. Eine selbstständige Lösungskontrolle gehört unabdingbar zu Lernarrangements, die über eine didak-

Bedeutung

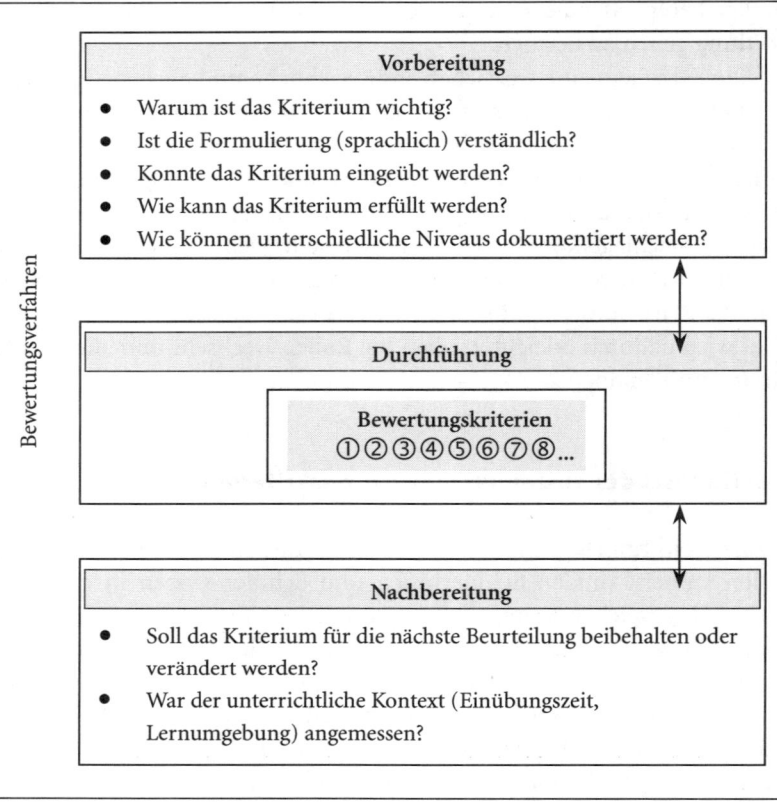

Abb. 11: Der Kontext der einzelnen Bewertungskriterien

tisch vorbereitete und strukturierte Lernumgebung und geeignetes Lernmaterial definiert sind, z.B. eine materialgeleitete Freiarbeit.

Verständlichkeit
- *Ist die Formulierung (sprachlich) verständlich?* Zu klären wäre, was »selbstständig« bedeutet. Dies könnte den Aspekt der Vollständigkeit beinhalten, also die Durchführung der Lösungskontrolle von Anfang bis Ende, z.B. unter Einbeziehung von sorgfältigen Korrekturarbeiten. Zudem könnte selbstständig auch beinhalten, gegebenenfalls weitere Hilfen gezielt einzufordern, z.B. über Lexika, durch Fragen von Mitschülerinnen und Mitschülern.

Übung
- *Konnte das Kriterium eingeübt werden?* Bei der Vorbereitung der Lernumgebung und des Materials ist darauf zu achten, dass ausreichend Materialien vorhanden sind, damit alle Schülerinnen und Schüler der Lerngruppe ausreichend Gelegenheit erhalten, die selbstständige Lösungskontrolle mehrfach durchzuführen und gegebenenfalls eine Beratung zu erhalten, bevor bewertet wird.

Anforderung
- *Wie kann das Kriterium erfüllt werden?* Im Anschluss an eine Aufgabe ist nach bestimmten Regeln (z.B. zunächst das Ergebnis überprüfen) die korrekte Lösung zu nehmen (z.B. aus einem Ordner).

- *Wie können unterschiedliche Niveaus dokumentiert werden (Skalierung)?* Das Kriterium könnte z.B. über eine Dreierskalierung (+; o; –) überprüft werden oder noch stärker ausdifferenziert (z.B. 1 bis 6 Punkte). »+« könnte erreicht werden, wenn die selbstständige Lösungskontrolle fehlerfrei oder nur mit wenigen Fehlern durchgeführt wurde. »o« könnte erfüllt sein, wenn die Lösungskontrolle ordentlich war, während »–« darauf hindeutet, dass weitere Übung, Unterstützung und Beratung bei der selbstständigen Lösungskontrolle notwendig ist. Zu klären ist jeweils, ob die einzelnen Rasterungen durch frequenzbezogene Definitionen (z.B. häufig) oder durch intensitätsbezogene Definitionen (z.B. deutlich, sehr) beschrieben werden (Kap. 5). **Niveauunterschiede**
- *Wie kann die Leistung überprüft werden?* Die Überprüfung der selbstständigen Lösungskontrolle kann gut über ein zweifaches Vorgehen realisiert werden. Es kann über Beobachtung während einer Arbeitsphase überprüft werden und/oder mittels Überprüfung der schriftlichen Unterlagen, z.B. der schriftlichen Lösung im Freiarbeitsordner. In der Regel wird eine Beobachtung alleine kaum genügen, da die Qualität der selbstständigen Lösungskontrolle im Detail steckt. **Überprüfbarkeit**

Nach der Bewertung können weiterführende Überlegungen für die einzelnen Kriterien hilfreich sein.

- *Soll das Kriterium für die nächste Bewertung beibehalten oder verändert werden?* Mit der Zeit könnte sich ein Kriterium als unterfordernd herausstellen und deshalb ganz weggelassen oder es könnte in seinem Anspruch gesteigert werden. Eine Weiterentwicklung des o.g. Kriteriums könnte sich darin zeigen, dass die selbstständige Lösungskontrolle bei zunehmend komplexeren Aufgaben verlangt wird, bis hin zur selbstständigen Kontrolle selbst formulierter Zielsetzungen. **Weiterentwicklung**
- *War der unterrichtliche Kontext (Einübungszeit, Lernumgebung) angemessen?* Die Bewertung der Leistung könnte aufzeigen, dass nicht genügend Möglichkeiten der selbstständigen Lösungskontrolle vorhanden sind oder dass die Kontrolle für einen Teil der Klasse eine Überforderung darstellte. **Kontext**
- *Entsteht ein besonderer individueller Beratungsbedarf?* Im Hinblick auf die weiterführende Beratung ist zu überlegen, welche Schülerinnen und Schüler besondere Stärken oder Schwächen bei der Durchführung der selbstständigen Lösungskontrolle haben und wer gegebenenfalls eine stärkere Anleitung und Unterstützung benötigt. Diese könnte zum Beispiel dadurch realisiert werden, dass ein Schüler seinen Lösungsweg und seine Lösungskontrolle einem Mitschüler erläutert und dadurch auf Fehler hingewiesen werden kann. **Beratungsbedarf**

Der Prozess der kommunikativen Validierung benötigt Zeit

Der gesamte Ablauf der Vor- und Nachbereitung der einzelnen Kriterien steht in einem Spannungsverhältnis zwischen der Beteiligung der Schülerinnen und Schüler an der Unterrichts- und Bewertungskonzeption (d.h. auch an der Kriterienerstellung und -formulierung) und den Interessen der Lehrkraft bzw. des Lehrerteams. Beides zu vereinbaren kann nur über einen kommunikativen Validierungsprozess geleistet werden. Die kommunikativen Fähigkeiten von Schülerinnen und Schülern sind unterschiedlich ausgeprägt. Der kommunikative Validierungsprozess ist nicht endlos ausdehnbar und individualisierbar, sondern muss im zeitlich engen Alltag geleistet werden. Dies ist eine anspruchsvolle Aufgabe. Beispielsweise ist das Anspruchsniveau der Bewertungskriterien so auszutarieren, dass es den Lernvoraussetzungen der Jugendlichen gerecht wird und gleichzeitig in einem progressiven Gesamtkontext steht, d.h. das Anspruchsniveau mittel- bis langfristig steigt.

Fazit: Testtheoretische Gütekriterien qualitativ interpretiert

In den bisherigen Überlegungen dieses Teilkapitels habe ich versucht, qualitative Prinzipien für die Leistungsbewertung im Offenen Unterricht vorzustellen und diese über Qualitätsmerkmale zu konkretisieren. Ich komme nun zurück auf die eingangs betrachteten testtheoretischen Gütekriterien, die für die Bewertung der schulischen Zensierungspraxis angelegt werden. Die testtheoretischen Gütekriterien können in einem qualitativen, d.h. ganzheitlichen Verständnis betrachtet werden.

- *Objektivität* kann in einem intersubjektiven Sinne verstanden werden. Wenn die Sichtweise von Schülerinnen und Schülern (als Schülerselbst- und/oder Schülermitbewertung) berücksichtigt wird und zudem Lehrkräfte im Rahmen des Bewertungsverfahrens kooperieren, dann wird der subjektive Charakter der Bewertung verringert. Die Bewertung wird durch die Sichtweise mehrerer Personen tendenziell objektiver. Die Wahrscheinlichkeit unzutreffender und extremer Bewertungen verringert sich.
- *Reliabilität* ist für die Schule ein äußerst ungeeignetes Kriterium, weil es die Entwicklungsfähigkeit der Lernenden unterläuft. Das Kriterium kann allenfalls dann als sinnvoll angesehen werden, wenn z.B. bei einer Unterrichtsbeobachtung über mehrere Beobachtungsrunden versucht wird, eine Bestätigung für eine vorherige Bewertung zu erhalten. Mittel- bis langfristig wird jedoch eher das Bemühen im Vordergrund stehen, einen Fortschritt und nicht eine Stabilität in der Leistung und Bewertung zu erhalten.

- Die *Validität* lässt sich in einem qualitativen Verständnis erhöhen: Über die unterrichtliche Handlungseinheit und das Bewertungsverfahren ist die Unterrichtssituation eng mit den Bewertungskriterien verknüpft. Der kommunikative Validierungsprozess führt dazu, dass Lernende eher in der Lage sind, ihr Verhalten im Unterricht mit der Bewertung zu verbinden. Die Wahrscheinlichkeit steigt, dass genau diejenige Art der Leistung erbracht wird, die von den Lernenden erwartet wird. Auch die prognostische Validität lässt sich erhöhen: Die Verbindung der Bewertung mit weiteren Beratungen und Konsequenzen stärkt die prognostische Aussagekraft, zudem ist die bewertete Leistung facettenreicher als die traditionelle Bewertung, die sich fast ausschließlich auf fachlich-inhaltlich-kognitive Leistungen beschränkt. Dadurch können Stärken und Probleme von Lernenden differenzierter beschrieben und gefördert werden.

Testtheoretische Kriterien können in ihrem klassischen Verständnis für Bewertungsverfahren im Offenen Unterricht nicht beansprucht werden. Sie lassen sich allerdings in gewisser Weise umdeuten. Insgesamt stärkt ein qualitatives Bewertungsverständnis die Lernentwicklung und Persönlichkeit der Schülerinnen und Schüler, es ist daher geeignet, den Erziehungs- und Bildungsauftrag der Schule zu erfüllen.

Zusammenfassung

- Testtheoretische Gütekriterien sind auf eine logische innere Stringenz ausgerichtet. Zur Verbesserung der Bewertungsqualität im Offenen Unterricht sind darüber hinaus qualitative Kriterien notwendig, die mit der Logik pädagogischer Zielsetzungen übereinstimmen. Entscheidend ist, dass Lernende die Diagnose- und Bewertungsverfahren subjektiv mit Sinn belegen können und die Ergebnisse für die jeweilige Lernbiografie hilfreich sind.
- In Ergänzung zu den testtheoretischen Gütekriterien Objektivität, Reliabilität und Validität können qualitative Prinzipien formuliert werden: Kommunikative Validierung, Transparenz und Beteiligung, Gegenstands- und Zielangemessenheit, Prozesscharakter, systemische Passung. Mittels der kommunikativen Validierung als Kern der qualitativen Prinzipien wird versucht, schulische Spannungsfelder zu minimieren.
- Eine Veränderung der schulischen Bewertungspraxis erfordert Stützungssysteme und Absprachen innerhalb der Einzelschule. Diese entlasten Lehrkräfte und stärken gleichzeitig die Zielsetzungen Offenen Unterrichts, weil sie nicht mehr einigen besonders engagierten Lehr-

kräften vorbehalten bleiben, sondern auf einer höheren, schulintern-öffentliche Ebene deutlich werden. Vereinbarungen sollten dabei auf Rahmenkonzeptionen begrenzt bleiben, um ausreichende Flexibilität innerhalb der jeweiligen Klassen zu ermöglichen.

- Der Bewertungsvorgang ist in eine umfassende Handlungseinheit eingebettet und findet nicht als personell, räumlich und zeitlich isolierter Akt der Lehrkraft statt. Phasen dieser Handlungseinheit sind die Unterrichtsplanung, der Lern- und Arbeitsprozess, die Diagnose und Bewertung, die Beratung und weiterführende Konsequenzen.
- Kommunikative Validierung kann nur stattfinden, wenn eine entsprechende Beteiligungs-, Reflexions- und Rückmeldekultur zwischen Lehrkräften und Lernenden und innerhalb einer Lerngruppe möglich ist. Diese kann eingeübt und gelernt werden.
- Die Qualität der Leistungsbewertung ist wesentlich davon abhängig, inwiefern die einzelnen Bewertungskriterien vorbereitet und nachbereitet werden. Dabei ist eine hohe Passung mit dem vorausgehenden Unterricht zu beachten. Die einzelnen Bewertungskriterien müssen verständlich, erlernbar und einübbar sein. Im Anschluss an die Bewertung ist zu überlegen, inwiefern einzelne Kriterien weiterentwickelt werden können.
- Die klassischen testtheoretischen Gütekriterien können in einem sozialwissenschaftlich qualitativen Verständnis gedeutet werden. Objektivität kann in einem intersubjektiven, mehrperspektivischen Sinne verstanden werden. Die Gültigkeit (Validität) kann auf Grund der unterrichtlichen Handlungseinheit und des Kontextes der einzelnen Bewertungskriterien erhöht werden. Zuverlässigkeit (Reliabilität) ist ein fragwürdiges Kriterium, weil es Stabilität statt Veränderung in der Entwicklung unterstellt, auch wenn es innerhalb einzelner Bewertungsphasen sinnvoll sein kann.

7. Wesentliche Aspekte einer Bewertungskonzeption

Unterrichtsplanung

Prüfen und Bewerten im Offenen Unterricht kann auf sehr unterschiedliche Weise stattfinden. Zunächst kann der zu Grunde liegende Unterricht unterschiedlich sein, es kann sich z.B. um eine projektorientierte Unterrichtsphase oder um ein Freiarbeits- oder Wochenplanarrangement handeln. Ähnliche Unterrichtsarrangements wiederum können in unterschiedlichen Bewertungskonzeptionen münden. So könnte am Ende einer projektorientierten Phase lediglich eine Präsentation durchgeführt werden oder auch eine aufwändige Konzeption mit unterschiedlichen Bausteinen folgen, z.B. eine Prozessbewertung, eine Produktbewertung und eine Bewertung der Gruppenpräsentation. Es ist daher sinnvoll, zunächst zu überlegen, welche Bewertungsmöglichkeiten grundsätzlich möglich sind (vgl. Abb. 12; vgl. Bohl 2001c, S. 275ff.):

Prozessbewertung	Präsentationsbewertung	Produktbewertung
• Beobachtung von Lernverhalten • Beobachtung von Gruppenprozessen • schriftlicher Prozessbericht • Lerntagebuch u.a.	• Referat • Gruppenpräsentation • Rollenspiel • Schülerinnen und Schüler als Lehrende u.a.	• künstlerisches Produkt (Grafik, Statue) • schriftliche Dokumentation eines Vortrags • Hausarbeit • Lernplakat • Flugblatt • Hörspiel, Film, Dias u.a.

Abb. 12: Bausteine einer Bewertungskonzeption für Offenen Unterricht

Jeder dieser drei Bausteine verfügt über eigene Charakteristika. Die drei Bausteine decken ein breites Kompetenzspektrum ab. Schülerinnen und Schüler haben die Gelegenheit, eine Vielzahl unterschiedlicher Leistungen zu erbringen. Die Bewertung der drei Bausteine vollzieht sich unterschiedlich. Die *Produktbewertung* ist relativ einfach durchführbar. Materielle Produkte können in Ruhe und mehrfach kontrolliert und bewertet werden, sie eignen sich daher auch gut zur gemeinsamen Bewertung mit Schülerinnen und Schülern.

Produktbewertung

Präsentationsbewertung

Eine *Präsentation* ist flüchtig, sie lässt sich nicht mehrfach wiederholen. Daher ist es sinnvoll, frühzeitig stabilisierende Maßnahmen zu bedenken, z.B.:

- Organisation klären (Medien, Raum, Sitzordnung der Schülerinnen und Schüler, eigener Beobachtungsort, Zeitplan),
- Bewertungsbogen für jeden Schüler bereitlegen,
- vertiefende inhaltliche Fragen vorbereiten,
- Tätigkeit der anderen Schülerinnen und Schüler klären,
- kurze Pausen zwischen den Präsentationen ermöglichen.

Problem der Prozessbewertung

Die Bewertung eines *Prozesses* ist, sofern sie als Beobachtung stattfindet, nicht einfach. Eine systematische Beobachtung, die als Grundlage einer Prozessbewertung notwendig ist, erfüllt bestimmte Kriterien: Mehrfache Beobachtung aller Schülerinnen und Schüler; eigene Konzeption (Zeitplan, Zusammenhang zum Unterricht etc.), ausgearbeiteter Beobachtungsbogen, Berücksichtigung der notwendigen zeitlichen, räumlichen, persönlichen Ressourcen, Beobachtung in Phasen (Vorbereitung, Durchführung, Reflexion). Die entscheidende Voraussetzung einer gelingenden systematischen Beobachtung ist die Stabilität des zu Grunde liegenden Unterrichts (vgl. Bohl 2001a, 281ff.): In einem stabilen Unterricht arbeiten Schülerinnen und Schüler weitgehend selbstständig nach bekannten Regeln und Bedingungen, die Lehrkraft hat dann Ruhe und Zeit zur konzentrierten Beobachtung. Daher sind z.B. Freiarbeit und Wochenplanarbeit gut für eine systematische Beobachtung geeignet – hier sind die Abläufe und Regeln zumeist bekannt und routinisiert. Im Rahmen des dynamischen Projektunterrichts ist die systematische Beobachtung schwierig – hier bietet es sich an, die Prozessbewertung schriftlich durchzuführen und sie durch eine punktuelle Beobachtung zu ergänzen. Die Bedeutung der Beobachtungskompetenz von Lehrkräften kann nicht hoch genug eingeschätzt werden. Beobachtungskompetenz ist für die Bewertung von Präsentationen und Prozessen grundlegend notwendig.

Bewertungskonzeption aus den Bausteinen: Prozess – Produkt – Präsentation

Aus den drei Bausteinen lässt sich nun eine Bewertungskonzeption erstellen. Dabei wird z.B. unter den Beteiligten vereinbart ...

- welche Bewertungsbausteine und -kriterien berücksichtigt werden,
- falls eine Zensurengebung stattfindet, wie die einzelnen Bewertungsbausteine gewichtet werden,
- falls eine Zensurengebung stattfindet, auf welche Weise die Leistung in die Gesamtnote einfließt,
- ob einzelne Bausteine verbal beurteilt werden sollen,
- auf welche Weise die Bewertung durchgeführt wird,
- wie die Leistung dokumentiert wird.

Eine klare Strukturierung des Verfahrens ist erforderlich: Ablauf, Zeitplan, Bewertungskriterien, Leistungserwartungen müssen geklärt sein. Sinnvollerweise werden wesentliche Aspekte über Aushang oder Kopie verschriftlicht.

Gerade im Stadium der Unerfahrenheit mit neuen Bewertungsformen ist es für Lehrkräfte und Lernende sinnvoll, eine bewertungsfreie Probephase durchzuführen. Bewertungskriterien und -verfahren werden dabei angewandt, allerdings ohne Ernstcharakter (Bohl 2001c, S. 334). Die unterschiedliche Wahrnehmung der Beteiligten wird auf gemeinsam erlebte Situationen gelenkt. Dadurch können unterschiedliche Sichtweisen angenähert werden. Alle Beteiligten erhalten Klarheit über die Bewertungskriterien und deren Anwendbarkeit. Eine bewertungsfreie Probephase kann auch bei reduzierter Komplexität und exemplarisch durchgeführt werden, beispielsweise indem zwei Jugendliche freiwillig eine Buchvorstellung durchführen, während später eine Gruppenpräsentation stattfindet.

Bewertungsfreie Probephase

Ein Problem an Sekundarschulen ist häufig, den zu erfüllenden Pflichtstoff mit schülerorientierten Unterrichtsverfahren in Einklang zu bringen. Die Beteiligung bei der Themenwahl ist beispielsweise ein wesentliches Merkmal eines projektorientierten Unterrichts. Wenn sich die Lehrperson vollständig auf die Wünsche der Schülerinnen und Schüler einlässt, ist sie in der darüber hinaus verfügbaren Zeit stärker unter Druck, die Vorgaben der Bildungspläne zu erfüllen. Der sonstige Unterricht wird daher häufig (noch) stoff- und lehrerzentrierter durchgeführt. Wenn vorgegebene Pflichtinhalte bearbeitet werden können, entlastet dies zeitlich und verdeutlicht den Ernstcharakter offener Lernphasen. Dies kann dazu führen, dass ein projektorientierter Unterricht durchgeführt wird, dessen Thema ein vorgegebener Pflichtinhalt des Bildungsplanes ist. Hilfreich ist in jedem Fall, den für die Jugendlichen lebensweltlich bedeutsamen, problemorientierten Zugang herauszuarbeiten. Häufig offenbaren viele Themen auf den zweiten Blick interessante und motivierende Aspekte. Eine langfristige und frühzeitige Koppelung von Bildungsinhalten und bestimmten Unterrichtsverfahren, z.B. im Rahmen eines Jahresarbeitsplanes, kann zusätzlich erleichternd wirken: Dabei müssen nicht alle Schülerinnen und Schüler dieselbe Art der Leistung erbringen, es ist auch möglich, gleich*wertige* Bewertungsverfahren durchzuführen. Bei einigen erfolgt z.B. eine Bewertung der Präsentation am Ende einer projektorientierten Phase, während andere Schülerinnen und Schüler ein Referat halten. Dies kann in einer Art Schülerkonto organisiert und über das Schuljahr hinweg verteilt werden (vgl. Pasche 2001, S. 183).

Spannungsfeld: Schülerbeteiligung und Vorgaben

Beobachten und Bewerten

Beobachtungs-kompetenz

Leistungsbewertung, die sich auf Präsentationen oder Prozesse bezieht, ist ohne Beobachtung nicht möglich. Damit ist die Bewertung von Leistungen in Freiarbeit, im projektorientierten Unterricht, in Gruppenprozessen u.a. maßgeblich von der Beobachtungskompetenz der beteiligten Lehrkräfte abhängig. Die Beobachtung erhält dadurch einen neuen Stellenwert und geht weit über die übliche, unkontrollierte und gelegentliche Beobachtung im Unterrichtsalltag hinaus. Beobachtung ist anspruchsvoll und kann mit vielen Fehlern behaftet sein. Dabei lassen sich unterschiedliche Fehlerquellen beschreiben (vgl. Greve/Wentura 1997, S. 54ff.):

Fehlerquellen bei der Beobachtung

- *Fehler durch den Beobachter.* Jede Information (z.B. der beobachtete Umgang mit Folien bei der Präsentation) wird subjektiv verarbeitet: Sie wird 1. unterschiedlich wahrgenommen; 2. unterschiedlich beschrieben; 3. unterschiedlich interpretiert und 4. unterschiedlich bewertet. Zudem haben Personen unterschiedliche Erinnerungsfähigkeiten, d.h. manche beobachteten Sequenzen werden verzerrt oder vergessen. Wie auch bei der Zensurengebung können sich typische Bewertungsfehler einschleichen (s. Kap. 5).
- *Fehler durch das Beobachtungsinstrument* (Beobachtungsbogen und -kriterien). Jedes Beobachtungsinstrument reduziert die Wirklichkeit und komplexe menschliche Handlungen auf einzelne Kriterien. Kein Beobachtungssystem ist daher objektiv. Einseitige Gewichtungen oder unpassende Kriterien können zu offensichtlichen Verzerrungen führen. Beispielsweise können rhetorisch gewandte und selbstbewusste Redner bei einer Präsentationsbewertung (auf Grund positiver Bewertungen bei Sprache, Gestik, Körpersprache etc.) bevorzugt werden, obwohl sie den sorgfältigen Umgang mit Medien oder das Eingehen auf Nachfragen vernachlässigt haben. Die Bewertungskriterien sollten also möglichst vielfältige Aspekte enthalten.
- *Fehler durch die Beobachtung.* Beobachtung im sozialen Kontext hat Auswirkungen auf das Verhalten der Beobachteten. Dies ist für die Schule wichtig. Schülerinnen und Schüler könnten dazu neigen, ihr Verhalten nur vorzutäuschen, um die Beobachtungskriterien möglichst positiv zu erfüllen. Die Beobachtung selbst beeinflusst dann die Bewertung.
- *Fehler durch äußere Bedingungen.* Beobachtung im Unterricht benötigt eine hohe Passung zwischen Unterricht und Bewertungskriterien. Ein Fehler durch äußere Bedingungen liegt vor, wenn die geforderten Beobachtungskriterien auf Grund einer unpassenden Lernumgebung nicht erfüllt werden können, z.B. indem zu wenig Möglichkeiten der

Selbstkontrolle vorhanden sind. Auch schlechte Lichtverhältnisse (z.B. bei der Verwendung von Power-Point-Präsentationen) oder akustische Mängel (z.B. zu leises Sprechen) können die Qualität der Beobachtung mindern.

Die Fehlerquellen sind also vielfältig. Für Lehrerinnen und Lehrer ist es daher wichtig, ihre Fähigkeiten zunächst realistisch einzuschätzen und sich nicht zu überfordern. Zusammenarbeit mit Kolleginnen und Kollegen, kritische Selbstreflexion, zunehmende Erfahrung und gezielte Fortbildungs- und Trainingsmaßnahmen verringern Fehler.

Die Beobachtung sollte systematisch und nicht unkontrolliert stattfinden. Die systematische Beobachtung hat im diagnostischen Bereich eine lange Tradition, sie wurde jedoch bis in die 80er-Jahre hinein vorwiegend standardisiert und quantitativ verstanden. Seit einigen Jahren weicht sie einem qualitativen Verständnis (vgl. Eberwein 1998, S. 194). Heute findet sie vorwiegend in der sonderpädagogischen Diagnostik, in der Grundschule und gelegentlich auch in der Orientierungsstufe Anwendung, darüber hinaus im Unterrichtsalltag an Sekundarstufen jedoch nur selten. Auch in der Lehreraus- und -fortbildung wird die systematische Beobachtung stiefmütterlich behandelt.

Kontrolliertes Vorgehen

Eine unkontrollierte Beobachtung findet im Unterrichtsalltag vielfach statt. Auf diese Weise kommen viele Lehrkräfte beispielsweise zu ihren mündlichen Noten. Bei der Beobachtung von Offenem Unterricht, mit dem Ziel zu einer Bewertung der Leistung zu kommen, ist eine unkontrollierte Beobachtung nicht geeignet. Eine systematische Beobachtung kann jedoch nicht ohne weiteres in den Unterrichtsalltag integriert werden, sondern bedarf einer konzeptionellen Verankerung im gesamten Unterrichtsverlauf. Die folgenden Hinweise können hierfür hilfreich sein, sie sind zudem geeignet, potenzielle Fehlerquellen zu verringern:

- *Beachtung der qualitativen Gütekriterien* (vgl. S. 36ff.). Aus der Sicht von Schülerinnen und Schülern kann Beobachtung als stark kontrollierend und disziplinierend wahrgenommen werden. Die Beteiligung am gesamten Bewertungsverfahren und ein hohes Maß an Transparenz vermeiden Missverständnisse. Schülerinnen und Schüler müssen den Sinn und Zweck der Beobachtung verstehen, d.h. auch die positiven Auswirkungen (z.B. intensivere Beratung, Verbesserung des Lernverhaltens) erfahren. Schülerbeobachtung muss auch ethischen Gesichtspunkten standhalten: Die systematische Beobachtung sollte nur nach Information und Erläuterung durchgeführt werden.
- *Beobachtungsbogen verwenden.* Grundlage einer systematischen Beobachtung ist ein Beobachtungsbogen mit gemeinsam festgelegten Kriterien. Der Beobachtungsbogen wird naturgemäß im Laufe der

Hinweise zur Verringerung der Fehlerquellen

Zeit überarbeitet und bleibt nicht zeitlos unverändert. Er muss allerdings für jeden Schüler und jede einzelne Schülerin mehrfach verwendet werden, ansonsten können Beobachtungen zufällig sein. Der Beobachtungsbogen ist eine ausgezeichnete Grundlage für weiterführende Beratungen.

- *Beobachtungszeiträume festlegen.* Die parzellierte Unterrichtsstruktur an Sekundarschulen mit dem ständigen Fach- und Fachlehrerwechsel erfordert einen Zeit- und Arbeitsplan. Dabei kann geklärt werden, wie viele Beobachtungsstunden für jeden einzelnen Jugendlichen notwendig sind und welcher Zeitraum für die gesamte Klasse notwendig ist. Schülerbeobachtung ist unter Zeitdruck nicht möglich, daher sollten die Zeiträume eher großzügig berechnet werden. Für die systematische Beobachtung einer Klasse sind daher möglicherweise mehrere Monate notwendig.
- *Hintergrundarbeit nicht vernachlässigen.* Unterrichtsbeobachtung muss vor- und nachbereitet werden. Beobachtungsbögen müssen geordnet und durchdacht werden, der Zeitplan muss überprüft werden, einzelne Beobachtungssituationen müssen nachbereitet werden, die Abstimmung mit Kolleginnen und Kollegen ist notwendig, ein Reflexionsgespräch mit Schülerinnen und Schülern muss vorbereitet werden etc. Der organisatorische Aufwand im Detail darf nicht unterschätzt werden. Unterrichtsbeobachtung erfordert ein hohes Maß an Systematik und Arbeitsdisziplin.
- *Die Lehrerrolle definieren.* Sofern im Unterricht systematisch beobachtet wird, verbleibt kaum Zeit für weitere Aufgaben wie Beraten, Unterrichten, Erziehen, Organisieren. Wenn Lehrkräfte als (systematische) Beobachterinnen und Beobachter agieren, sollte daher auch gegenüber den Schülerinnen und Schülern geklärt sein, wann sie gegebenenfalls wieder eine Beratung einfordern können. Beobachtung erfordert Ruhe und Zeit, daher ist es entlastend, wenn diese Tätigkeit explizit im Vordergrund steht und Lehrkräfte gedanklich von anderen Aufgaben befreit sind. Voraussetzung dafür ist jedoch, dass Schülerinnen und Schüler überhaupt in der Lage sind, über einen längeren Zeitraum hinweg selbstständig zu arbeiten.
- *Mehrperspektivität.* Der komplizierte Beobachtungsprozess von der Wahrnehmung bis zur Bewertung ist von subjektiven Einflüssen geprägt. Sofern möglich, sollten daher Kollegen bei der Beobachtung hinzugezogen werden, um einseitige Bewertungen zu vermeiden. Auch die Mitbeobachtung durch Schülerinnen und Schüler kann sehr hilfreich sein. Lehrkräfte sollten ihre Beobachtung zudem regelmäßig selbst überprüfen und sachfremde Einflüsse verringern. Zur Mehrperspektivität zählt auch, die Sichtweise der Schülerinnen und Schüler auf ihre eigenen Lernschwächen und -stärken zu berücksichtigen,

besonders bei der Frage, welche Gründe für ein bestimmtes beobachtetes Verhalten ausschlaggebend sein könnten.
- *Konsequenzen aus der Beobachtung.* Unterrichtsbeobachtung ist kein Selbstzweck, vielmehr sollte damit die Lernbiografie der Schülerinnen und Schüler gestärkt werden. Die Ergebnisse der Beobachtung sollten daher in weiteren Beratungsgesprächen thematisiert werden. Daraus können unterschiedliche Konsequenzen resultieren: Zukünftige Beobachtungsschwerpunkte werden festgelegt, das Unterrichtsarrangement wird verändert, der Beobachtungsbogen wird weiterentwickelt, gezielte Vereinbarungen mit einzelnen Schülerinnen und Schülern werden getroffen etc.

Die hier formulierten Hinweise und Merkmale machen deutlich, dass nicht jeder Unterricht für eine systematische Beobachtung geeignet ist. Im Rahmen eines projektorientierten Unterrichts ist der Einsatz schwierig. Die Verlaufsbedingungen sind hier äußerst variabel und zum Teil dynamisch (vgl. Bohl 2001c, S. 281ff.), zudem sind Lehrerinnen und Lehrer hier beratend tätig. Gut geeignet sind hingegen Freiarbeit, Wochenplanarbeit oder Stationenarbeit, die regelmäßig und unter bekannten Bedingungen und Regeln durchgeführt werden. Auch die Beobachtung von Präsentationen sollte mit gewissen Einschränkungen möglichst systematisch erfolgen. Beispielsweise ist es hier nicht möglich, alle Schülerinnen und Schüler mehrfach zu beobachten, andererseits ist auch hier ein gemeinsam entwickelter Beobachtungsbogen notwendig.

Nicht jeder Unterricht ist zur systematischen Beobachtung geeignet

In der Literatur ist eine Vielzahl unterschiedlicher Bewertungs- und Beobachtungsbögen abgebildet (Nuding 1997, S. 95; Jürgens 1992; Weigert/Weigert 1993, S. 110ff.), die zum Teil äußerst anspruchsvoll und umfangreich sind und die eher diagnostischen Anliegen genügen. Es sollte nicht vergessen werden, dass die meisten Beobachtungsbögen an Grundschulen und Sonderschulen eingesetzt wurden, in denen (Klassen-)Lehrerinnen und Lehrer weitaus mehr Stunden mit einer Lerngruppe verbringen als an Sekundarschulen und damit auch das zu Grunde liegende Unterrichtskonzept häufiger eingesetzt wird. Bewertungsbögen für Leistungen im Offenen Unterricht sollten daher zumindest zu Beginn nur wenige Kriterien enthalten und Erfolgserlebnisse für alle Beteiligten ermöglichen.

Zu Beginn: Umfang reduzieren

Zur Formulierung der Bewertungskriterien

Ein Beobachtungsbogen ist nur brauchbar, wenn er im Unterrichts- und Arbeitsalltag gut anwendbar ist. Dies hängt maßgeblich von der Passung zwischen beobachtbarem Schülerverhalten bzw. der erbrachten Leistung

Nicht zu allgemein und nicht zu konkret

und den einzelnen Kriterien ab. Wenn Kriterien zu allgemein formuliert sind (z.B. »... kann selbstständig arbeiten«) oder zu konkret (z.B. »... ist in der Lage, den Heftrand einzuhalten«), dann ist das Kriterium nicht beobachtbar oder zu wenig aussagekräftig. Es empfiehlt sich daher, beobachtbare Kriterien auf einer mittleren bis konkreten Ebene zu formulieren (z.B. »... ist in der Lage den Freiarbeitsordner sorgfältig zu führen«), die dann über weitere Indikatoren konkretisiert werden können (z.B. formale Aspekte wie Datum, Rand, Sauberkeit, Vollständigkeit, Systematik). Je nach Zielsetzung kann es auch sinnvoll sein, zur gezielten Förderung einzelner Jugendlicher sehr konkrete Kriterien, also bestimmte Indikatoren festzulegen. Die Auflistung auf S. 97 zeigt exemplarisch mögliche Lernbereiche und dazu passende Bewertungskriterien (Abb. 13) für offene Unterrichtsformen.

Überprüfbare Indikatoren

Die hier vorgeschlagenen Bewertungskriterien sind durchweg mittels kleiner oder größerer methodischer Settings einübbar und potenziell erlernbar. Die Kriterien können über beobachtbare oder überprüfbare *Indikatoren* konkretisiert werden. Dies möchte ich an zwei Beispielen verdeutlichen:

- *Beispiel 1: Das Bewertungskriterium »Der Schüler/die Schülerin ist in der Lage, Medien (z.B. Overhead) gezielt einzusetzen«.* Hier wären drei Aspekte zu unterscheiden: zum einen die Gestaltung der eingesetzten Folien (mögliche Indikatoren: Lesbarkeit, Übersicht, Aussagekraft, Einsatz von Symbolen, Farben, Strukturierungshilfen, kreative Elemente), zum Zweiten der Einsatz der Folien (mögliche Indikatoren: sinnvolles Abdecken, Lesbarkeit und Schärfe überprüfen, Einsatz im Präsentationsverlauf). Jede Folie sollte zudem einen Bezug zum Thema haben. Im Unterricht könnten anhand qualitativ unterschiedlicher Folien wesentliche Merkmale und Anwendungsfehler herausgearbeitet und schriftlich fixiert werden.
- *Beispiel 2: Das Bewertungskriterium »Aufgaben in freien Arbeitsphasen selbstständig zu bearbeiten«.* Zur selbstständigen Durchführung von Aufgaben zählen unterschiedliche Arbeitsphasen (mögliche Indikatoren): Die Wahl der Aufgabe, die Beschreibung des Lösungsweges, die Lösungskontrolle und -korrektur, der saubere und geordnete Aufschrieb. Dazu zählt auch die kontinuierliche Arbeit an den Aufgaben, also die Nutzung der verfügbaren Zeit.

Diese Indikatoren können jeweils eingeübt werden. Die Komplexität und das Anspruchsniveau können variieren, zudem können Aufgaben kooperativ, zu zweit oder alleine gelöst werden. Es ist kein Zufall, dass die meisten Beispiele dem methodisch-strategischen und dem sozial-kommunikativen Lernbereich des erweiterten Lernbegriffs zuzuordnen sind.

Lernbereiche	Beispiele für konkrete Bewertungskriterien »Der Schüler/die Schülerin ist in der Lage ...«
Informationsbeschaffung	• im Internet gezielt zu recherchieren. • in Bibliotheken gezielt zu recherchieren. • Quellenangaben korrekt zu benennen. • ...
Arbeitstechniken	• mehrseitige Texte zusammenzufassen. • mit Lexika und Wörterbüchern effektiv zu arbeiten. • einen (Heft-)Aufschrieb sauber und strukturiert zu erstellen. • ein aussagekräftiges Verlaufsprotokoll zu erstellen. • ...
Selbstständiges Arbeiten	• einen Zeit- und Arbeitsplan für ein Projekt zu erstellen. • den Zeit- und Arbeitsplan für ein Projekt selbstständig zu kontrollieren. • den Arbeitsprozess rückblickend zu analysieren. • Aufgaben in freien Arbeitsphasen selbstständig zu bearbeiten. • Lösungen selbstständig zu kontrollieren. • ...
Visualisierungstechniken	• Mindmapping zu erstellen und gezielt einzusetzen. • Strukturlegepläne zu erstellen und gezielt einzusetzen. • Metapläne zu erstellen und gezielt einzusetzen. • Grafiken zu erstellen und gezielt einzusetzen. • ...
Präsentationstechniken	• eine Präsentation zu strukturieren. • den Beginn einer Präsentation adressatenspezifisch zu gestalten. • das Ende einer Präsentation adressatenspezifisch zu gestalten. • Medien (Overhead, Powerpoint) gezielt einzusetzen. • ...
Kooperationsfähigkeit	• Beratung aktiv und gezielt einzufordern. • selbst Hilfe zu geben. • verschiedene Gruppenfunktionen (Zeitwächter, Fahrplanwächter – vgl. Klippert 1998) einzunehmen. • ...
Kommunikative Aspekte	• Argumente überzeugend vorzutragen. • einen freien Vortrag von fünf Minuten zu halten. • Gesprächsverhalten zu analysieren. • zuzuhören und andere Ansichten aufzugreifen. • ...

Abb. 13:
Beispiele einzelner Bewertungskriterien

Der personale Bereich ist wesentlich schwieriger operationalisierbar und über methodisch-didaktische Arrangements direkt erlernbar (vgl. Bohl 2001c). Hier ergibt sich auch die Gefahr, dass nicht kompetenzorientierte Verhaltensweisen, sondern Persönlichkeitseigenschaften (»Peter ist unaufmerksam.«) bewertet werden.

Das Anspruchsniveau der einzelnen Kriterien und der Bewertungskonzeption ist insgesamt progressiv ausgerichtet, d.h. im Laufe der Zeit verändern sich die Kriterien und werden anspruchsvoller. Das Niveau kann über verschiedene Variationen verändert werden:

- Die Anzahl der Kriterien nimmt zu;
- die Kriterien decken ein breiteres Kompetenzspektrum ab;
- die verfügbare Zeit wird verringert;
- Kriterien werden anspruchsvoller und komplexer;
- die Leistungserwartung an bekannte Kriterien steigt.

Lernberatung

Beratung innerhalb des Erziehungsverhältnisses

Über Lernberatung sollen Schülerinnen und Schüler in schwierigen Situationen unterstützt werden, sodass sie in der Lage sind, die Lernhürde zu überwinden und selbstständig weiterzuarbeiten. Vom Lehrkräften wäre zu erwarten, dass sie das Problem erkennen und geeignete Hinweise formulieren, mit deren Hilfe Schülerinnen und Schüler ein Problem selbstständig lösen können. Die Beratung von erwachsenen Menschen ist wesentlich klarer definierbar als die Beratung im Kontext von Unterricht und Schule. Hier ergibt sich ein spezielles Erziehungs- und Abhängigkeitsverhältnis, in welches Beratungssituationen eingebettet sind. Kommt nun zur Beratung der Aspekt des Prüfens und Bewertens hinzu, dann verschärft sich die Situation zusätzlich.

Ausgangspunkt: Problemlage im Lernprozess

Beratung wird in Situationen notwendig, in denen die eigenen Handlungsmöglichkeiten zur Lösung eines Problems nicht mehr ausreichen. Ausgangspunkt von Beratung ist also eine persönliche Problemlage im Lernprozess. In der deutschen Pädagogik hat Otto Friedrich Bollnow auf der Grundlage seiner Existenzphilosophie zwar kurze, jedoch bis heute einflussreiche Überlegungen zum Beratungsbegriff entworfen. Er weist auf die wichtige Unterscheidung zwischen Rat und Beratung hin (Bollnow 1959, S. 80). Zur Formulierung eines Rates ist keine Begründung notwendig, damit löst sich ein Rat von den Voraussetzungen des Subjekts. Ein Rat kann daher auch eine spontane Verhaltensaufforderung sein. Die Wahrscheinlichkeit, dass mit einem Rat eine persönliche Problemlage erfolgreich gemeistert wird, ist gering.

Beratung setzt daher eine Auseinandersetzung mit der Situation des Subjekts voraus. Dies wiederum ist nur möglich, wenn von Seiten des Beratungssuchenden Offenheit und Freiwilligkeit vorhanden sind. Ansonsten könnte beim Beratungssuchenden kaum Einsicht in bestimmte

Handlungsweisen erzielt werden. Diese Einsicht wird eher erreicht, wenn z.B. eine Lehrerin überzeugende Begründungen vorbringen kann, die an den bisherigen Erfahrungen und an den Fähigkeiten und Möglichkeiten des beratungssuchenden Schülers ansetzen. In Folge einer Beratung entstehen verschiedene Handlungsoptionen, aus denen der Beratungssuchende selbst bestimmt entscheidet, welche er ergreifen möchte. Die Wahlmöglichkeit und Verantwortung liegt also *nicht* bei der beratenden Person. Die Formulierung eines Rates kann auch im Rahmen autoritärer und hierarchischer Strukturen erfolgen. Unter konsequent emanzipatorischen Gesichtspunkten ist die Freiheit des Subjekts bei der Entscheidung für eine Beratung, während der Beratung und bei der Ausführung von anschließenden Handlungen grundlegend (vgl. Mollenhauer 1965). Bollnow stellt auf Grund seines Beratungsbegriffs konsequenterweise fest, dass Schülerinnen und Schüler sich bei ernstem Beratungsbedarf nicht an Lehrkräfte wenden werden und Beratung als eine zudem einmalige Angelegenheit in der Schule nur selten stattfindet. Hilfen für selbstständiges Arbeiten bezeichnet er daher explizit als Rat und nicht als Beratung (Bollnow 1959, S. 85).

Rat oder Beratung?

Die hier angedeuteten Merkmale eines Beratungsbegriffs sind auf schulische Verhältnisse und auf die Lernberatung von Schülerinnen und Schülern nicht ohne weiteres übertragbar, im Sinne Bollnows handelt es sich dabei eher um einen Lern*rat*. Im Folgenden versuche ich zu begründen, wie der Begriff der Beratung für unseren Kontext fruchtbar genutzt werden kann.

In der Schule besteht immer ein Machtgefälle zwischen Lehrkräften und Schülerinnen und Schülern. Lehrerinnen und Lehrer beeinflussen, ob sie möchten oder nicht, über das selektionswirksame schulische Zensurensystem maßgeblich den Lebensweg ihrer Schülerinnen und Schüler. Dieses für Beratungsprozesse prekäre Faktum lässt sich zwar abschwächen, z.B. über eine intakte Beziehungsstruktur zwischen allen Beteiligten, über Partizipationsmöglichkeiten, über Kenntnis der persönlichen Situation der Schülerinnen und Schüler, etc., es lässt sich jedoch nicht grundsätzlich aufheben. Ein transparentes und gleichzeitig die Grenzen aufzeigendes Vorgehen erleichtert die Beratungssituation. Dabei sind folgende Hinweise hilfreich.

Beratung innerhalb des selektionswirksamen Zensurensystems

- *Die unterschiedlichen Beratungsmöglichkeiten und Hilfen bei Lernproblemen müssen bekannt und vorbereitet sein.* Befindet sich der Lernende vor einem subjektiv unüberwindbaren Lernhindernis, dann kann er verschiedene Beratungsmöglichkeiten der Reihe nach aufsuchen. Er kann 1. seinen bisherigen Lösungsweg reflektieren und selbst auf Fehler- und Lösungssuche gehen; er kann 2. geeignete Medien aufsuchen, z.B. Lexika, Schulbuch, Lösungskarten; er kann 3. Mitschüle-

Hinweise zur Gestaltung der Beratungssituation

rinnen und Mitschüler um Hilfe bitten, oder er kann 4. die anwesende Lehrerin um Hilfe bitten.
- *Beratung benötigt Zeit.* Wenn Beratung ein wesentlicher Bestandteil einer Unterrichts- und Bewertungskonzeption ist, dann muss im Verlauf der Unterrichtszeit hierfür Zeit disponiert werden. Lehrkräfte müssen sich von anderen Aufgaben befreien und in Ruhe beraten können. Schülerinnen und Schüler müssen wissen, wann ihre Lehrerin oder ihr Lehrer zur Verfügung steht, z.B. ist Beratung nicht gleichzeitig mit einer systematischen Beobachtung durchführbar.
- *Im Regelfall geht das Beratungsgesuch von den Schülerinnen und Schülern aus.* Die Lehrkraft hält sich zurück. Schülerinnen und Schüler entscheiden selbst, wann sie Beratung brauchen. Allerdings kann dies nicht immer konsequent durchgehalten werden, z.B. weil Erziehungsprozesse die Lernprozesse überlagern, weil Gruppen nicht vorankommen und trotzdem keine Beratung einfordern. Es gibt also einen Punkt, insbesondere mit jüngeren Schülerinnen und Schülern, an dem die Lehrkraft die Verantwortung über das Beratungsgesuch nicht mehr den Kindern und Jugendlichen überlassen kann und eingreifen oder auch präventiv beratend agieren muss. Im Grundsatz sollte jedoch für Schülerinnen und Schüler deutlich werden, dass die Verantwortung für ihr Handeln nicht ohne weiteres von der Lehrkraft abgenommen wird.
- *Die Lernumgebung ist beratungsfördernd.* Damit Lernende mit einem Problem konstruktiv umgehen können, muss die Lernumgebung strukturiert sein: Lösungshilfen sind vorhanden, Nachschlagewerke stehen bereit, Regeln sind visualisiert, auf Plakaten sind konkrete Lernschritte abgebildet etc. Die Lernumgebung ist motivierend und ansprechend, sie vermeidet unnötige Beratungen durch die Lehrkräfte.
- *Das aktive und gezielte Aufsuchen von Beratung ist ein positives Merkmal selbstständigen Lernens.* Es ist Teil einer Kooperations- und Selbstkompetenz, aktiv und gezielt Beratung einfordern zu können. Das Aufsuchen von Beratung sollte also nicht negativ bewertet, sondern im Gegenteil honoriert und als selbstverständlich angesehen werden. Ein solches Verständnis widersetzt sich der gängigen Unterrichts- und Bewertungspraxis, in der Fehler und Lernprobleme zu negativen Folgen führen. Schülerinnen und Schüler halten Probleme vor ihren Lehrerinnen und Lehrern eher geheim. Sonst könnte das Beratungsgesuch mit Leistungsschwäche assoziiert und negativ sanktioniert werden. Prüfen und Bewerten im Offenen Unterricht sollte daher nicht beratungshemmend wirken. Dieses Verhältnis von Beratung und Bewertung muss mit den Schülerinnen und Schülern geklärt werden.

- *Lernberatung muss systemisch unterstützt werden.* Viele Lernprobleme sind komplex und über Beratungsmaßnahmen im normalen Unterrichtsalltag nicht lösbar. Das System Schule muss Ressourcen bereitstellen, um gezielte Beratungs- und Fördermaßnahmen zu ermöglichen: LRS-Kurse, Förderkurse, diagnostische Kompetenzen, psychologische Beratung für Eltern, Fortbildungsmaßnahmen für Lehrkräfte etc. Systemische Beratung kann nur wirksam werden, wenn Lehrkräfte wissen, wie sie die entsprechenden Institutionen und Personen effektiv einbeziehen können, und darin bestärkt werden, diese zu nutzen.

Die bisher genannten Hinweise beziehen sich auf das System der Beratung innerhalb einer Schulklasse und einer Einzelschule. Über den Erfolg einer Beratung entscheidet jedoch auch das konkrete Beratungsgespräch. Im Beratungsgespräch versucht die Lehrkraft die Problemsituation zu erfassen, Handlungsoptionen zu entwickeln und im optimalen Fall trotzdem handlungsleitende Schritte nicht selbst vorzugeben oder zu formulieren. Abbildung 14 zeigt mögliche Phasen eines Beratungsgespräches.

Beratungsgespräch

1 Beginn	Ein Schüler oder eine Schülergruppe sucht den Lehrer auf. Voraussetzung hierfür ist, dass die vorherigen Beratungsmöglichkeiten (z.B. Lösungskontrolle, Mitschülerinnen und Mitschüler) nicht erfolgreich waren.
2 Problembeschreibung	Ein Schüler beschreibt den bisherigen Arbeitsprozess, den momentanen Stand der Arbeit, das Ziel und das konkrete Problem. Pauschale Aussagen wie »Wir kommen nicht weiter ...« sind abzulehnen. Die Schülerinnen und Schüler sollten sich daher auf die konkrete Problembeschreibung vorbereiten. Der Lehrer vergewissert sich, ob er das Problem aus der Sicht des Schülers richtig erkannt hat.
3 Handlungsmöglichkeiten	Schülerinnen und Schüler (und gegebenenfalls die Lehrkraft) entwerfen verschiedene Handlungsoptionen. Dabei ist es hilfreich, auf bereits erfahrene Handlungsmuster oder Lösungsstrategien (die z.B. an der Wand visualisiert sind) explizit zurückzugreifen.
4 Formulierung von Lösungsschritten	Die Gruppe entscheidet sich für eine Handlungsoption und formuliert die nächsten Schritte, eventuell in Verbindung mit der verfügbaren Zeit. Kriterium für die Auswahl sind die überzeugenderen Argumente. Vor der Entscheidung ist möglicherweise eine Besprechung innerhalb der Gruppe notwendig.
5 Abschluss	Eine Vereinbarung wird getroffen, z.B. den gewählten Lösungsschritt definitiv zu begehen, nach einer gewissen Zeit eine Zielkontrolle durchzuführen oder eine Änderung des Weges zu begründen.

Abb. 14: Phasen eines Beratungsgespräches

Der hier beschriebene Weg in fünf Schritten verdeutlicht den Stellenwert der Beratung. Beratung wird nicht nebenher oder auf Grund kleiner Lernprobleme durchgeführt.

Unter dem Aspekt des Prüfens und Bewertens sind die Phasen vier und fünf besonders wichtig. In diesen Phasen werden Vorentscheidungen für den späteren Erfolg bei der Leistungsbewertung getroffen.

> Im Rahmen eines projektorientierten Unterrichts beginnt eine Arbeitsgruppe damit, das abschließende Lernplakat (Produkt) zu konzipieren. Die Gruppe beschließt, vor dem Festkleben der einzelnen Grafiken und Texte eine Beratung einzuholen, um nicht korrigierbare Fehler zu vermeiden. Die Schüler/innen und ihr Lehrer kommen überein, das Lernplakat anders zu gestalten als geplant: Die Anordnung der Grafiken und die Auswahl der Texte wird verändert.

Prozessbezogene Beratung bei späterer Bewertung

Auf Grund der Beratung werden Lernwege festgelegt, damit wird auch die Qualität der Ergebnisse beeinflusst. Was bedeutet dies für die Leistungsbewertung? Auf Grund der formulierten Prämissen ist es positiv, dass die Schülerinnen und Schüler die Beratung ersucht haben, auch wenn in diesem Fall die Problemlage nicht gravierend war, sondern eher eine Rückversicherung beabsichtigt war. Die Gruppe führt das Lernplakat nun in der vereinbarten Weise zu Ende. Das daraus resultierende Ergebnis wird in die Bewertung einbezogen. Wenn das Ergebnis auf Grund der Beratung positiver ausfällt als ohne Beratung, dann hat die Beratung ihren Zweck erreicht: Sie hat den Lern- und Arbeitsprozess positiv beeinflusst. Hier zeigt sich auch, dass es wichtig ist, wenn in Phase fünf der Beratung die Handlungsoptionen möglichst von den Schülerinnen und Schülern selbst formuliert werden. Der Beitrag ist dann originär der zu bewertenden Schülergruppe zuzuordnen. Aber auch wenn der Lehrer letztlich die Handlungsschritte formulieren muss, z.B. wenn die Gruppe alleine nicht weiterkommt, sollte dies nicht negativ bewertet werden.

Negativ zu bewerten wäre hingegen folgende Situation: Das Ergebnis ist unbefriedigend, die Schülerinnen und Schüler halten sich nicht an die vereinbarten Schritte und können diese Änderung auch nicht überzeugend begründen.

Lernberatung im Kontext Offener Unterrichtsformen kann nicht unbeeindruckt von schulischen Abhängigkeitsverhältnissen gesehen werden. Allerdings können die Voraussetzungen und die Beratung selbst derart gestaltet werden, dass Schülerinnen und Schüler Beratung aktiv und gezielt einfordern und trotzdem bei der Organisation ihres Lern- und Arbeitsprozesses weitestgehend selbstständig agieren. Es ist jedoch auch möglich, dass Lehrkräfte aktiv agieren müssen, um die Qualität der Prozesse und Ergebnisse zu verbessern und Schülerinnen und Schüler beim selbstständigen Lernen und Arbeiten nicht zu überfordern.

Zusammenfassung

- Bei der Bewertung Offenen Unterrichts kann die Konzeption aus den Bausteinen Prozessbewertung, Präsentationsbewertung und Produktbewertung entwickelt werden.
- Die Bewertung von Prozessen und Präsentationen ist ohne systematische Beobachtung nicht möglich. Beobachtung im Unterrichtsalltag ist anspruchsvoll und fehleranfällig, sie sollte daher gut vorbereitet werden.
- Die Formulierung der einzelnen Bewertungskriterien steht in unauflösbarem Zusammenhang zum gesamten Unterrichtsverlauf. Die einzelnen Kriterien müssen in konkreten Settings potenziell erlernbar und einübbar sein, daher ist zu überlegen, welche konkreten Bewertungskriterien und Indikatoren formuliert und realisiert werden können.
- Lernprozesse von Schülerinnen und Schülern können durch eine gezielte Beratung unterstützt werden. Auf Grund der späteren Bewertung erhält Lernberatung einen besonderen Stellenwert. Die Beratungssituation ist im schulischen Kontext jedoch nicht spannungsfrei. Im konkreten Beratungsgespräch werden bereits Vorentscheidungen für spätere Ergebnisse getroffen. Ein transparentes Verfahren, die Grenzen aufzeigt, erleichtert daher die Beratungssituation für alle Beteiligten.

8. Anwendungsbeispiele

Bewertung bei Teamarbeit

Vorüberlegungen

Aus der Geschichte der Pädagogik sind viele Varianten kooperativen Lernens und Arbeitens bekannt. Vorformen des Gruppenunterrichts gehen bis auf das Helfersystem von Martin Luther zurück. In der so genannten Reformpädagogik wurde auf unterschiedliche Weise in Gruppen gearbeitet, z.B. bei Célestin Freinet, Helen Parkhurst, Berthold Otto oder in der Arbeitsschulbewegung. Das Thema Gruppenunterricht wurde in den 50er- und 60er-Jahren durch sozialpsychologische Untersuchungen aus Amerika beeinflusst (z.B. Lewin 1953). In den 70er-Jahren wurde die erziehungswissenschaftliche Diskussion um den Gruppenunterricht in Deutschland sehr politisch geführt. Gruppenunterricht wurde als das entscheidende Reformvehikel für demokratische, humane und emanzipatorische Ziele angesehen. Wesentlich waren dabei die Arbeiten von Ernst Meyer (1975), der auch erste empirische Untersuchungen zum Gruppenunterricht durchführte. Die Forschungslage hat sich mittlerweile auf Grund vorwiegend pädagogisch-psychologischer Arbeiten (z.B. Huber 1993; Dann u.a. 1999) weiter verbessert. Im Unterrichtsalltag scheint der Gruppenunterricht jedoch immer noch eine nachgeordnete Rolle zu spielen (Hage u.a. 1985; Bohl 2000). Offensichtlich verbinden Lehrkräfte mit Gruppenarbeit häufig negative Erfahrungen (vgl. z.B. Rotering-Steinberg 1992): Schülerinnen und Schüler nutzen die Situation aus, der Geräuschpegel steigt, der Aufwand ist hoch, Lerneffekte sind unklar, institutionelle Bedingungen erschweren die Anwendung.

Gruppenarbeit kann auf unterschiedliche Weise im Unterricht realisiert werden (vgl. Greving u.a. 1993, S. 8ff.):

- *Gruppenarbeit als methodische Variation des Frontalunterrichts.* Dies ist die wohl gängigste Variante: Innerhalb einer Unterrichtsstunde wird dabei eine kurze Gruppenphase durchgeführt, die von lehrerzentrierter Einführung und gemeinsamer Auswertung begleitet wird.
- *Gruppenarbeit als Methode zur Teamentwicklung.* Hier steht die Entwicklung der Teamfähigkeit im Vordergrund. Schülerinnen und

Marginalien: Gruppenarbeit in Deutschland; Negative Erfahrungen mit Gruppenarbeit?

Schüler werden dabei systematisch vorbereitet, sie lernen über verschiedene Bausteine, im Team zu arbeiten und dabei z.B. unterschiedliche Funktionen und Rollen wahrzunehmen.
- *Gruppenarbeit als Basisstruktur des Unterrichts.* Diese Variante wird vor allem in Schulversuchen durchgeführt, z.B. im Team-Kleingruppen-Modell. Schülerinnen und Schüler arbeiten dabei über einen längeren Zeitraum hinweg fast ausschließlich in festen Stammgruppen.
- *Gruppenarbeit als Sozialform innerhalb Offener Unterrichtsmethoden.* Kooperatives Lernen in Gruppen ist ein wesentliches Element Offenen Unterrichts. Im Rahmen von Projektunterricht oder Freiarbeit gewinnt daher auch Gruppenarbeit an Bedeutung.

Die Bewertung von Gruppenarbeit setzt voraus, dass einzelne Elemente systematisch eingeübt werden können. Eine gelegentliche Anwendung von Gruppenarbeit ist zur Bewertung kooperativer Kriterien nicht geeignet. Damit setzt die Bewertung kooperativer Leistungen beim Begriff des Teams an (Abb. 15).

Gelegentliche Gruppenarbeit genügt nicht

Team
● gemeinsames Ziel
● gegenseitige Unterstützung
● zielgerichtetes Arbeiten
● partnerschaftlicher Umgang
● Bewusstsein für Zeit- und Arbeitsplan
● Probleme als Herausforderung
● Wissen um unterschiedliche Gruppenrollen und -funktionen
● Fähigkeit, externe Beratung situationsangemessen einzufordern

Abb. 15: Merkmale eines Schülerteams

Sofern im Rahmen eines Offenen Unterrichtsarrangements, z.B. Freiarbeit, Schülerinnen und Schüler in Partner- oder Gruppenarbeit kooperieren, ist damit noch keine Teamfähigkeit als unterrichtliches Ziel angestrebt. Es ist zwar trotzdem möglich, einzelne kooperative Bewertungskriterien anzuwenden, die Bewertung von Teamarbeit wird jedoch eher in einem projektorientierten Unterricht oder im Rahmen von Teamentwicklung stattfinden, sofern Teamarbeit über mehrere Bausteine und über einen längeren Zeitraum hinweg systematisch eingeübt wird.

Zur Bewertung

Betrachtet man die Bewertung von Teamarbeit in einem weiten Verständnis, dann lassen sich der Teamprozess, das Teamprodukt und/oder die Teampräsentation bewerten. Allerdings weist dieses Verfahren dann hohe Übereinstimmung mit der Bewertung innerhalb eines projektorientierten Unterrichts (s.u.) auf. Ich beschränke mich daher auf ein enges Verständnis und betrachte in diesem Abschnitt ausschließlich den *Prozess* der Teamarbeit selbst.

Juristische Aspekte

In der Schule ist die Bewertung von Teamarbeit in Form von Noten aus rechtlichen Gründen nicht einfach. Juristisch gesehen, muss jede Bewertung auf eine individuelle Leistung zurückgeführt werden können. Dies ist aus pädagogischer Perspektive häufig unbefriedigend, weil es den kooperativen Teamgedanken wieder individualisiert und ad absurdum führt. Die juristische Einschränkung beruht jedoch auf dem Schutz des Individuums vor einer unsachgemäßen, ungerechten Bewertung. Praktisch gesehen, kann dieses Problem unterschiedlich angegangen werden:

- *Nur individuelle Leistungsanteile werden bewertet.* In diesem Fall müssen die Kriterien so formuliert sein, dass sie ausschließlich die individuelle Leistung bewerten. Der individuelle Anteil der einzelnen Gruppenmitglieder muss klar erkennbar und abgrenzbar sein.
- *Die Mitglieder eines Teams verteilen die Note leistungsprozessbezogen unter sich auf* (vgl. Wester 2000, S. 119f.; Gunsser 2001, S. 154f.). Das Team erhält für das Produkt (z.B. eine Dokumentation) vom Lehrer eine Note. Die Mitglieder teilen unter bestimmten begleitenden pädagogischen Maßnahmen die Teamnote untereinander auf. Leitendes Kriterium ist der Beitrag des Einzelnen zum Teamprodukt. Am Ende muss der Durchschnitt der verteilten Noten wieder der vom Lehrer eingegebenen Note entsprechen. Diese Variante kann sehr fruchtbar sein, allerdings müssen vorher Bewertungskriterien geklärt werden. Die Teammitglieder können ihre gegenseitige Notenempfehlung nicht willkürlich angeben, sondern orientieren sich an den Kriterien. Das Verfahren wird dann problematisch, wenn ein Team eine schlechte Note erhält, z.B. 4,0. In diesem Fall müsste mindestens ein Teammitglied ungefähr eine 5,0 erhalten (um wieder auf den Durchschnitt zu kommen), was zu schwierigen Gruppenprozessen führen kann. Hier ist eine sorgfältige Begleitung durch die Lehrkraft notwendig. Generell muss die Lehrkraft auch bei diesem Verfahren die jeweilige Note sachlich begründen können und kann sich nicht blind auf das Urteil der Schülerinnen und Schüler verlassen. Über eine punktuelle Beobachtung und eine differenzierte Begründung der jeweiligen Noten durch die Teammitglieder ist eine Absicherung möglich.
- *Die Teambewertung (als Zensur) wird innerhalb der gesamten Bewertungskonzeption gering gewichtet* (vgl. Bohl 2001c, S. 348). Die Teamleistung (z.B. ein Produkt) wird gegenüber der individuellen Präsentations- und Prozessnote gering gewichtet. Die Gesamtnote ist dann eine Individualnote.

Teamarbeit lässt sich über systematische Beobachtung des Teams und der einzelnen Teammitglieder bewerten. Dabei können auch Schülerinnen und Schüler die beobachtende Rolle einnehmen. Über die im Kapitel Beobachten und Bewerten formulierten Empfehlungen zur Unterrichtsbeobachtung hinaus können folgende Hinweise hilfreich sein:

- Jedes Team wird über einen Zeitraum von mehreren Unterrichtsstunden beobachtet, wobei es sinnvoll sein kann, diese Unterrichtsstunden auf zwei Beobachtungsrunden zu verteilen.
- Der Schwerpunkt der Beobachtung liegt zwar jeweils auf einem Team, die anderen Teams werden jedoch nicht ignoriert. Auffällige Beobachtungen bei anderen Teams werden ebenfalls notiert.
- Der Beobachtende muss so nah beim Team sitzen, dass er zumindest gelegentlich mithören kann. Ansonsten entfallen fast alle Kriterien zum sozial-kommunikativen Verhalten.
- Je nach Arbeitsphase sind manche Teams nicht im Klassenzimmer, sondern arbeiten in Fachräumen, außerhalb der Schule oder teilen sich auf. Es kann daher sinnvoll sein, Teams immer dann zu beobachten wenn sie sich vollzählig im Klassenraum aufhalten. Eine Skizze möglicher Abwesenheitstermine kann im Zeit- und Arbeitsplan enthalten sein.
- Über zusätzliche schriftliche Leistungen (z.B. selbstständige Lösungskontrolle) können Beobachtungen korrigiert und stabilisiert werden.

Hinweise zur Beobachtung von Gruppen

Die formulierten Bewertungskriterien können unterschiedlich sein. Ich schlage vor, die prozessbezogene Bewertung der Teamarbeit auf die drei wesentlichen Phasen zu beziehen (Abb. 16, S. 108).

Wie bei jeder Beobachtung müssen die Kriterien über beobachtbare oder überprüfbare Indikatoren konkretisiert werden. Die Punkte können zu einer Note verrechnet werden.

Bewertung einer Präsentation

Vorüberlegungen

Eine Präsentation ist zwar keine Offene Unterrichtsmethode, sie stellt jedoch häufig den Abschluss einer selbstständigen Lernphase der Schülerinnen und Schüler dar und ist zudem eine gute Einstiegsmöglichkeit in eine komplexere Bewertung, z.B. im Rahmen eines projektorientierten Unterrichts. Unter dem Begriff Präsentation lassen sich sehr unterschiedliche Varianten zusammenfassen: Referat, Buchvorstellung, Lernen durch Lehren, Theaterstück, Vorstellung von Projektergebnissen u.a. Eine Prä-

Varianten der Präsentation

Abb. 16: Mögliche prozessbezogene Bewertungskriterien für Teamarbeit

Baustein	Bewertungskriterium	Ziel-Pkte	Err. Pkte
Anfangsphase	• Gruppenarbeits- und Zeitplan erstellen	3	
	• individuellen Arbeits- und Zeitplan erstellen	3	
	• nutzbares Info- und Arbeitsmaterial beschaffen	2	
Durchführungsphase	• zielgerichtet arbeiten	2	
	• sachlich argumentieren	2	
	• Gruppenmitglieder unterstützen	2	
Auswertungsphase	• Zeit- und Arbeitsplan überprüfen	1	
	• Zeit- und Arbeitsplan korrigieren	1	
	• Ergebnisse selbst bewerten	2	
Summe		18	

Referat – Präsentation

sentation ähnelt einem Referat und bietet daher ausgezeichnete Verknüpfungspunkte zwischen einem eher traditionellen und einem neuen Unterrichtsverständnis. Gegenüber einem Referat wird bei einer Präsentation verstärkt auf den Medieneinsatz Wert gelegt sowie auf die Einbeziehung der Zuhörer, auf Mimik und Gestik und auf die rhetorischen Fähigkeiten der Akteure. Eine Präsentation wird zudem häufig zu zweit oder in Gruppen durchgeführt.

Die Durchführung einer Präsentation kann für Schülerinnen und Schüler wertvolle Lernerfahrungen eröffnen. Sie erfahren sich in einer exponierten Stellung und lernen, ihr Anliegen öffentlich zu vertreten. Dies beinhaltet eine politische Dimension: In negativer Sichtweise kann Öffentlichkeit bekanntermaßen über rhetorische Fähigkeiten beeinflusst und manipuliert werden. In positiver Sichtweise gehört es zu einer Demokratie, dass Individuen ihre Ansichten öffentlich äußern können – möglicherweise gegen Mehrheiten bei den Zuhörerinnen und Zuhörern.

> **Ein wesentliches Ziel bei der Durchführung von Präsentationen im Unterricht besteht darin, die Fähigkeit zur Analyse zu schärfen: Schülerinnen und Schüler können lernen, eine vordergründig perfekte und aufwändige Inszenierung kriterienbezogen zu analysieren und herauszuarbeiten, welche thematische Substanz erkennbar wird.**

Anspruch

Eine Präsentation im schulischen Raum sollte bemüht sein, einen hohen Anspruch an Authentizität, Sachlichkeit und Kommunikationsfähigkeit zu stellen. Die heutigen Möglichkeiten einer Präsentation haben sich rapide erweitert. Allein die technischen Möglichkeiten sind über Programme wie Microsoft-Power-Point sehr vielfältig. Dies sollte nicht dazu verleiten, besonders aufwändige und farbenprächtige Bilder zu inszenieren, sondern Medien im Dienste des Themas und Anliegens sachlich motiviert einzusetzen. Die Bühne im Unterricht oder in der Schule ist in der Regel keine Showbühne, sondern eine Art (klassen-)öffentliches Forum, in welchem Schülerinnen und Schüler etwas vorstellen oder der Klasse etwas beibringen möchten.

Bei jeder Präsentation nehmen zwei Gruppen teil: Die *Akteurinnen und Akteure* führen die Präsentation durch, die *weiteren Teilnehmerinnen und Teilnehmer* sind in der vermeintlich passiven Rolle. Die Kunst der Präsentierenden liegt darin, eine Verbindung zu den Zuhörerinnen und Zuhörern herzustellen, diese im besten Falle zu faszinieren oder ihnen das Thema verständlich darzustellen. Die Präsentierenden müssen also versuchen, einen Kontakt zu den Zuhörerinnen und Zuhörern herzustellen. Sie agieren nicht zur Selbstdarstellung. Dies ist ein hoher Anspruch. Kinder und Jugendliche sind häufig unruhig und nervös, wenn sie vor die Klasse treten und einen raschen Wechsel der Rolle erfahren, sich als Lehrerin oder Lehrer erleben. Es geht also um das richtige Maß zwischen selbstbewusstem und bescheidenem Auftreten. Erste Erfahrungen sollten schrittweise und vorsichtig ermöglicht werden und besonders für unsichere Schülerinnen und Schüler auf keinen Fall zu frühen Misserfolgserlebnissen führen. Die Bewertung darf nicht zu früh einsetzen und sollte immer motivierende und fördernde Aspekte enthalten, beispielsweise in Beratungsgesprächen oder in zusätzlichen verbalen Anmerkungen.

Die Akteure präsentieren ...

Die Aktivierung der Klasse oder Lerngruppe ist ein häufig vernachlässigter Aspekt bei einer Präsentation, sie kann unterschiedlich realisiert werden. Die Teilnehmerinnen und Teilnehmer ...

... und was macht der Rest der Klasse?

- erhalten eine kleine Aufgabe und diskutieren diese anschließend in Zweiergruppen;
- werden gebeten, ihre Gedanken zu einem bestimmten Teilaspekt auf Kärtchen zu notieren;
- erhalten im Anschluss an die Präsentation die Aufgabe, das Thema zusammenzufassen;
- formulieren Fragen an die Akteure;
- füllen einen Bewertungsbogen oder arbeitsteilig bestimmte Kriterien aus und beteiligen sich an der Bewertung der Präsentation;
- bereiten eine kritisch-konstruktive Rückmeldung vor;
- beantworten schriftlich formulierte Fragen oder füllen ein Arbeitsblatt aus.

Die Zuhörerinnen und Zuhörer erfüllen also keineswegs eine passive Rolle, sondern sind konzentriert und kritisch-konstruktiv. Erleichternd wirkt dabei, dass in der Regel alle Schülerinnen und Schüler einer Klasse beide Rollen wahrnehmen.

Zur Bewertung

Die Bewertungskriterien einer Präsentation beziehen sich auf
- den Inhalt,
- die Form und Gestaltung sowie
- auf die Verbindung zwischen Inhalt und Form.

Daraus kann ein Bewertungsbogen konzipiert werden (Abb. 17, vgl. auch Bohl 2001c, S. 300).

Abb. 17: Bewertungsbogen für eine Präsentation

Bewertungsbogen (Präsentation)			
Name: *Nina J.*		Kl.: *10c*	Datum: *13.03.2001, 5. Stunde*
Gruppenmitglieder: *Nina J.; Ulrike B.*			Fach: *Mathematik*
Thema: *Höhen- und Volumenberechnung in einem Kegel*			
Die Bewertungskriterien wurden im Unterricht an zwei Beispielen erprobt. Die Gruppe hatte zwei Wochen Zeit zur Vorbereitung. Am 08.03.2001 fand ein Beratungsgespräch statt. Die Präsentationsnote ersetzt eine Klassenarbeit im Fach Mathematik.			

Bewertungen	Ziel-Pkte	Err. Pkte	Note
Inhalt (60 Prozent)			
1. Inhaltliche Tiefe	3		
2. Inhaltliche Breite	1		
3. Korrekte Verwendung der Fachsprache	2		
4. Korrekte und verständliche Erklärungen	3		
5. Korrekte und ordentliche Zeichnung	3		
Form (40 Prozent)			
6. Medien: sinnvoller Einsatz und korrekter Umgang	2		
7. Gliederung: nachvollziehbar und sinnvoll	2		
8. Sprache: verständlich und angemessen (frei)	2		
9. Einbezug der Zuhörer	1		
10. Kreativität/besondere Ideen	1		
Gesamtergebnis	20		
Weitere Anmerkungen			

_____   _____
Datum   (Mathematiklehrerin)

Abbildung 17 ist aus einem Mathematikunterricht entnommen und zeigt, dass auch ein relativ alltägliches Thema von Schülerinnen und Schülern bearbeitet und vorgestellt werden kann.

Zahlreiche Elemente einer Präsentation sind einübbar und erlernbar. Dies wird häufig vernachlässigt, da man für das Gelingen eher rhetorische Fähigkeiten, Eloquenz oder persönliche Ausstrahlung verantwortlich macht, die als kaum erlernbar gelten. Bei zunehmender Präsentationserfahrung nehmen die Sicherheit und das Selbstvertrauen zu – und damit auch die persönliche Ausstrahlung. Mittels Einüben erlernbarer Elemente ist ein zügiger Lernfortschritt möglich, die Qualität der Präsentation kann damit verbessert werden. Erlernbare Elemente sind zudem gute Indikatoren für die Bewertung (vgl. S. 96 ff.). **Wird Eloquenz bewertet?**

Die Gewichtung Inhalt – Form kann unterschiedlich sein. Es kann auch sinnvoll sein, zusätzlich zur Bewertung der Präsentation eine ergänzende schriftliche Leistung (Produkt) zu bewerten, um die fachlich-inhaltliche Qualität genauer überprüfen zu können. Aus Zeitgründen kann es zum Teil schwierig sein, im Laufe einer Präsentation die fachlich-inhaltliche Tiefe zu erfassen. Am Ende jeder Präsentation sollte daher für Diskussionsbeiträge und Fragen ausreichend Zeit eingeplant sein. Hier können Lehrerinnen und Lehrer gezielt nachfragen, um z.B. die fachliche Tiefe genauer ermitteln zu können.

Bewertung bei Freiarbeit, Wochenplanarbeit und Stationenarbeit

Vorüberlegungen

Freiarbeit, Wochenplanarbeit und Stationenarbeit sind neben Projektunterricht gängige Varianten Offenen Unterrichts. Freiarbeit wird am häufigsten praktiziert (vgl. S. 37) und scheint am ehesten geeignet zu sein, die Reformhoffnung im Unterrichtsalltag an Sekundarschulen zu erfüllen. Eine ausführliche Charakterisierung der drei Offenen Unterrichtsformen kann hier nicht geleistet werden, trotzdem möchte ich auf prägnante Unterschiede hinweisen:

- *Freiarbeit.* Freiarbeit ist in der Regel eine materialgeleitete Variante Offenen Lernens. Freiarbeit erhält zumeist über einen Stundenpool aus verschiedenen Fächern einen festen Platz im Stundenplan. Schülerinnen und Schüler wählen aus einer vorbereiteten Lernumgebung bestimmte Materialien aus und bearbeiten sie selbstständig. Sie haben dabei Freiheiten bei der Wahl der Inhalte (Fächer und Aufgaben), dem Arbeitstempo, der Sozialform, dem Arbeitsort. Zumeist können **Freiarbeit** die Lösungen auch selbstständig kontrolliert werden. Über einschränkende oder erweiternde Vereinbarungen kann der Grad an Offenheit jeweils stärker oder schwächer ausgeprägt sein. Die Strukturierung erfolgt über die Arbeitsanleitung der einzelnen Materialien und über die vereinbarten Regeln.

Wochenplanarbeit
- *Wochenplanarbeit.* Ein Wochenplan ist in der Regel eine schriftlich fixierte Anleitung, die für einen bestimmten Zeitraum (z.B. eine Woche) bestimmte Aufgaben beschreibt. Dabei erfolgt eine Aufteilung in Pflicht- und Wahlaufgaben. Die Pflichtaufgaben müssen in einem bestimmten Pensum erledigt werden, die Wahlaufgaben sind zusätzlich und freiwillig bearbeitbar. Schülerinnen und Schüler sind hier stärker eingeschränkt als bei der Freiarbeit – positiv betrachtet, erhalten sie eine stärkere Strukturierungshilfe, was für manche äußerst wichtig sein kann. Bei der Wahl der Inhalte sind sie eingeschränkt, sie haben Freiheiten bei der Wahl des Arbeitstempos, zum Teil bei der Wahl der Sozialform, dem Arbeitsort, bei der Reihenfolge der Aufgabenbearbeitung. Die Strukturierung erfolgt über den Arbeitsplan. In der Regel ist der Grad der Kontrolle durch die Lehrperson höher als bei Freiarbeit, z.B. mittels nachfolgender Kontrolle der Aufgaben. Gerade weil die Strukturierung des Lern- und Arbeitsprozesses über den Arbeitsplan gut möglich ist und damit auch ausgezeichnet individualisiert werden kann, halte ich Wochenplanarbeit für die geeignetste Einstiegsmöglichkeit in Offenen Unterricht an Sekundarschulen (ausführlicher bei Bohl 2000, S. 171ff. und S. 361f.).

Stationenarbeit
- *Stationenarbeit.* Stationenarbeit vollzieht sich zumeist über eine Unterrichtseinheit. Die Lehrkraft zergliedert den Stoff einer Unterrichtseinheit in bestimmte Aufgaben und stellt hierfür geeignetes Lernmaterial bereit. Schülerinnen und Schüler durchlaufen die Stationen nach bestimmten Regeln, bearbeiten die Aufgaben und eignen sich die Inhalte weitgehend selbstständig an. Die Inhalte sind häufig dem Lehrplan entnommen. Stationenarbeit fügt sich daher gut in den alltäglichen unterrichtlichen Ablauf ein, über Verlagsangebote können zudem komplette Themenbereiche in Material gefasst werden. Als Strukturierungshilfe für Schülerinnen und Schüler dient zumeist ein Übersichtsblatt, auf dem die bearbeiteten Stationen abgezeichnet werden.

Der Grad an Offenheit ist bei Freiarbeit am höchsten, hier besteht insbesondere eine freie Wahl der Inhalte. Während Wochenplanarbeit und Freiarbeit zumeist über das ganze Schuljahr hinweg durchgeführt werden, ist Stationenarbeit zeitlich begrenzt. Freiarbeit und Wochenplanarbeit eröffnen daher mehr Chancen einer konzeptionell begleiteten Steigerung des Freiheitsgrades. Dass Wochenplanarbeit und Stationenarbeit eine stärkere Strukturierung bieten und damit tendenziell eine geringere Offenheit, ist jedoch nicht mit der Art der Aufgabenstellungen zu verwechseln: Die einzelnen Aufgaben, z.B. an den Stationen, können völlig unterschiedlich konzipiert sein. Sie können aus engen Schulbuchaufgaben oder aus aufwändigen experimentellen oder problemlösenden Aufgaben bestehen. Die stärkere Strukturierungsmöglichkeit bietet also zunächst die Chance, in vielfältiger Hinsicht gezielt zu differenzieren.

Strukturierungsmöglichkeiten

Im Hinblick auf eine mögliche Bewertung der Schülerleistungen ist das folgende übereinstimmende Merkmal wichtig: Freiarbeit, Wochenplanarbeit und Stationenarbeit werden in wiederkehrenden organisatorischen und methodisch-didaktischen Arrangements durchgeführt. Die Schülerinnen und Schüler sind über den Ablauf informiert, sie kennen die vereinbarten Regeln und finden sich schnell zurecht. Die Lernumgebung ist bekannt und vorstrukturiert, das Lernmaterial ist didaktisch aufbereitet. Der Ablauf ist daher weniger unsicher als im Rahmen eines projektorientierten Unterrichts. Dieses Merkmal hat Auswirkungen auf die Freiheit der Lehrkräfte (vgl. Bohl 2001, S. 275ff.): Hier ist Zeit vorhanden, das Lern- und Arbeitsverhalten systematisch zu beobachten. Auf Grund ihres relativ unveränderten Arrangements sind insbesondere Freiarbeit und Wochenplanarbeit gut geeignet, um Schülerinnen und Schüler in ihrer Lernentwicklung kontinuierlich zu begleiten und zu beraten.

Gut geeignet zur systematischen Beobachtung

Zur Bewertung

Freiarbeit, Wochenplanarbeit und Stationenarbeit können sehr unterschiedlich organisiert sein. Die Möglichkeiten der Leistungsbewertung hängen von der zu Grunde liegenden Unterrichtskonzeption und den Detailbedingungen ab. Mögliche Bewertungsvarianten könnten sein:

- Schülerinnen und Schüler stellen selbstständig ein Produkt (z.B. einen freien Aufsatz, eine mathematische Konstruktion, ein topografisches Modell einer Landkarte) her, das anschließend bewertet wird.
- Bestimmte Materialien und Aufgaben müssen verpflichtend bearbeitet werden und werden anschließend in einem Test oder in einer Klassenarbeit überprüft, eventuell mit differenzierten Aufgaben. Dies könnte eine traditionelle Bewertungsmöglichkeit besonders für Stationenarbeit sein.
- Die bearbeiteten (Pflicht-)Aufgaben und Lösungen werden einzeln korrigiert und nach bestimmten Kriterien bewertet (z.B. fachliche Qualität, sorgfältige Lösungskontrolle und -verbesserung, Gestaltung, Reflexionsfähigkeit).

Abb. 18:
Bewertungsbogen
für Freiarbeit oder
Wochenplanarbeit
(verändert nach
Daur 2001, S. 132)

Bewertungsbogen für Freiarbeit				
Name:		Kl.:	Schuljahr:	
Beteiligte Fächer:				
A. Lern- und Arbeitsverhalten				
(Beobachtungstage: _____ _____ , _____)				
Der Schüler/die Schülerin ...	+	o	–	Spez. Anmerkung
1. variiert in angemessener Weise das Lernmaterial				
2. folgt den Arbeitsanleitungen sorgfältig				
3. kann Hilfe gezielt einfordern und annehmen				
4. kann selbst Hilfe geben				
B. Schriftliche Leistungen				
(überprüft am _____)				
5. führt den Freiarbeitsordner sorgfältig				
6. ist in der Lage, einen vollständigen und ordentlichen Aufschrieb auszuführen				
7. hat eine gewissenhafte selbstständige Lösungskontrolle durchgeführt				
C. Sonstiges				
8. kann sich an die vereinbarten Freiarbeitsregeln halten				
9. Weitere Bemerkungen				
Datum Klassenlehrerin Fachlehrer Fachlehrer				

Auf welche Weise werden die fachlich-inhaltlichen Leistungen überprüft?

Eine wesentliche Entscheidung vor der Erstellung der Bewertungskonzeption besteht darin, ob und gegebenenfalls auf welche Weise fachlich-inhaltliche Leistungen überprüft werden. Eine solche Bewertungspraxis wird den vielfältigen Zielen zwar nicht gerecht, kann jedoch sinnvoll sein, z.B. weil über gut geeignetes Lernmaterial eine Unterrichtseinheit in Stationenarbeit besser als im lehrerzentrierten Unterricht bearbeitet werden kann.

Auf Grund der beschriebenen wiederkehrenden und langfristig angelegten Struktur von Wochenplanarbeit und Freiarbeit sind diese Offenen Unterrichtsformen ausgezeichnet geeignet, um eine *systematische Unterrichtsbeobachtung* des Lern- und Arbeitsverhaltens durchzuführen und diese *mit weiteren Bewertungskriterien* zu kombinieren, die auf Grund der Überprüfung schriftlicher Leistungen entstehen (vgl. Abb. 18). Der Zielsetzung einer Methoden- und Bewertungsvielfalt im Laufe eines Schuljahres folgend, könnte dies eine sinnvolle Ergänzung zu weiteren Bewertungen sein, die in anderen Unterrichtsarrangements kaum machbar ist.

Der Beobachtungsbogen selbst ist auf der Grundlage der gegebenen Unterrichtsstruktur zu entwickeln. Wie auch bei den anderen Bewertungsvarianten müssen die Beobachtungskriterien (Bausteine A und B) vermittelt und eingeübt werden. Die Bausteine A und B *könnten* über bestimmte Punktegewichtungen (z.B. wie in Abb. 22, S. 120) zu einer Note führen, sie sind so formuliert, dass konkrete und weitgehend erlernbare Indikatoren benannt werden können.

Indikatoren benennen

Das Bewertungskriterium 3 »Der Schüler/die Schülerin folgt den Arbeitsanleitungen sorgfältig« könnte über folgende Indikatoren konkretisiert werden:

... liest die Arbeitsanleitungen genau,
... beachtet alle angegebenen Schritte,
... führt die Lösungskontrolle wie angegeben durch.

Die Formulierung »in angemessener Weise« (Bewertungskriterium 1 und 2) verdeutlicht, dass Offenheit für eine individuelle Bezugsnorm vorhanden sein muss und die Kriterien nicht bis ins Detail vereinheitlicht werden können.

A. Lern- und Arbeitsverhalten				
(Beobachtungstage: _____ _____ , _____)				
Der Schüler/die Schülerin ...	+	o	−	Spez. Anmerkung
1. kann ausdauernd und konzentriert arbeiten				
2. kann aufmerksam zuhören				
3. kann ruhig arbeiten				
4. kann zielstrebig arbeiten				
etc.				

Abb. 19: Diagnosebogen zur Einschätzung des Lern- und Arbeitsverhaltens in der Freiarbeit oder Wochenplanarbeit (Ausschnitt)

Bewertungsbogen oder Diagnosebogen?

Der Bogen (Abb. 18) ist als *Bewertungs*bogen formuliert, als *Diagnose*bogen könnte er allgemeinere Zielsetzungen beinhalten und wäre nicht auf Grund erlernbarer Indikatoren eingeschränkt. Als *Diagnose*bogen könnte der Baustein A aus Abb. 18 wie in Abb. 19 konkretisiert aussehen. Der Unterschied zu einem Diagnosebogen sei hier lediglich angedeutet. Nochmals zurück zum Bewertungsbogen (Abb. 18). Der Bewertungsbogen enthält, neben den potenziell bewertbaren Kriterien, auch einen Baustein Sonstiges. Die vereinbarten Freiarbeitsregeln (Bewertungskriterium 8) strukturieren das Arbeits- und Lernverhalten bereits ohne eine Bewertung. Es kann jedoch sinnvoll sein, nicht eingehaltene Regeln im Bogen zu vermerken, das Nichteinhalten bestimmter Regeln ist jedoch nicht zur Bewertung, eher zur Diagnose geeignet.

Der vorgeschlagene Bewertungsbogen (Abb. 18) ist flexibel und vielfältig einsetzbar: Er bietet Bewertungsmöglichkeiten, ohne zu überfordern, weil die Zahl der Beobachtungskriterien gering ist und ein Teil der Bewertung mittels Überprüfung schriftlicher Leistungen später erfolgen kann. Gleichzeitig ist das Spektrum der Bewertungs- oder Diagnosemöglichkeiten breit, sodass der Bogen eine differenzierte Rückmeldung bietet und eine gute Grundlage für Beratungsgespräche darstellt.

Bewertung im projektorientierten Unterricht

Vorüberlegungen

Projektbegriff

Viel ist zum Projektbegriff geschrieben worden, trotzdem bleibt er in verschiedener Hinsicht unscharf. Definitionen von Projektunterricht bzw. Projektmethode können unterschieden werden nach bestimmten Merkmalen (z.B. Flechsig 1975), nach bestimmten Phasen (z.B. Frey 1999), nach Mischformen von Phasen und Merkmalen (z.B. Bastian/Gudjons 1993), nach historischen Vorläufern (z.B. nach Dewey, nach Kilpatrick, nach Suin de Boutemard; vgl. z.B. die Übersicht von Knoll 2000) oder nach mehrfachen strukturanalytischen Merkmalen (z.B. Petri 1991).

Sämtliche Definitionen unterliegen dem Dilemma, dass sie aus der Perspektive unterrichtspraktisch handelnder Lehrkräfte einen hohen Anspruch formulieren und damit äußerst selten in Reinform realisiert werden können: Projektunterricht steht im Widerspruch zur Anpassungsfunktion des institutionalisierten Lehrens und Lernens. Für Sekundarschulen mit ihrer ausdifferenzierten Fächerstruktur trifft dies besonders zu. Je konsequenter und definitionsnäher Projektunterricht realisiert wird, desto stärker rüttelt er an den Fundamenten der Institution Schule. Es ist daher kein Zufall, sondern systemkonformes Handeln, wenn zunächst die institutionellen Bedingungen einer Schule fast vollständig außer Kraft gesetzt und *anschließend* gemeinsam *Projektwochen* durchgeführt werden. Diese vielfach als leistungs- und schulalltagsferne Spaß- und Hobbyvariante kritisierten Wochen ermöglichen zwar die Erfüllung wesentlicher Projektmerkmale (z.B. Interdisziplinarität, Orientierung an den Interessen der Beteiligten, gesellschaftliche Praxisrelevanz, Einbeziehen aller Sinne – vgl. Gudjons 1992), letztlich forcieren sie jedoch eher einen lehrerzentrierten und lehrstoffdominierten Unterrichts*alltag,* weil sie Reformentwürfe aus dem ernsthaften Lernalltag ausgliedern. Die Variante der Projektwochen sei daher an dieser Stelle nicht näher betrachtet, sie hat für das Schulleben eine wichtige Funktion, nicht jedoch für eine Veränderung der Bewertungspraxis.

Vielmehr gehe ich von einem projektorientierten Verständnis aus, der im alltäglichen (Fach-)Unterricht realisiert werden kann, in Kauf nehmend, dass definitorische Einschränkungen notwendig sind. Als zentrales Merkmal dieses *projektorientierten Vorgehens* setze ich, dass Schülerinnen und Schüler *in zunehmend komplexeren thematischen Einheiten und in kooperativer Weise weitestmöglich selbstständig lernen und arbeiten.* Sie werden zunehmend in die Lage versetzt, komplexe Arbeitsprozesse gemeinsam und selbstständig vorzubereiten, durchzuführen und auszuwerten.

Projektorientierter Unterricht: zentrales Merkmal

Zur Bewertung

Die Tätigkeiten der Schülerinnen und Schüler und der einzelnen Teams variieren in einem projektorientierten Unterricht zum Teil erheblich. Voraussetzung einer Bewertung ist jedoch, dass wiederkehrende Elemente und Phasen erkennbar sind, dass also eine Art »Verlaufslogik« (Combe u.a. 2000, S. 74) vorhanden ist. Wenn eine Bewertung der Leistungen erfolgt, dann stellen die Bewertungskriterien für alle Schülerinnen und Schüler Strukturierungspunkte dar, auch wenn die Bewertung im Einzelnen und die jeweiligen Indikatoren variieren. Die Bewertungskriterien sollten daher den Projektgedanken nicht unnötig einschränken und ausreichend Variationsmöglichkeiten lassen.

Gibt es eine Verlaufslogik im projektorientierten Unterricht ...?

Die Frage der Bewertung projektorientierten Unterrichts war lange umstritten (z.B. Bastian u.a. 1980) und wurde besonders evident, als Projektlernen im Fachunterricht stärker thematisiert wurde. Mit zunehmender Einbindung des Projektgedankens in die institutionellen Bedingungen der Schule kann die Frage des Prüfens und Bewertens kaum noch umgangen werden. Gleichzeitig ist es nicht unproblematisch, die vielfältigen Leistungen überhaupt angemessen zu bewerten. Eine Voraussetzung liegt darin, dass Schülerinnen und Schüler über einen längeren Zeitraum hinweg selbstständig arbeiten. Erst dann können Elemente eines

... trotz begrenzter Planbarkeit?

selbst gesteuerten Lernens überhaupt sinnvoll greifen. Projektorientierter Unterricht ist in seiner inneren Struktur komplex und kann nur begrenzt geplant und gelenkt werden. Für Lehrkräfte birgt dies unsichere Momente: Ist die Zeit für alle Gruppen ausreichend? Arbeiten alle Gruppenmitglieder intensiv? Ein hohes Maß an Schülerselbstbestimmung geht einher mit dem schwindenden Einfluss der Lehrkraft. Sofern jedoch eine Bewertung ansteht, sollte ein gewisses Maß an Verlaufsstruktur gewährleistet sein. Die Verbindung kann zu Projektbeginn über eine Projektskizze (Abb. 20) und nach Abschluss der Arbeitsphase über einen Arbeitsprozessbericht (Abb. 21) gewährleistet werden.

Abb. 20: Indikatoren einer Projektskizze (formuliert als Stichworte)

1.	Grundlegende Daten: Thema, Personen, vorhandene Zeit
2.	Angestrebte Ziele und Ergebnisse
3.	Angestrebte Teilziele oder zu bearbeitende zentrale Fragen
4.	Notwendige Materialien, Medien und (Fach-)Räume
5.	Einteilung der vorhandenen Zeit in grobe Arbeitsphasen
6.	Einteilung der vorhandenen Zeit in individuelle Arbeitsphasen
7.	Termine für Zwischenauswertungen
8.	Zu erwartende Schwierigkeiten

Abb. 21: Indikatoren eines individuellen Arbeitsprozessberichtes (formuliert als Fragen)

1.	Nenne alle grundlegende Daten, z.B. Thema, Personen, vorhandene Zeit
2.	Beschreibe deine Tätigkeiten und Arbeitsphasen
3.	Welche Arbeitsschritte konnten gut gelöst werden?
4.	An welchen Stellen sind Schwierigkeiten aufgetreten?
5.	Wie wurden die Schwierigkeiten gelöst?
6.	Bist du mit dem Ergebnis zufrieden? Vergleiche die Ergebnisse mit den formulierten Zielen
7.	Was möchtest du im nächsten Projekt besonders beachten?

Projektskizze Die *Projektskizze* strukturiert den Arbeitsprozess der Schülerinnen und Schüler und bietet für Lehrkräfte organisatorische Hilfen, z.B. zur Unterstützung bei der Einteilung von Fachräumen, bei der Bereitstellung von Materialien. Lehrkräfte können zudem einschätzen, ob die Zeiteinteilung realistisch ist und wo eventuelle Schwierigkeiten liegen. Im Gegensatz zum Arbeitsprozessbericht wird hier die Teamleistung bewertet. Wenn die Projektskizze im weiteren Verlauf der Arbeiten nicht befolgt werden kann, dann ist dies keinesfalls negativ, sondern kann im Arbeitsprozessbericht begründet werden. Die Projektskizze enthält also keinesfalls eine dogmatische Festlegung. Sie kann im Übrigen ausgezeichnet mit Visualisierungstechniken versehen werden (Ablaufschema, Mind-Mapping, Vernetzung etc.).

Der *Arbeitsprozessbericht* zielt auf die individuelle und rückblickende Prozessbewertung der Schülerinnen und Schüler. Wie auch bei der Selbstbewertung des Arbeitsprozesses werden hier nicht die Schwierigkeiten selbst, sondern die kritische und realistische Darstellung bewertet. Da Lehrerinnen und Lehrer nicht alle Prozesse beobachten können, kann es sinnvoll sein, dass Schülerinnen und Schüler ihre Arbeitsprozessberichte zunächst im Team besprechen und unterschiedliche Sichtweisen gemeinsam mit der Lehrkraft klären. [**Arbeitsprozessbericht**]

Projektskizze und Arbeitsprozessbericht leisten einen wesentlichen Beitrag zur Steigerung der Selbststeuerung des Arbeitsprozesses. Eine Prozessbewertung ist auf diese Weise möglich, ohne dass die Lehrkraft eine systematische Unterrichtsbeobachtung durchführen muss – die im projektorientierten Unterricht nicht einfach ist (vgl. Bohl 2001, S. 281ff.). [**Prozess …**]

Ein zweiter Baustein der Projektbewertung kann die Präsentation sein, diese wurde bereits dargestellt und diskutiert (Abb. 17, S. 110). [**… und Präsentation …**]

Der dritte Baustein ist die Bewertung des Produktes. Bei der Bewertung des Produktes ist auf die Gewichtung zwischen fachlich-inhaltlichem und nicht-fachlich-inhaltlichem Anteil zu achten. Im Extremfall muss man sich die Frage stellen, wie viele Punkte ein Schüler oder eine Schülerin noch erreichen kann, wenn die Leistung fachlich-inhaltlich sehr schwach ist. Andererseits darf die fachlich-inhaltliche Leistung auch nicht überbewertet werden, weil sie in der Regel auch bei der Präsentation bewertet wird. [**… und Produkt**]

Die hier vorgestellten Bausteine einer Projektbewertung können nun in einem Bewertungsbogen zusammengefasst werden (Abb. 22, S. 120). Die Präsentationsnote bezieht sich dabei auf die individuellen Leistungen. Das Produkt kann Individual- und/oder Teamanteile haben, je nach Vereinbarungen und je nach Produkt. Beispielsweise kann eine schriftliche Ausarbeitung in individuelle Anteile zergliedert werden, während dies bei einem künstlerischen Teamprodukt unsinnig wäre. Die vorgeschlagene Prozessbewertung beinhaltet hier einen Individual- (Arbeitsprozessbericht) und einen Teamanteil (Projektskizze).

Die Bewertungsarbeit ist für Lehrkräfte unterschiedlich. Ein Teil erfolgt schriftlich und zum Ende des Projektes (Produkte, Arbeitsprozessbericht), ein Teil erfolgt über Beobachtung (Präsentation). Die Projektskizzen werden von den jeweiligen Teams in der Regel zu unterschiedlichen Zeitpunkten abgegeben, also nicht unbedingt gleichzeitig bewertet. Von den beteiligten Lehrerinnen und Lehrern ist eine hohe Strukturierungs- und Organisationsleistung gefordert. Sie müssen den Überblick über den jeweiligen Stand der Arbeiten und Bewertungen bewahren und die notwendige Detailarbeit leisten. Der abschließende Bewertungsbogen ist dafür sehr hilfreich und bietet für Lehrkräfte und Schülerinnen und Schüler eine gute Orientierung. [**Organisation der Bewertungsarbeit**]

Abb. 22:
Bewertungsbogen
für einen
projektorientierten
Unterricht

Bewertungsbogen (Projekt)

Name:	Kl.:	Zeitraum/Stunden:
Thema:		Fach/Fächer:

Gruppenmitglieder:

Hinweis: Das durchgeführte Projekt setzt die beiden projektorientierten Arbeiten des vergangenen Schuljahres fort. Im September fand ein Methodentag statt. Die Projektnote geht zu gleichen Teilen in die Fächer_____ und _____ ein und ersetzt jeweils eine Klassenarbeit.

Bewertungen	Ziel-Pkte	Err. Pkte	Note
Prozess (20 Prozent)			
1. Projektskizze (Abgabedatum: _____)	2		
2. Arbeitsprozessbericht (Abgabedatum: _____)	3		
Präsentation (50 Prozent) (Datum: _____)			
3. Struktur (z.B. Einstieg, Abschluss)	2		
4. gezielter Medieneinsatz	2		
5. sprachliche Verständlichkeit	2		
6. fachliche Qualität (z.B. Umfang, Sprache, Tiefe)	4		
Produkt – schriftl. Ausarbeitung (30 Prozent) (Abgabedatum:_____)			
7. Gestaltung (z.B. Layout, Grafiken, Ästhetik, Ideen)	2		
8. Informationsquellen (z.B. Vielfalt, Angaben)	1		
9. fachliche Qualität (z.B. Umfang, Tiefe)	3		
Gesamtergebnis	21		

Weitere Anmerkungen

_____   _____   _____
Datum   (Fachlehrerin)   (Fachlehrer)

Bewertung von Methoden- und Kommunikationskompetenz

Vorüberlegungen

Die bisherigen Anwendungsbeispiele waren weitgehend auf Offene Unterrichtsmethoden bezogen. Auch im fachspezifischen Frontalunterricht können vielfältige Kompetenzen vermittelt und eingeübt werden, besonders dann, wenn er von methodischen Variationen (z.B. Partnerarbeit, Kleingruppenarbeit, Einzelarbeit, Experimentierphasen) kreativ ergänzt wird. Häufig wird vernachlässigt, dass manche methodischen und kommunikativen Fähigkeiten ausschließlich im Kontext eines Faches oder eines Fachbereiches genutzt werden können, während andere wirklich quer liegen, d.h. in fast allen Fächern genutzt werden können:

Fachspezifische oder überfachliche Kompetenzen?

- *Beispiele fachspezifischer Kompetenzen:* Experimentieren (z.B. Chemie); Strategien zum Erlernen von Vokabeln (z.B. Englisch).
- *Beispiele fächerübergreifender Kompetenzen:* Texte lesen und zusammenfassen; Argumentieren können; eine Präsentation gliedern können.

Dem Prinzip der methodischen Vielfalt folgend, ergänzen sich unterschiedliche Unterrichtsmethoden, wenn sie in einem gemeinsamen und zielgerichteten Zusammenhang stehen. Wenn innerhalb einer Einzelschule und eines Lehrerteams abgestimmt wird, in welchen Fächern die jeweiligen Kompetenzen eingeübt werden, dann wirkt dies zeitlich entlastend und stellt für Schülerinnen und Schüler eine Verbindung zwischen den Fächern her.

Zur Bewertung

Fachspezifische Leistungen können über *Bescheinigungen* testiert und bewertet werden. Dabei präzisiert jedes Fach für jede Klassenstufe besonders wichtige Kompetenzen. Im Gegensatz zu den bisherigen Bewertungsvorschlägen kann es in diesem Fall sinnvoll sein, den Schülerinnen und Schülern freizustellen, ob sie sich eine derartige Bescheinigung erarbeiten möchten. Sofern eine Bescheinigung für alle ausgestellt wird, sollte damit sehr verbindlich umgegangen werden, d.h., die testierten Kompetenzen werden zukünftig auch wirklich vorausgesetzt und eingefordert. Die jeweiligen Kompetenzen werden dann in einem Fach schwerpunktartig und exemplarisch behandelt und in anderen Fächern aufgegriffen, möglicherweise ergänzt durch fachspezifische Präzisierungen.

Bescheinigungen

Abb. 23: Bescheinigungen über methodische und kommunikative Leistungen (fachspezifische Beispiele einer siebten Realschulklasse)

Erdkunde	Klasse 7
Name	

... kann Ursache-Wirkungszusammenhänge (Thema: die Sahelzone) visualisieren und erläutern

Datum   Lehrer

Mathematik	Klasse 7
Name	

... kann geometrische Zeichnungen (Thema: Dreieckskonstruktionen) exakt und sauber durchführen

Datum   Lehrer

Biologie	Klasse 7
Name	

... kann selbstständig Blutdruck und Pulsfrequenz messen und sachgerecht erläutern

Datum   Lehrer

Deutsch	Klasse 7
Name	

... kann Gespräche nach sprachlichen und kommunikativen Kriterien analysieren und führen

Datum   Lehrer

Deutsch	Klasse 7
Name	

... kann Texte zusammenfassen

Datum   Lehrer

Englisch	Klasse 7
Name	

... kann einfache Alltagssituationen sprachlich bewältigen
(Themen: asking for information, at the bus station)

Datum   Lehrer

Die Bescheinigung wird ausgestellt, wenn die Schülerinnen und Schüler nachweisen konnten, dass sie die geforderten Kriterien beherrschen. Die Leistung kann entweder über mehrere Bewertungstage (z.B. über systematische Beobachtung) oder an bestimmten Prüfungstagen festgestellt werden, sie kann fachpraktische und/oder theoretische Bereiche enthalten.

Es empfiehlt sich, besonders auf Fachbereichsebene genauere Vereinbarungen über die Organisation und das Anspruchsniveau der Bescheinigungen zu treffen. Folgende Hinweise können dafür hilfreich sein:

Hinweise für Vereinbarungen

- Der Erwerb einzelner Kompetenzen sollte zeitlich und sachlogisch so organisiert werden, dass weitere Fächer davon profitieren und die sinnvolle Verbindung zu fachlichen Inhalten gegeben ist.
- Das Anspruchsniveau und die Komplexität der zu erbringenden Leistungen sollten vergleichbar und nicht zu gering sein.
- Die Anzahl der ausgestellten Bescheinigungen sollte pro Schuljahr nicht zu hoch sein, ansonsten besteht die Gefahr, dass der Wert gemindert wird und eine reine Sammelaktion entsteht.
- Die beteiligten Lehrkräfte sollten sich untereinander über die sachliche Grundlage der einzelnen Bescheinigungen informieren, sodass sie auch ähnliche Erklärungsmuster verwenden können (z.B. Schritte zur Zusammenfassung eines Textes).
- Wie auch beim Portfolio ist auf ein ansprechendes und würdiges Design der Bescheinigungen (z.B. Schulstempel) und deren Aufbewahrung zu achten.
- Die Visualisierung der erworbenen bzw. noch möglichen Bescheinigungen (evtl. mit Kriterien) im Klassenzimmer erleichtert die Orientierung für alle Beteiligten.

Bescheinigungen sind jedoch kaum sinnvoll, wenn sie nicht innerhalb einer Klassenstufe und innerhalb der Einzelschule zusammengeführt und auch über mehrere Schuljahre hinweg systematisch erworben und angewandt werden können. Die Bescheinigungen haben ansonsten keinen Ernstcharakter, und es besteht die Gefahr, dass Schülerinnen und Schüler sie nicht sorgfältig aufbewahren und sie als wertlos erachten, weil weiterführende Verwendungszwecke unklar bleiben. Die Zusammenführung der Bescheinigungen kann auf folgende Weise realisiert werden:

Langfristige Konzeption

- *Portfolio.* Die Bescheinigungen werden im Portfolio aufbewahrt und für weitere (Bewerbungs-)Zwecke adressatenspezifisch ausgewählt.
- *Beilage zum Zeugnis.* Die Bescheinigungen werden in einer eigenen Zeugnisbeilage zusammengefasst, sie ergänzen das gängige Zensurenzeugnis, z. B. als Methoden- und Kommunikationszertifikat.

Eine weitere Möglichkeit besteht darin, die einzelnen Bewertungseinheiten in eine fachspezifische Zensur zu fassen (z.B. als Test) oder innerhalb von Klassenarbeiten als eigenständige Aufgabenbereiche zu gewichten. Zu Beginn bietet es sich an, die Konzeption der Bescheinigungen zu erproben und erst nach gemeinsam gesammelten Erfahrungen als Zeugnisbeilage oder Portfolio aufzuwerten.

Schülerselbstbewertung

Vorüberlegungen

Bei der Schülerselbstbewertung werden die Schülerinnen und Schüler am Bewertungsprozess beteiligt, sie bewerten ihre eigene Leistung. Aus rechtlichen und pädagogischen Gründen (Schutz von Schülerinnen und Schülern vor Benachteiligungen) verbleibt die Verantwortung jedoch bei der Lehrkraft. Es handelt sich also um ein Mitwirken und Mitbestimmen am Bewertungsprozess. Auf den ersten Blick mag es verwundern, wenn die schwierige Bewertungspraxis im Offenen Unterricht nun auch zusätzlich von Schülerurteilen abhängig sein soll. Was spricht für die Schülerselbstbewertung?

Vorteile der Schülerselbstbewertung

- Schülerinnen und Schüler lernen, ein realistisches Selbstbild zu entwickeln, indem sie die erbrachte Leistung kritisch mit den gesetzten oder erwünschten Zielen vergleichen;
- ein weiterer Teil des gesamten Arbeitsprozesses wird selbstständig durchgeführt, der Grad an Selbstständigkeit wird also erhöht;
- schulische Bewertungsprozesse und die damit verbundenen Anforderungen werden transparent und nachvollziehbar, weil das Zustandekommen der Bewertung (evtl. Zensur) erfahren und beeinflusst wurde;
- die erhöhte Transparenz vermindert Ohnmachtsgefühle und Angst (Krohne 1975);
- der Blick wird auf den eigenen Arbeitsprozess oder einzelne Arbeitsschritte gelenkt, Schülerinnen und Schüler handeln dadurch bewusster und können ihr Handeln besser kontrollieren (Wahl u.a. 1984, S. 343);
- über die erhöhte Kontrolle des Handelns ist die Wahrscheinlichkeit hoch, dass auch die Lernleistung positiv beeinflusst wird;
- das Maß an fremdbestimmter Bewertung wird reduziert, Schülerinnen und Schüler werden dadurch in ihrer Urteilsfähigkeit und mit ihren Ansichten ernst genommen.

Bezieht man die Schülerselbstbewertung auf ein qualitatives Bewertungsverständnis, dann wird die Güte des Bewertungsverfahrens erhöht, weil der Grad an Intersubjektivität zunimmt: Eine Leistung wird nicht nur aus der Sicht der Lehrkraft bewertet, sondern zusätzlich aus der Sicht einer weiteren Person. Extreme Fehlurteile können dadurch eher vermieden werden. Weitere Informationen kommen hinzu, die Bewertungsgrundlage ist dadurch breiter. Die Angleichung etwaiger unterschiedlicher Perspektiven stabilisiert die Bewertung.

Ein entscheidendes Argument für die pädagogisch begleitete und didaktisch durchdachte Realisierung der Schülerselbstbewertung im (Offenen) Unterricht ist die Tatsache, dass Schülerinnen und Schüler ihre Leistung ohnehin selbst bewerten (Winter 1991, S. 119). Die Gefahr ist allerdings groß, dass sich im Laufe der Zeit ein unrealistisches Selbstbild entwickelt und die Sichtweisen von Lehrkräften und Schülerinnen und Schülern auseinander driften oder aber die Sichtweise der Lehrerin oder des Lehrers unreflektiert übernommen wird. Die Angleichung von Fremd- und Selbstbewertung ist daher ein grundlegender Aspekt eines pädagogisch motivierten Leistungsbegriffs.

Fremd- und Selbstbeurteilung angleichen

Bedenken, Schülerselbstbewertung würde zu einer geringeren Gültigkeit und Zuverlässigkeit führen, wurden von verschiedenen Untersuchungen nicht bestätigt (Viebahn 1982; Wahl u.a. 1984; Krüger 1970 nach Lissmann 1998). Die Selbstbewertungen von Schülerinnen und Schülern decken sich häufig und in hohem Maße mit den Lehrerurteilen. Dies schließt nicht aus, dass sich manche Jugendliche bewusst oder unbewusst besser einschätzen (vgl. Bohl 2001c, S. 311ff.). Schulz von Thun (1982) bezeichnet eine unscharfe Selbstsicht und Verfälschungstendenzen als die wesentlichen Probleme bei der Schülerselbstbewertung. Diese Nachteile können über schrittweises Einüben und regelmäßige Reflexionsphasen verringert werden. Es kommt also darauf an, die Schülerselbstbewertung im Unterricht didaktisch sinnvoll einzusetzen.

Empirische Studien zur Selbstbewertung

Schülerselbstbewertung setzt eine vertrauensvolle Beziehungsstruktur zwischen allen Beteiligten voraus und korrespondiert mit einem schülerorientierten Unterricht.

Zur Schülerselbstbewertung

Schülerselbstbewertung kann sich auf materielle und immaterielle Gegenstände beziehen, z.B. Produkte, Präsentationen, Arbeits- und Lernprozesse. Prinzipiell ist jede schulische Aufgabe geeignet. Für die Auswahl der Aufgaben und die Anleitung zur Selbstbewertung können die folgenden Hinweise sinnvoll sein (vgl. auch Winter 1991, S. 137ff.; sowie Winter 1996; Bohl 2001c, S. 319f.):

Hinweise zur Durchführung der Schülerselbstbewertung

- Die Selbstbewertungen sind ernst zu nehmen, gleichzeitig müssen sie sachlich fundiert und kriterienbezogen begründet werden.
- Sofern eine Notengebung ansteht, sollte der Zusammenhang zur Selbstbewertung transparent sein: Wirkt sich die Selbstbewertung auf die Benotung aus? Wenn ja, in welchem Maße?
- Die Selbstbewertung ist leichter, wenn sie sich auf ein materielles Produkt bezieht, das man immer wieder und in Ruhe anschauen und anhand relativ eindeutiger Kriterien bewerten kann.
- Sofern sich die Schülerselbstbewertung auf den Arbeitsprozess bezieht, sollten die Aufgaben anspruchsvoll und in einen längeren Arbeitsprozess eingebunden sein. Ansonsten könnte die Selbstbewertung als aufgesetzt oder als zu aufwändig und unnötig empfunden werden. Es wird sonst auch schwierig, einzelne Phasen und Indikatoren herauszustellen und weiterführende Hinweise zu geben.
- Eine Musterlösung, eine Vorlage oder ein Kriterienkatalog erleichtert die Selbstbewertung, weil dadurch Orientierung und konkrete Vergleichsmöglichkeiten gegeben sind.
- Momente des Scheiterns im Arbeitsprozess, Fehler, Probleme etc. bieten hohe Entwicklungschancen, wenn es gelingt, diese Momente konstruktiv zu deuten. Schülerinnen und Schüler müssen zunächst lernen, diese Momente nicht zu verheimlichen (im Dienste eines besseren Images gegenüber der Lehrperson), sondern sie zu erkennen, zu beschreiben und als entscheidende Wegpunkte des Lernprozesses zu verstehen. Die rückblickende Bearbeitung eröffnet Verbesserungschancen für den kommenden Arbeitsprozess und kann wiederholtes Scheitern verhindern.
- Reflexionsphasen mit der Klasse oder mit Schülergruppen sollten explizit eingeplant werden, um Erfahrungen und Schwierigkeiten zu besprechen.
- Die Sichtweisen der Lehrkraft und der einzelnen Schülerinnen und Schüler sollten möglichst in einem Beratungsgespräch zusammengeführt werden.

Schülerselbstbewertung lässt sich auf unterschiedliche Weise durchführen.

Aufgabenspezifischer Zugang

- *Variante 1: Mit der Reflexion von aufgabenspezifischen Lernwegen beginnen.* Für Lernende ist es nicht leicht, ihren Lernweg zu reflektieren und zu erkennen, was sie im Detail gemacht haben. Ein Fragebogen (Abb. 24) kann sinnvoll sein, um rückblickend über den Prozess einer Aufgabenlösung nachzudenken. Er bietet eine Strukturierung und Fokussierung auf bestimmte Fragen, die gleichzeitig eine gute Übungsmöglichkeit zum Erstellen eines Arbeitsprozessberichtes, z.B. im Rahmen eines projektorientierten Unterrichts darstellen. Die Fra-

Fragen zum Arbeitsprozess	
Name	Bearbeitungszeitraum
1. Wie lautet die genaue Aufgabe, die du bearbeitet hast? 2. In welchen Schritten bist du bei der Lösung der Aufgabe vorgegangen? 3. Welche Arbeitsschritte konntest du gut lösen? 4. Bei welchen Arbeitsschritten hast du dich unsicher gefühlt? Weshalb? 5. Wie hast du in unsicheren Situationen reagiert? 6. Hat die verfügbare Zeit gereicht? Welche Schritte waren zeitaufwändiger, als du gedacht hattest? 7. Bist du mit dem Ergebnis deiner Arbeit zufrieden? Weshalb? 8. Was würdest du beim nächsten Mal anders machen?	

Abb. 24:
Fragebogen zur Selbstbewertung des Arbeitsprozesses

gen sollten so gestellt sein, dass ein kurzes »Ja« oder »Nein« nicht genügt, sondern durchweg Begründungen gefordert sind.

Die ausgefüllten Bögen können von einem Lernpartner gegengelesen und mit ihm besprochen werden. Wenn die Aufgabe kooperativ gelöst wurde, kann es sinnvoll sein, die einzelnen Antworten auszutauschen. Unterschiedliche Wahrnehmungen über den Gruppenprozess bieten dann einen ausgezeichneten Gesprächsanlass. Variante 1 ist als fachspezifischer Einstieg in die Selbstbewertung geeignet.

- *Variante 2: Vorhandene Bewertungsbögen nutzen.* Sofern Bewertungsbögen gemeinsam entwickelt wurden und daher sprachlich gut verständlich sind, können diese ohne weiteres auch von Schülerinnen und Schülern ausgefüllt werden. Dann ist es sinnvoll, eine Spalte für die Schülerselbstbewertung einzuplanen. Die Verwendung desselben Bewertungsbogens für Lehrerbewertung und Schülerselbstbewertung bietet zahlreiche Vorteile. Der Bewertungsbogen und die vereinbarten Kriterien werden noch intensiver durchdacht und im Lernprozess berücksichtigt. Die Kriterien müssen nicht neu erstellt und besprochen werden.

Bewertungsbogen

- *Variante 3: Einen eigenen Bogen zur Selbstbewertung verwenden.* Dieses Verfahren hat den Vorteil, dass unabhängig von einer sonstigen Bewertung die Selbstbewertung gezielt auf bestimmte Kriterien hin eingeübt und durchgeführt werden kann. Die Schülerselbstbewertung (Abb. 25) erhält dadurch einen stärker diagnostisch orientierten Charakter, der strenge Anspruch an die Kriterien in einem Bewertungsbogen muss nicht eingehalten werden. Dadurch können die Kriterien offener und umfassender formuliert werden. Dieses Vorgehen kann daher für fächerübergreifende Unterrichtseinheiten sinnvoll sein, in denen die Schülerinnen und Schüler selbstständig agieren.

Spezifischer Selbstbewertungsbogen

Abb. 25:
Bogen zur Schüler-
selbstbewertung

Selbstbewertungsbogen für Schülerinnen und Schüler		immer	meistens	manchmal	fast nie	weiß ich nicht
Name						
Klasse	Schuljahr					
Zeitraum						
1. Ich kann selbstständig arbeiten						
2. Ich kann ausdauernd und konzentriert arbeiten						
3. Ich kann gezielt um Beratung bitten						
4. Ich kann anderen helfen						
5. Ich kann gut in einer Gruppe arbeiten						
6. Ich kann meine Ordner sorgfältig führen						
7. Ich kann Kritik rücksichtsvoll formulieren						
8. Ich kann Kritik annehmen						
Weitere Anmerkungen:						
Datum	Unterschrift Schüler/in					

Verbale oder skalierte Variante?

Die einzelnen Kriterien des Selbstbewertungsbogens können explizit für die Arbeits- und Lernziele verschiedener Offener Unterrichtsformen konzipiert werden. Wenn die Selbstbewertung verbal erfolgt (wie bei Variante 1), dann müssen sich die Lernenden exakt überlegen, was sie notieren müssen. Sie sind dann eher bereit, ihren Lern- und Arbeitsprozess genau zu durchdenken. Ein skalierter Bogen (Varianten 2 und 3) kann zügiger ausgefüllt werden, er kann jedoch zu schnellen und wenig begründeten Entscheidungen führen. Bei einem skalierten Bogen ist daher die nachfolgende Beratung und Begründung besonders wichtig.

Die Schülerselbstbewertung kann Teil einer Gesamtnote, z.B. einer Projektnote sein. Dann muss geklärt sein, dass eine gute Note auch bei ungünstigem Projektverlauf möglich ist, dann nämlich, wenn die Ursachen und Schwachpunkte beschrieben und kritisch reflektiert und darüber hinaus konkrete Vorschläge für folgende Arbeitsprozesse formuliert wurden (z.B. Fragen 4, 5, 6 und 8 in Abb. 24). In diesem Fall bietet die Selbstbewertung eine Verbesserungschance und ergänzt die weiteren Teilnoten sinnvoll.

Schülermitbewertung

Vorüberlegungen

Bei der Schüler*mit*bewertung bewerten Jugendliche ihre Mitschülerinnen und Mitschüler. Dies ist ein anspruchsvolles Verfahren, es kann pädagogisch sehr fruchtbar und in hohem Maße entwicklungsfördernd sein. Schülerinnen und Schüler nehmen die bewertende Rolle ein. Dies bedeutet keinesfalls, dass sie unkontrolliert die Bewertungsaufgabe von Lehrkräften übernehmen. Die beteiligten Lehrerinnen und Lehrer tragen jederzeit die Verantwortung, sie haben eine Schutzfunktion gegenüber allen Schülerinnen und Schülern zu erfüllen und können die Bewertung nicht einfach abgeben. Lehrkräfte müssen jederzeit bereit sein, die Bewertung gegenüber den betreffenden Jugendlichen oder deren Eltern zu begründen und zu legitimieren. Sie müssen also davon überzeugen, dass die Bewertungen der Schülerinnen und Schüler sachlich begründet sind und deren Urteil gegebenenfalls revidieren oder ergänzen. Dies ist leichter möglich, wenn Kriterien vereinbart und mit Indikatoren belegt wurden, sodass Schülerinnen und Schüler klare Orientierungspunkte für ihre Bewertungen haben und zudem ihre Begründungen darauf beziehen können.

Verantwortung der beteiligten Lehrkräfte

Es gibt unterschiedliche Möglichkeiten der Schülermitbewertung (s.u.), im Extremfall werden die Noten beeinflusst. Schülerinnen und Schüler haben damit eine hohe Verantwortung für ihr Handeln und ihre Entscheidungen. Dies wirkt motivierend, weil ihre Einschätzungen ernst genommen werden. Es kann auch zu schwierigen Situationen führen, z.B. wenn sehr schlechte Noten vergeben werden müssen oder wenn man einen guten Freund bewertet. Die Schülermitbewertung ist daher immer pädagogisch zu begleiten und kann nur unter bestimmten Bedingungen durchgeführt werden (Abb. 26).

• Vertrauensvolle Atmosphäre in der Lerngruppe.
• Hintergründe und Ziele der Mitbewertung sind Schülern bekannt.
• Bewertungskriterien und -verfahren sind bekannt und verständlich.
• Bereitschaft von Seiten der Schülerinnen und Schüler, an der Mitbewertung teilzunehmen.
• Erfahrungen mit Schüler*selbst*bewertung.
• Fähigkeit, eine sachliche Rückmeldung geben zu können.
• Schrittweises Einüben der Schülermitbewertung in Probephasen.
• Schülerinnen und Schüler sind in der Lage, ihre Bewertung kriterienbezogen zu begründen.
• Regelmäßige Reflexion über das Bewertungsverfahren.

Abb. 26: Günstige Voraussetzungen zur Durchführung der Schülermitbewertung

Zur Schülermitbewertung

Einschränkung

Auf welche Weise kann eine Schülermitbewertung durchgeführt werden? Wie bei der Schülerselbstbewertung sind im Grunde fast alle Leistungen von Mitschülerinnen und Mitschülern bewertbar. Eine Einschränkung geht dahin, dass Kinder und Jugendliche beispielsweise im Rahmen einer Präsentation die fachlich-inhaltlichen Leistungen nur insofern bewerten können, als sie darüber Bescheid wissen. Sofern fachlich-inhaltliche Leistungen in kleineren Arrangements bewertet werden, sollte ein Lösungsmuster vorhanden sein.

Rollenwechsel

Günstig ist es, wenn alle Schülerinnen und Schüler einer Lerngruppe früher oder später in die Situation der Mitbewertung kommen. Jeder handelt in beiden Rollen und nimmt dann die Bewertungen seiner Mitschülerinnen und Mitschüler anders wahr. Als Einstiegssituation, besonders bei Beobachtungen in selbstständigen Phasen, bietet es sich an, zunächst eine bestimmte vertrauenswürdige Schülergruppe (z.B. Klassensprecher) mit der Beobachtung zu betrauen.

Die Möglichkeiten der Schülermitbewertung variieren von kleinen Bewertungen bis zur Bewertung selbstständigen Lernens in offenen Phasen. Dieses Spektrum deute ich über verschiedene Varianten an.

- *Variante 1: Schülermitbewertung bei kleinen fachdidaktischen Aufgaben.* Schülerinnen und Schüler können die Lösungen von Lernpartnern korrigieren und bewerten, z.B. bei Diktaten, bei mathematischen Aufgaben, bei Vokabeltests. Dies sind geeignete Vorformen, da die Bewertungskriterien relativ klar vorgegeben und angewandt werden können.
- *Variante 2: Schülermitbewertung bei Präsentationen.* Präsentationen sind gut geeignet, um die Beobachtungskompetenz zu stärken, da die Situation überschaubarer ist als eine selbstständige Lernphase.
- *Variante 3: Bewertung von Teammitgliedern.* In Teamphasen ist es für Schülerinnen und Schüler zum Teil leichter als für Lehrkräfte, die Leistungen der Teammitglieder zu bewerten, schließlich arbeiten sie eng und kontinuierlich zusammen.
- *Variante 4: Schülermitbewertung in Phasen selbstständigen Lernens.* Schülerinnen und Schüler können bei Gruppenphasen und Phasen des selbstständigen Lernens (z.B. in der Freiarbeit) den vereinbarten Beobachtungsbogen anwenden und selbst beobachten.

Zu Beginn ist es sinnvoll, arbeitsteilig vorzugehen, z.B. bei der Bewertung einer Präsentation: Gruppenweise übernehmen Schülerinnen und Schüler ein oder mehrere Beobachtungskriterien und besprechen ihre Ergebnisse anschließend in dieser Fachgruppe, bevor ihre Bewertungen klassenöffentlich werden. Dadurch wird eine Überforderung vermieden, unterschiedliche Wahrnehmungen können angeglichen werden.

Besonders bei der Bewertung von Teammitgliedern muss die Lehrkraft gegebenenfalls präsent sein und ausgleichend wirken, hier kann es trotz guter Vorbereitung und sachlicher Rückmeldung zu unterschiedlichen Sichtweisen und Diskussionen kommen.

9. Zur Gestaltung von Zeugnissen

Vorüberlegungen

Leistungen können unterschiedlich dokumentiert werden: als Note innerhalb eines gängigen Zeugnisformulars, über Rasterzeugnisse, als kurzes Testat, als verbale Beurteilung, als Lernentwicklungsbericht oder innerhalb eines Portfolios. Gegenwärtige Reformen der Zeugnisse (s.u.) verdeutlichen, dass die Note immer noch einen hohen Stellenwert hat, gleichzeitig durch weitere Zeugnisbeilagen ergänzt wird. Sowohl mittelfristig (Unterrichtseinheit) als auch langfristig (Halbjahres-, Schuljahres oder Abschlusszeugnisse) resultieren daraus zwei Wege, Leistungen im Offenen Unterricht auszuweisen:

- Leistungen innerhalb der Fächer als Zensur auszuweisen,
- Leistungen *additiv* zum gängigen Zensurensystem verbal, skaliert und/oder direkt (Portfolio) auszuweisen.

Entscheidend ist dabei nicht, *dass* die Praxis der Bewertung und Dokumentation verändert wird, sondern dass dies qualitativ hochwertig und mit Sorgfalt geschieht, um langfristig positive Erfahrungen zu ermöglichen.

Die individuelle Leistung wird öffentlich

Über die in der Regel schriftliche Dokumentation wird die Leistung öffentlich: Das Dokument, z.B. die Zeugnisse, die verbale Bewertung, ein Bewertungsbogen, kann weitergereicht werden und ist daher potenziell für die engere und weitere Öffentlichkeit (Klasse, Eltern, Dritte) einsehbar. Über Dokumente vergleichen Schülerinnen und Schüler ihre Leistungen, sehen Eltern, wo ihre Kinder stehen, erkennen Dritte Stärken und Schwächen individueller Leistungsfähigkeit. Ein Dokument ist ausgezeichnet für weitere Beratungsgespräche geeignet. Es präzisiert die erbrachte Leistung und stellt eine gemeinsame Gesprächsgrundlage dar. Je differenzierter eine Leistung dokumentiert wird, desto differenzierter können Lerndiagnose und weiterführende Maßnahmen präzisiert werden. Im Laufe des Schuljahres können kurzfristig Leistungsdokumentationen erstellt werden, z.B. zum Ende einer Unterrichtseinheit. Am Schuljahresende findet zwangsläufig eine Dokumentation über Zeugnisse statt.

In diesem Kapitel stelle ich zunächst mehrere Vorschläge zur Gestaltung von Zeugnissen dar. Die derzeitige Reform der Zeugnisse verdeutlicht interessante und divergierende Entwicklungen, die zuweilen durchaus kritisch betrachtet werden können. Zum Ende des Kapitels greife ich das Thema Portfolio auf, das derzeit eine hohe Akzeptanz erfährt und dessen Potenzial bei weitem noch nicht ausgeschöpft ist.

Am Ende der Unterrichtseinheit: Bewertungsbogen

Eine Unterrichtseinheit endet traditionellerweise mit der Rückgabe der Klassenarbeit. Anschließend wird zumeist ein neues Thema begonnen. Auch im Offenen Unterricht beruht die Konzeption häufig auf didaktisch begründeten Phasen. Der Wechsel von Phasen bietet (Neu-)Orientierung und wirkt motivierend, weil neue Lernchancen anstehen. Am Ende einer zumeist mehrwöchigen Phase wird häufig eine Klassenarbeit geschrieben. Alternativ könnte stattdessen ein Bewertungsbogen konzipiert werden, der am Ende der Unterrichtseinheit den Schülerinnen und Schülern ausgehändigt wird. Auf diesem Bewertungsbogen wird die erbrachte Leistung dokumentiert (vgl. Kap. 8).

Zum Ende der folgenden Unterrichtsphasen und -einheiten könnte ein solcher Bewertungsbogen erstellt werden, z.B. im Anschluss ...

- an eine mehrwöchigen Freiarbeitsphase (Abb. 18, S. 114),
- an eine Präsentation (Abb. 17, S. 110),
- an einen Methodentag,
- an mehrere Experimentalphasen im Chemieunterricht,
- an eine projektorientierte Unterrichtsphase (Abb. 22, S. 120).

Der Bewertungsbogen kann jeweils folgende Teilbereiche beinhalten:

- *Grundlegende Informationen.* Name, Klasse bzw. Kurs, Zeitraum, evtl. Zahl der Unterrichtsstunden, beteiligte Fächer, Projektthema, evtl. Namen der Gruppenmitglieder oder der Gruppenname.
- *Verbale Zusatzinformationen.* Dabei wird die Leistung nicht bewertet, sondern es wird lediglich beschrieben welche Art der Arbeit durchgeführt wurde. Gegebenenfalls können weitere Zusatzinformationen hinzugefügt werden, die eventuell für Dritte wichtig sein könnten.
- *In Form von Noten bzw. Punkten bewertete Leistungen.* Aus der projektorientierten Unterrichtseinheit kann eine Note entstehen. In diesem Fall sind die Bewertungskriterien im Bogen abgebildet und mit der entsprechenden Punktzahl gewichtet.
- *Zusätzliche verbale Bewertung.* Neben den als Noten dokumentierten Leistungsbereichen können weitere Aspekte verbal beurteilt werden.

Teilbereiche eines Bewertungsbogens

Dabei kann es sich um zusätzliche individuelle Anmerkungen handeln oder um Bereiche, die man nicht als Note bewerten möchte oder kann.
- *Datum und Unterschrift.* Wie bei einer Klassenarbeit unterschreibt die Lehrperson bzw. das Lehrerteam. Der Bogen erhält einen offiziellen Charakter und wird aufgewertet.

Unter dem Aspekt der Arbeitsökonomie stellt sich für Lehrkräfte die Frage, welche Bereiche für alle Schülerinnen und Schüler einer Klasse gelten und daher auf dem Bogen vorformuliert werden. Der Bogen wird dann für alle Schülerinnen und Schüler kopiert.

Über die systematische Dokumentation einer Leistung wird das gesamte Unterrichts- und Bewertungsverfahren aufgewertet. Die Leistung aller Schülerinnen und Schüler wird gewürdigt, das Verfahren bis zur Notenfindung ist transparent. Der Leistungsanspruch kann in nachfolgenden Unterrichtseinheiten gezielt und an den schriftlich formulierten Kriterien orientiert ansetzen.

Am Ende des Schuljahres: Fachspezifische oder überfachliche Zeugnisbeilagen

Dieser Vorschlag beruht auf einer zusätzlichen Beilage zum Zeugnis. Neben dem traditionellen Notenzeugnis werden weitere Dokumente beigelegt:

- Die in Vorschlag 1 vorgestellten Bewertungsbögen können direkt dem Zeugnis beigelegt werden.
- Ein weiterer Vorschlag 2 geht dahin, zum Ende des Schuljahres klassenstufenspezifische Bewertungsbögen zum Lern- und Arbeitsverhalten zu erstellen.

Ist eine fach- und lehrerübergreifende Vereinheitlichung möglich?

Über einen längeren Zeitraum hinweg kann das Lern- und Arbeitsverhalten mehrfach und in verschiedenen Arrangements gelernt und überprüft werden. Dann ist es möglich, zu allgemeineren Aussagen zu kommen. Die Bewertungskriterien können auf einem eher mittleren oder allgemeinen Konkretisierungsniveau liegen, die Bewertung wird von der Einzelsituation auf ein allgemeineres Niveau abstrahiert. Für die Absprache und Kooperation unter Lehrkräften bleibt mehr Zeit als im Rahmen einer Unterrichtseinheit, dadurch ist es eher möglich unterschiedliche Sichtweisen zu einer einheitlichen Bewertung zusammenzuführen. Diese einheitliche Sichtweise einer langfristigen Bewertung ist an Sekundarschulen jedoch nicht unproblematisch. Es ist durchaus alltäglich, dass

Schülerinnen und Schüler in unterschiedlichen Fächern oder bei verschiedenen Lehrkräften auch unterschiedliche Leistungen im Bereich des Lern- und Arbeitsverhaltens erbringen. Sofern keine gemeinsam begründete, personen- und fächerübergreifende offene Unterrichtskonzeption vorhanden ist, führt die Zusammenführung unterschiedlicher Sichtweisen nicht selten zu einem Mittelwert, der dann für kein Fach mehr zutrifft. Daher kann es differenzierter und zutreffender sein, unterschiedliche Sichtweisen und Erfahrungen fachspezifisch zu formulieren. Zudem können in unterschiedlichen Fächern auch unterschiedliche Leistungen im Vordergrund stehen. Aus diesen Gründen kann es der Alltagssituation an manchen Schulen eher entsprechen, wenn am Ende des Schuljahres fachspezifische Formulierungen entstehen.

Aussageloser Mittelwert?

Der folgende Vorschlag (Abb. 27, S. 136) mutet zunächst, angesichts vielfältiger Entwicklungsrichtungen im deutschsprachigen Raum, wenig innovativ an – er betont die fachspezifische Perspektive. Allerdings wird er dem Anspruch gerecht, nur diejenigen Leistungen zu bewerten und auszuweisen, die zuvor im Unterricht vermittelt wurden. Die aufwändige und zuweilen künstliche (Mittelwertberechnung) Zusammenführung fächerübergreifender Bewertungen fällt hier zu Gunsten fachspezifischer Kompetenzen weg.

Die fachspezifische Zeugnisbeilage wird in dieser Abbildung nur angedeutet – sie muss für die schulischen Fächer weiter präzisiert werden. Der Vorteil der fachspezifischen Formulierungen liegt darin, dass Fachlehrerinnen und Fachlehrer sich auf bestimmte Kriterien einigen und dadurch die Identifikation mit dem gesamten Verfahren höher ist. Die Verpflichtung, die fachspezifisch formulierten Kriterien im eigenen Fachunterricht zu verwirklichen, d.h. einübbar und bewertbar zu machen, steigt. Die Bewertung wird nicht in gelegentliche fächerübergreifende Arrangements abgeschoben. Der Nachteil liegt möglicherweise darin, dass die Kriterien tendenziell eng fachspezifisch bleiben und vermeintlich fächerübergreifende Kriterien (z.B. kooperieren, selbstständig arbeiten) seltener formuliert werden. Die Leistung kann über unterschiedliche Skalierungen oder über eine Note dargestellt werden, beides wird in Abbildung 27 angedeutet. Die Note kann mit einer bestimmten Gewichtung in die jeweilige Fachnote einfließen.

Höhere Identifikation und Verantwortung der Fachlehrkräfte

Ein weiterer Vorschlag (Abb. 28, S. 137) geht dahin, am Ende des Schuljahres einen fächerübergreifenden Bewertungsbogen zum Lern- und Arbeitsverhalten zu erstellen.

Da hier die Sichtweisen verschiedener Lehrkräfte zusammengeführt werden und dadurch das strenge Kriterium »alles was bewertet wird, sollte vorher vermittelt werden und erlernbar sein« nicht mehr konsequent durchzuhalten ist, sollte dieser Bogen als Einschätzbogen bezeichnet werden. Er erhält einen stärker diagnostisch orientierten Charakter.

Abb. 27: Beilage zum Zeugnis (fachspezifische Bewertungen)

Zeugnisbeilage zur Bewertung des fachspezifischen Lern- und Arbeitsverhaltens						
Name		**Klasse**	**Schuljahr**			
Fach	**Kriterien**	++	+	–	– –	Note
Deutsch	argumentieren					
	Texte zusammenfassen					
	Gespräche analysieren					
	frei vortragen					
	(...)					
Mathematik	geom. Sachverhalte darstellen					
	Fachsprache verwenden					
	Ergebnisse kontrollieren					
	Fachinhalte präsentieren					
	(...)					
Englisch	Ergebnisse kontrollieren					
	Dialoge führen					
	frei vortragen					
	Lexika effektiv einsetzen					
	(...)					
Chemie	Sachverhalte visualisieren					
	im Team arbeiten					
	mit Geräten sorgfältig umgehen					
	Experimente protokollieren					
	(...)					
(...)	(...)					

Dieser Bogen ermöglicht weitere verbale Anmerkungen und schließt eine Notengebung aus. Die formulierten Kriterien sind explizit als Vorschläge zu verstehen und bedürfen der Anpassung an die jeweilige unterrichtliche und schulische Situation.

Aktuelle Prüfungs- und Zeugnisreformen in Deutschland

Noten, verbale Beurteilungen und weitere Alternativen

Die deutsche Reformdiskussion war lange Zeit auf die Grundschule begrenzt und hatte sich an der Diskussion zwischen Noten oder alternativ verbale Beurteilungen orientiert. Mittlerweile zeigt sich die Situation differenziert (Bohl 2003): In vielen Bundesländern sind auch für Sekundarschulen Veränderungen angedacht oder bereits vollzogen. Einige dieser Reformen greife ich auf.

Zeugnisbeilage zur Einschätzung des allgemeinen Lern- und Arbeitsverhaltens							
Name			Klasse		Schuljahr		
Kompetenz-bereich	Kriterien				Ausprägung		
	Die Schülerin/der Schüler				sehr deutlich	deutlich	ansatzweise	kaum
Teamfähigkeit	kann zuhören						
	ist geduldig						
	kann andere motivieren						
	vermittelt bei Konflikten						
	(...)						
Anmerkung							
Ausdauer und Konzentrations-fähigkeit	arbeitet in angemessenem Tempo						
	hält bei komplexen Aufgaben durch						
	arbeitet im Klassenzimmer konzentriert						
	(...)						
Anmerkung							
Kritikfähigkeit und Toleranz	kann Kritik rücksichtsvoll formulieren						
	kann Kritik annehmen						
	kann andere Ansichten akzeptieren						
	(...)						
Anmerkung							
Fähigkeit zum selbstständigen Lernen	führt Arbeiten vollständig durch						
	kann eigene Leistungen kontrollieren						
	kann Beratung gezielt aufsuchen						
	erledigt Arbeiten pünktlich						
	(...)						
Anmerkung							

Abb. 28:
Beilage zum Zeugnis (fächerübergreifender Einschätzbogen)

Abschlussprüfung: Beispiel Projektprüfung in Baden-Württemberg

Die Geschichte der Abschlussprüfungen ist eng mit der Forderung nach Berechtigungen verbunden (vgl. Ingenkamp 1990). Abschlussprüfungen und -zeugnisse verbinden die schulische Unterrichts- und Bewertungspraxis mit gesellschaftlich determinierten Erwartungen. Inhalte und Verfahren der Abschlussprüfungen bringen diese Erwartungen brennpunktartig an die Öffentlichkeit. Sie strahlen zudem auf die vorausgehenden Schuljahre zurück: »Es wird nur noch gelernt, was prüfbar wird. (...) Es wird nur noch gelehrt, was prüfbar gemacht werden kann.« (v. Hentig 1980, S. 152) Positiv gewendet, könnte man hoffen, über eine Veränderung der Abschlussprüfung, etwa in Richtung von Kompetenzmodellen oder eines erweiterten Lernbegriffs, auch eine Reform des Unterrichts zu bewirken bzw. Lehrkräften, die bisher offen unterrichten, eine geschmeidig ansetzende Abschlussprüfung anzubieten. Andererseits stellt auch eine solche, reformpädagogisch motivierte Abschlussprüfung eine Top-Down-Strategie dar, deren Akzeptanz nicht immer vorhanden ist und auch hinsichtlich notwendiger Kompetenzen auf Lehrerseite kritisch hinterfragt werden kann. In diesem Spannungsfeld bewegt sich die jüngst in Baden-Württemberg eingeführte Projektprüfung, die inzwischen für alle Hauptschulen verpflichtend ist (vgl. Ministerium für Kultus, Jugend und Sport Baden-Württemberg 2001).

Wird nur noch gelehrt, was geprüft wird?

Abb. 29: Verbindlicher Phasenverlauf der Projektprüfung (MKJS 2001, S. 6)

Vorbereitung	• Themenfindung/Gruppenbildung • Material beschaffen/erkunden • Projektbeschreibung erstellen
Durchführung	• Material auswerten/bearbeiten • Realisierung • Präsentation vorbereiten
Präsentation	• Ergebnis präsentieren • Ergebnis reflektieren • Prozess reflektieren

Die Projektprüfung beruht auf einem personalen, methodischen, sozialen und fachlichen Kompetenzbegriff. Die prozentuale Gewichtung dieser vier Elemente legt jede Schule eigenverantwortlich fest. Der Ablauf ist dreiphasig vorgeschrieben: Vorbereitung – Durchführung – Präsentation (Abb. 29). Dabei muss ein Beobachtungsbogen verpflichtend verwendet werden. Die Bewertung kann schriftliche, mündliche und praktische Leistungen enthalten, sie erfolgt in Form einer Note und einer zusätzlichen verbalen Beurteilung, welche die Note näher erläutert. Auch bei Gruppenarbeit dürfen nur individuelle Leistungen benotet werden. Die Note ist für das Bestehen ebenso relevant wie die schriftliche Prüfung in den

Dreiphasiger Verlauf

Hauptfächern Deutsch, Mathematik und Englisch. Die Projektprüfung ersetzt die vorherige praktische Prüfung in Technik oder Hauswirtschaft/Textiles Werken und eine weitere praktische Prüfung in Sport oder Musik oder Bildende Kunst und die mündliche Prüfung in einem Sachfach, erhält also einen hohen Stellenwert.

Hoher Stellenwert

Nicht nur in praktischer, auch in theoretischer Hinsicht stellt die Projektprüfung eine interessante Entwicklung dar. »Projektunterricht widersetzt sich der Anpassungsfunktion institutionalisierten Lehrens und Lernens« (Schratz 1996, S. 115) – dieses Spannungsfeld ist äußerlich aufgehoben. Gesellschaftskritische und politische Ambitionen stehen nicht mehr im Vordergrund. Die radikale Ablehnung der Benotung von Projektunterricht scheint ebenfalls passé.

> Die Hoffnung, »Schüler sollten aus ihren Projekterfahrungen Forderungen nach einer anderen Lernpraxis und einer anderen Beurteilungspraxis ableiten« (Bastian 1980, S. 117), wandelt sich zu einer institutionellen Absicherung der Zensierungspraxis und der Unterrichtsmethode: Projektunterricht erhält unmittelbar eine Selektionsfunktion.
> Die Frage, auf welche Weise die benoteten Leistungen vermittelt wurden, gerät ebenso in Hintergrund wie die Kritik an der Zensurengebung. Im Vordergrund steht die Hoffnung auf eine substanzielle Kompetenzvermittlung.

Kopfnoten: Beispiel Sachsen

Kopfnoten finden ihren Ursprung in den einstigen Sittenzeugnissen, in denen die allgemeine Haltung beschrieben wurde: »... das Betragen eines jeden Schülers in Ansehung seiner Ordnungsliebe, seines Fleißes, seiner wohlanständigen Aufführung und seines Gehorsams ...« (Schulgesetz Wismar 1798, zit. n. Dohse 1967, S. 34). Seit in den 70er-Jahren in den alten Bundesländern weitgehend auf Kopfnoten verzichtet wurde, war es einige Zeit ruhig um dieses kontrovers diskutierte Thema. Die Argumente für und gegen Kopfnoten sind bekannt und werden erst in jüngster Zeit wieder vorgebracht (z.B. Rössler/Hermann 2000). So argumentieren Befürworter mit der Stärkung des Erziehungsauftrags der Schule. In der Bevölkerung und von Seiten der beruflichen Abnehmer wird die vermeintlich klare Aussage der Kopfnoten geschätzt. Gegner hingegen kritisieren insbesondere die mangelnde Validität, die Informationsarmut, die Trennung des Erziehungs- und Unterrichtsauftrags und die Bewertung von Persönlichkeitsmerkmalen mittels Ziffern.

Kopfnoten in der Diskussion

In sechs der sechzehn deutschen Bundesländer sind Kopfnoten in Zeugnissen vorgesehen. Dabei variieren die einzelnen Merkmale. Die lange Tradition der Kopfnoten, darunter eine Art Sittenspiegel oder Sekundärtugenden zu fassen, wird in neueren Reformen aufgegeben oder verändert: Diese Entwicklung zeigt sich besonders deutlich am sächsischen Konzept der Kopfnoten (Abb. 30).

Abb. 30: Sachsen: Merkmale der Kopfnoten und ihre Kategorien

Merkmal	Kategorien
Ordnung	Sorgfalt, Pünktlichkeit, Zuverlässigkeit, Einhalten von Regeln und Absprachen, Bereithalten von Unterrichtsmaterialien.
Mitarbeit	Initiative, Kooperationsbereitschaft, Teamfähigkeit, Beteiligung am Unterricht, Selbstständigkeit, Kreativität, Verantwortungsbereitschaft.
Betragen	Aufmerksamkeit, Hilfsbereitschaft, Zivilcourage und angemessener Umgang mit Konflikten, Rücksichtnahme, Toleranz, Gemeinsinn, Selbsteinschätzung.
Fleiß	Lernbereitschaft, Zielstrebigkeit, Ausdauer, Regelmäßigkeit beim Erfüllen von Aufgaben.
Stufung: vorbildlich (Note 1), stark (Note 2), durchschnittlich (Note 3), schwach (Note 4), unzureichend (Note 5).	

Die Jugendlichen erhalten für die Merkmale Ordnung, Mitarbeit, Betragen und Fleiß jeweils eine Note. Während die vier Merkmale durchaus den traditionellen Kopfnoten entsprechen, verbergen sich hinter den jeweils aufgelisteten Kategorien drei unterschiedliche theoretische und historische Linien:

- Sekundärtugenden, z.B. Pünktlichkeit, Einhaltung von Regeln, Ausdauer;
- Schlüsselqualifikationen, z.B. Teamfähigkeit, Selbstständigkeit, Kooperationsbereitschaft;
- bildungstheoretische Ziele, z.B. Zivilcourage, Toleranz.

Die insgesamt einundzwanzig Kategorien stellen als einzelne Konstrukte anspruchsvolle und komplexe Zielsetzungen dar, bevor überhaupt die Frage eröffnet ist, wie sie sich im Schul- und Unterrichtsalltag praktikabel und ethisch verantwortbar diagnostizieren, bewerten und gar benoten lassen (s. das Beispiel auf der nächsten Seite).

Man kann selbstredend nicht davon ausgehen, dass Lehrkräfte ihre Unterrichtskonzeption derart systematisch und theoriegeleitet ent-

Das sächsische Konzept der Kopfnoten erweist sich insgesamt als eine unklare Vermischung unterschiedlicher Kategorien und Zielsetzungen. Professionelle Gütekriterien wie Objektivität und Validität sind schlicht nicht erfüllbar.

> Dies sei am Beispiel der Selbstständigkeit ausgeführt. Grenzt man Selbstständigkeit auf den unterrichtlichen Bereich ein und versteht darunter Selbstständiges Lernen oder wie häufig synonym verwendet: selbst reguliertes oder selbst organisiertes Lernen, führt dies zu aktuellen und theoretisch begründeten Modellen, wie sie auch für die PISA-Studie konzipiert wurden. Demnach ist selbst reguliertes Lernen ein Wechsel von kognitiven, metakognitiven, motivationalen und volitionalen Aspekten (Artelt u.a. 2001; Boekaerts 1997), die jeweils weiter konkretisiert werden können. Bezogen auf die Steuerung von Lernprozessen beinhaltet metakognitives Wissen beispielsweise Planungs-, Überwachungs-, Steuerungs- und Evaluationsaspekte, mit jeweils spezifischen Indikatoren (Artelt u.a. 2001, S. 272). Didaktische Modelle zur Vermittlung von selbst reguliertem Lernen sind zwar vorhanden (z.B. Wahl u.a. 1992; Grow 1993; Landherr/Herold 2003), ebenso wie geeignete Bewertungsverfahren (z.B. Herold 2001), allerdings beziehen sich diese Modelle vorwiegend auf den Bereich der Sekundarstufe II bzw. auf die Erwachsenenbildung. Sie sind zudem kaum verbreitet und erforscht. Der Anspruch an die planerische, methodisch-didaktische und diagnostische Kompetenz der Lehrkräfte ist sehr hoch. Den Modellen ist gemeinsam, dass der Unterricht langfristig und systematisch einer detaillierten Konzeption folgt. Das Ziel Selbststeuerung ist nicht über gelegentliche Settings erreichbar.

Qualität und Vergleichbarkeit

wickeln, gleichwohl ist damit die Komplexität einer der genannten Kategorien der Kopfnoten verdeutlicht. Der Qualitätsanspruch im Hinblick auf das Entstehen der vier Kopfnoten muss zwangsläufig niedrig sein. Vermutlich ist im sächsischen Konzept der Kopfnoten nicht vorgesehen, dass alle genannten Kategorien in eine Note einfließen müssen. Damit muss in Kauf genommen werden, dass die einzelnen Noten aus völlig unterschiedlichen Bewertungsgrundlagen entstehen.

Mischform aus Rasterzeugnissen und verbaler Beurteilung: Beispiel Thüringen

Trotz inhaltlicher Schnittmengen (z.B. Zusammenarbeit) unterscheiden sich das Kopfnotenmodell von Sachsen und das im Folgenden vorgestellte Modell der Einschätzungen zur Kompetenzentwicklung aus Thüringen grundlegend. Im Thüringer Modell ist das Zeugnisformular so gestaltet, dass sechs Kompetenzelemente eingeschätzt werden:

- Verstehen und Problemlösen;
- methodisches Vorgehen;
- Sorgfalt;
- Selbstreflexion;
- Präsentation;
- Zusammenarbeit.

Abbildung 31 verdeutlicht exemplarisch ein Element des Zeugnisbogens (Präsentation). Der Aufbau dieser sechs Elemente ist identisch. Eine kurze verbale Beschreibung (Handlungsmerkmale) konkretisiert den Begriff, in vier verbal beschriebenen Skalierungen kann die Tendenz präzisiert werden. In der Rubrik »Hinweise« ist ausreichend Raum für konkretisierende und situationsspezifische Anmerkungen.

Abb. 31: Thüringen: Einschätzungen zur Kompetenzentwicklung (am Beispiel des Elements »Präsentation«)

Präsentation	
Deine Beiträge sind klar aufgebaut und sprachlich angemessen. Du gehst auf deine Zuhörer ein. Du verwendest Anschauungsmittel und orientierst dich an Zeitvorgaben	○ Es gelingt dir. ○ Du machst Fortschritte. ○ Du machst keine Fortschritte. ○ Du brauchst noch viel Hilfe, wir werden daran arbeiten
Hinweise:	

Die Skalierungen sind über den Terminus »Fortschritt« tendenziell entwicklungsbezogen, eine individuelle Bezugsnorm liegt zu Grunde. Die Sprache ist zurückhaltend (»Es gelingt dir.«) und ermutigend (»Du brauchst *noch* viel Hilfe.«). Bemerkenswert ist die Selbstverpflichtung der Lehrkräfte – die Verbesserung wird als gemeinsame Aufgabe angesehen (». . .wir werden daran arbeiten.«). Die verbalisierten Handlungsmerkmale erleichtern die Anbindung an konkrete Unterrichtssituationen.

Das Formular wird um zwei weitere Blätter ergänzt. Auf dem ersten Zusatzblatt wird das Zustandekommen der Einschätzung kurz terminiert

Weitere Vereinbarungen

(»Die Einschätzung wurde vom Klassenlehrer/von der Klassenlehrerin« erarbeitet und von der Klassenkonferenz am . . . zustimmend zur Kenntnis genommen.). Auf dem zweiten Zusatzblatt werden weitere Vereinbarungen sowie Fortschritte im zweiten Halbjahr festgehalten, beides wird von Eltern, Klassenlehrer/in und Schüler/in unterschrieben. Verglichen mit dem sächsischen Modell sind die Kategorien weniger an Sekundärtugenden, sondern deutlich an Kompetenzen orientiert. Zudem sind persönlichkeitsnahe Kategorien wie »Zivilcourage« nicht enthalten.

Das Konzept ist differenzierter, bescheidener, motivierender, anspruchsvoller und situationsgebundener.

Fazit

Die drei angedeuteten Prüfungs- und Zeugnisreformen verdeutlichen unterschiedliche Entwicklungsrichtungen. Trotz zum Teil hoher Differenzierung und Diversität im Detail zeigt sich eine klare Tendenz: Die Reformdiskussion lässt sich für die Sekundarstufe I mit der Frage »Ohne Noten oder mit Noten?« (Bartnizky 1996, S. 130) nicht mehr angemessen beschreiben. Über Fachnoten und traditionelle Kopfnoten hinaus werden zunehmend Elemente aus Kompetenzmodellen berücksichtigt. Damit wird eine deutliche und öffentlich belegte Ausweitung der schulischen Zielsetzungen vollzogen, wenn auch in unterschiedlicher Konsequenz. Zwei einheitliche Tendenzen sind feststellbar: *Erstens* werden Zensuren keinesfalls abgeschafft, sondern durch weitere Dokumentationsformen ergänzt. Während die Ziffernote in der Regel fachspezifische Leistungen verdeutlicht, werden überfachliche Leistungen zum Teil als Kopfnoten, zum Teil als verbale oder gerasterte Varianten dokumentiert. *Zweitens* zeigt sich in manchen Bundesländern eine weitere Tendenz: Immer komplexere Leistungen werden über eine Zensur beurteilt und dokumentiert. Als Beispiel kann die Projektprüfung in Baden-Württemberg genannt werden, aber auch weitere besondere Lernleistungen (z.B. in Hamburg) und insbesondere verschiedene Varianten der Kopfnoten (z.B. Sachsen, Saarland). Die wissenschaftliche Kritik an der Zensurengebung bleibt in dieser Perspektive völlig unberücksichtigt.

Zensuren werden ergänzt

Komplexe Leistungen werden benotet

Zusammenfassung

- Leistungen im Offenen Unterricht können innerhalb der einzelnen Fächer als Zensuren ausgewiesen oder additiv zum gängigen Zensurensystem verbal, skaliert oder direkt (Portfolio) dokumentiert werden.
- Am Ende der Unterrichtseinheit können die Leistungen in einem Bewertungsbogen dokumentiert werden. Der Bewertungsbogen verdeutlicht die einzelnen und individuellen Leistungen und korrespondiert mit dem zu Grunde liegenden Unterricht.
- Am Ende des Schuljahres können die Leistungen in einer fächerspezifischen oder fächerübergreifenden Zeugnisbeilage dokumentiert werden. Dabei ist die Unterscheidung wichtig, ob es sich um eine Bewertung oder eine Diagnose (Einschätzung) der Leistungen handelt.
- Ein Blick auf deutsche Bundesländer zeigt unterschiedliche Entwicklungen. Beispielsweise variieren die Zeugniskonzeptionen von Sachsen und Thüringen grundlegend. In Thüringen ist eine vorsichtige, kompetenzorientierte, skalierte Einschätzung gefordert. Sachsen überfrachtet vier Kopfnoten mit unterschiedlichsten Merkmalen. Eine besonders interessante Variante der Abschlussprüfung ist die Projektprüfung an den Hauptschulen Baden-Württembergs. Hier dringt eine ursprünglich reformpädagogisch motivierte Unterrichtsform in schulische Selektionsmechanismen ein.

10. Entwicklungsperspektive: Portfolio

Portfolio in der aktuellen Diskussion

Seit einigen Jahren werden Portfolios boomartig in Deutschland thematisiert. Die Thematik ist inzwischen sowohl in die deutsche Unterrichts- und Schulentwicklungsdiskussion als auch in die Erwachsenen- und Lehrerbildung eingedrungen. Als Auslöser kann die Rezeption von Forschungsarbeiten aus verschiedenen Ländern angesehen werden (vgl. die Übersicht von Häcker 2002):

Rezeptionslinien

- *In Amerika* wurde Portfolio in den 80er- und 90er-Jahren als ein zentrales Reformthema aufgegriffen. Sie werden zur Reform von Schulen ebenso eingesetzt wie zur Reform der Lehrerbildung. Portfolios sind hier erfolgreich, gemessen etwa in New York an geringeren Drop-out-Raten oder höheren Übergängen ins College (Winter 2002, S. 22). Abzuwarten bleibt allerdings, wie das Spannungsfeld zwischen prozessbezogenen Portfolios und der amerikanischen Testtradition gelöst wird (Jervis 2000).
- *In der Schweiz* wurden Portfolios zunächst in der Aus- und Weiterbildung von Lehrkräften eingesetzt, inzwischen jedoch auch an Schulen, z.B. der Ecole d'Humanité, aber auch an staatlichen Schulen, z.B. das Gymnasium Leonhard (Inglin 2003a).
- Aus *Österreich* stammen praxisorientierte Veröffentlichungen (z.B. Brunner/Schmidinger 1997 und 2001; Schwarz 2001), die von Erprobungen in verschiedenen Schulstufen und Fächern berichten – und der Klassiker des Portfolios: Als ein solcher kann der in Deutschland 1999 erscheinende Band »Leistung spricht für sich selbst« des Österreichers Rupert Vierlinger gelten. Seiner fulminanten Kritik an der Zensurengebung schließt er eine klare Alternative an – die »direkte Leistungsvorlage (Portfolios) statt Ziffernzensuren und Notenfetischismus« (so der Untertitel).

Entwicklung in Deutschland

Über Veröffentlichungen und Tagungen gelangen Impulse nach Deutschland. Eine Tagung im Herbst 2000 an der Laborschule und am Oberstufenkolleg in Bielefeld (Tagungsdokumentation: Becker u.a. 2002) kann als ein Verknüpfungspunkt verschiedener alternativer Bewertungsformen angesehen werden, in deren Folge das Portfolio verstärkt thematisiert wird (z.B. Winter 2002, 2003). Hinzu kommen verschiedene Forschungsarbeiten an Schulen (Schallies u.a. 2000), Berichte aus der Aus- und Fortbildung von Lehrkräften (z.B. Häcker 2001) sowie einzelne analytische bzw. lehrbuchbezogene Beiträge (z.B. Häcker 2002; Lissmann 2001; Sacher 2001). Nicht nur in Deutschland fällt der zunehmende Bezug zu elaborierten Konzepten der Schreibpädagogik auf, die häufig Grundlage eines anspruchsvollen Portfolios darstellen (Bräuer 1998, 2000). Als eine eigene Entwicklungslinie kann das europäische Sprachenportfolio angesehen werden (z.B. Landesinstitut für Schule und Weiterbildung NRW 2000; Legutke/Lortz 2002).

Bei genauerem Blick wird deutlich, dass Erprobungen mit Portfolio in den genannten (und sicher in weiteren) Ländern eine weitaus längere Tradition haben, als über verschiedene Veröffentlichungen deutlich wird. So dürften vielerorts von innovativen Lehrkräften seit Jahrzehnten kleinere oder größere Versuche stattgefunden haben, zum Teil sicher unter anderen Bezeichnungen (z.B. Lerntagebücher) und möglicherweise vorrangig an Grundschulen. Exemplarisch belegen dies zahlreiche Beiträge im o.g. Tagungsband (z.B. Engstler 2002, S. 297). Die vielfältigen Versuche und Traditionslinien können jedoch nicht darüber hinwegtäuschen, dass allgemein bildende Schulen bisher allenfalls punktuell, keinesfalls jedoch flächendeckend von Portfolios erfasst wurden. Das Thema offenbart daher immer noch eine große Reformhoffnung, die, nüchtern betrachtet, in zwei Entwicklungen münden könnte:

Große Reformhoffnung

- Portfolio als ein (weiteres) Instrument der schulischen Leistungsbewertung, das punktuell eingesetzt wird, jedoch *nicht* in einem umfassenden Verständnis in Unterrichtsentwicklungsprozesse integriert ist.
- Portfolio als Symbol und Kern einer konsequenten Unterrichtsentwicklung. In dieser Perspektive könnte Portfolio als die »kopernikanische Wende« (Vierlinger 1999) in der Leistungsbeurteilung bezeichnet werden – mit vielfältiger Vernetzung in der Unterrichts- und Schulentwicklung.

Betrachtet man Portfolio in der zweiten Entwicklungsperspektive, so werden Probleme der Verbreitung offensichtlich: Auch hier, wie bei anderen Reformthemen der letzten Jahrzehnte, etwa Offener Unterricht, wäre *erstens* nachzufragen, inwiefern überhaupt eine veränderte Einstellung und Haltung sowie notwendige Kompetenzen und Rahmenbedingungen vorhanden sind, um eine derartige Wende schrittweise anzugehen. *Zweitens* muss man konstatieren, dass auf Grund der gängigen Zensurengebung an staatlichen Sekundarschulen (und auch Grundschulen), sich sämtliche Reformen der Leistungsbewertung *additiv* und nicht al-

Grundlegende Überlegungen statt instrumentellem Einsatz

ternativ vollziehen (müssen) – mit den bekannten problematischen Folgen angesichts der vermeintlich klaren, aussagekräftigen und selektionswirksamen Zensur. Hinzu kommen, soweit absehbar, verstärkte Kontrollmechanismen (z.B. Vergleichsarbeiten), die den Einsatz von prozessbezogenen und individuellen Portfolios eher erschweren als erleichtern. Damit möchte ich verdeutlichen, dass der Einsatz grundlegende Überlegungen zur Unterrichtsgestaltung voraussetzt und eine verkürzte instrumentelle Betrachtung den Möglichkeiten von Portfolio nicht gerecht wird.

Merkmale

Was ist ein Portfolio? Rein materiell kann man sich Portfolio als eine Sammelmappe, einen Karton, einen Ordner oder einen Hefter vorstellen. Hier befinden sich Materialien, die ein Schüler oder eine Schülerin im Laufe einer bestimmten Zeit sammelt. Auf ähnliche Weise werden in der Architektur oder im Kunstbereich vorzeigbare Werke gesammelt, um sie etwa bei Bewerbungen vorlegen zu können. Auf die Schule übertragen: Schülerinnen und Schüler legen ihre Leistungen *direkt* vor (daher auch: direkte Leistungsvorlage bei Vierlinger 1999). Adressaten, z.B. Personalchefs von Firmen, machen sich selbst ein Bild von den Leistungen und rekurrieren nicht auf eine weitgehend aussagelose Vermittlerin: die Zensur. Der Vergleich mit anderen Berufsgruppen legt allerdings nahe, Portfolio als reine Bewerbungsmappe anzusehen und damit die genuin pädagogischen Möglichkeiten (s.u.) vorschnell zu unterschätzen und konzeptionell zu vernachlässigen.

Portfolio ist wesentlich mehr als eine Mappe

Im schulischen Kontext lassen sich mindestens vier Kategorien unterschiedlicher Dokumente oder Materialien unterscheiden, die ein Portfolio enthalten kann (Abb. 32, S. 147).

Bei der Anwendung von Portfolio im unterrichtlichen Alltag sind weitere Unterscheidungen wichtig. Winter (2000, S. 42) differenziert zwischen Kurs-Portfolios für einzelne Unterrichtseinheiten und Leistungsmappen, die über einen längeren Zeitraum hinweg erstellt werden. Zwei weitere, hierzu quer liegende Portfolioarten sind das Produktportfolio und das Prozessportfolio (vgl. Bräuer 1998, S. 178ff.). Ein *Produktportfolio* enthält gesammelte und ausgewählte Ergebnisse. Die Produkte verdeutlichen die Art des Arbeitens (z.B. projektartig), die bearbeiteten Themen und Inhalte, sowie die Qualität der Ergebnisse. Im *Prozessportfolio* wird der Arbeits- und Lernprozess dokumentiert, beschrieben, analysiert und kommentiert. Der Entstehungsprozess eines oder mehrerer Produkte wird nachvollziehbar, etwa indem Zwischenergebnisse, Umwege oder Vergleiche aus verschiedenen Arbeitsphasen dokumentiert sind.

Produkt- und Prozessportfolio

Kategorien	Beispiele
Strukturierende und ordnende Elemente	• Deckblatt • Inhaltsverzeichnis • adressatenbezogene Einleitung • adressatenbezogene Begründung der Auswahl • Vorstellung mit Foto und Biografie • evtl. Erklärung über selbstständiges Erstellen und korrekte und vollständige Quellenangaben • Quellenangaben
Unterrichtliche und schulische Pflichtdokumente	• Klassenarbeiten • Projektergebnisse und -dokumentationen (Fotos, Video, Plakate, Bilder, Kassetten, Diskette) • bearbeitete Wochenpläne • Verschriftlichungen von Referaten • Jahresarbeiten
Zusätzliche und freiwillig erstellte Dokumente	• Leselisten • Theaterkarten • Erste-Hilfe-Bescheinigung • Bescheinigung zu Tätigkeiten in Vereinen • Ergebnisse von Arbeitsgemeinschaften • Beiträge in der Schulzeitung
Kommentare und schriftliche Reflexionen des Lernenden zu seinen Dokumenten	• Begründung der Auswahl jedes Dokumentes • Reflexion über eine erbrachte Leistung • ein Bogen zur Selbstreflexion im Projektunterricht • Analyse eines längeren Arbeitsprozesses • rückblickende Reflexion einer Projektskizze • Vereinbarungen aus Beratungsgesprächen
Kommentare und ggfs. Bewertungen der Lehrkraft	• Korrektur und Bewertung einer Klassenarbeit • Projektbewertung • Hinweise zum Lernfortschritt

Abb. 32: Mögliche Inhalte eines fächerübergreifenden Portfolios (vgl. Brunner/Schmidinger 1997)

Bisher konnte keine einheitliche Definition oder Merkmalliste von Portfolios erstellt werden. Die Ansätze variieren je nach Autorin und Autor.

- Brunner/Schmidinger (1997, 1074) definieren ein Grundprinzip der Portfolioarbeit: »Schüler/innen werden angeregt, Dokumente ihres Lernens zu sammeln, die die Stärken und Schwächen ihrer Leistungen aufzeigen und vor allem auch ihre Entwicklung veranschaulichen. Portfolios sind daher Sammlungen von repräsentativen Arbeiten, die das Gelernte dokumentieren, aus denen Arbeitsprozesse ersichtlich werden, die Entwicklungen aufzeigen und in denen die besten Leistungen der Schüler/innen gezeigt werden.«
- So unterscheidet Winter (2000, S. 42) sechs Prinzipien: 1. Sammelprinzip, 2. Auswahlprinzip, 3. Steuerungsprinzip, 4. Bewertungsprinzip, 5. Dokumentationsprinzip, 6. Kommunikationsprinzip.

Unterschiedliche Definitionen

- Lissmann (2001, S. 486) beschreibt sechs Kernaussagen einer Definition: »1. Durch ein Portfolio soll eine *Lernbemühung* zum Ausdruck kommen, 2. Es kann eine *Entwicklung* aufgezeigt werden, 3. Das Portfolio enthält *Ergebnisse* des Lernens, 4. In den Portfolioprozess werden die *Schüler einbezogen*, 5. Ein Portfolio kann beurteilt werden. *Ziele und Beurteilungskriterien* werden (gemeinsam mit der Lehrkraft) definiert, 6. Die Portfolioarbeiten werden von den Lernenden bewusst *reflektiert*.«
- Häcker (2003) unterscheidet Portfolios in Anlehnung an angloamerikanische Modelle zunächst nach ihrem *Zweck*. Das Spektrum rangiert dabei von Portfolio als Entwicklungsinstrument auf der einen und Portfolio als Leistungsbeurteilungsinstrument auf der anderen Seite. Entsprechend setzt hier die Unterscheidung zwischen formativer/diagnostischer, sowie summativer (Selbst-)Beurteilung an. Des Weiteren wird nach *Inhalt* (alles und jedes vs. einige wenige Nachweise) und *Auswahl* (Lernende vs. andere Instanzen) differenziert.

Essentials bei der Arbeit mit Portfolios

Quer zu diesen und weiteren Definitionen können möglicherweise folgende Essentials eines Portfolios festgehalten werden. Unter Essentials verstehe ich bewusst gesetzte und langfristig konzipierte Schwerpunkte bei der Arbeit mit Portfolios im unterrichtlichen und schulischen Alltag, die nicht in Reinform und nicht in Vollständigkeit, gleichwohl als bewusst gesetzte Ansprüche immer wieder reflektiert und angestrebt werden.

- Bemühen um einen *Dialog* mit allen Beteiligten zu Lern-, Leistungs-, und Bewertungsfragen,
- Bemühen um Aufwertung des *Lernprozesses* gegenüber dem Lernprodukt,
- Bemühen um hohe und vielfältige *Partizipation* der Schülerinnen und Schüler,
- Bemühen um eine mündliche und insbesondere schriftliche *Reflexion* über eigene Lernprozesse und -produkte,
- Bemühen um Dokumentation des individuellen *Lernfortschritts* – sofern notwendig in reflektiertem Kontrast zu sachlichen Zielsetzungen,
- Bemühen um enge und kontinuierliche Anbindung der Portfolioarbeit an die gesamte *Unterrichtskonzeption*,
- Bemühen um einheitliche Portfoliokonzeption im Rahmen der *Schulentwicklung* an der jeweiligen Einzelschule.

Das Portfolio birgt damit ein hohes Anspruchspotenzial. Schülerinnen und Schüler sind gefordert, eigenverantwortlich ihr Portfolio zu konzipieren. Die besondere pädagogische Substanz gewinnt das Portfolio durch die begleitende (schriftliche) Reflexion des eigenen Lernfortschritts und der eigenen (Zwischen-)Ergebnisse. In dieser Hinsicht ist Portfolio anderen Bewertungsverfahren überlegen.

Methodisch-didaktische Hinweise

In einem längerfristig angelegten Portfolio können nicht alle Dokumente und Materialien gesammelt werden. Eine Auswahl ist notwendig. Die begründete Auswahl der Dokumente, die Gestaltung und Kommentierung der einzelnen Teile birgt viele Möglichkeiten, eigene Stärken geltend zu machen. Zur Auswahl kann ein Formblatt verwendet werden (Abb. 33).

Name	Klasse	Zeitraum der Bearbeitung
Weshalb habe ich dieses Dokument für mein Portfolio ausgewählt?		
Auf welche Weise wurde das Thema bearbeitet?		
Was ist gut gelungen?		
Was könnte noch verbessert werden?		
Was habe ich dabei gelernt?		
Datum	Unterschrift	

Abb. 33: Formblatt zur begründeten Auswahl eines Dokuments (n. Winter 2000a)

Die Portfoliokonzeption sollte langfristig angelegt sein, sie löst damit das enge, kurzfristige Denken in Unterrichtssequenzen und -einheiten. Schülerinnen und Schüler sind gefordert, über ihren Arbeitsprozess (schriftlich) zu reflektieren, etwa eine kritische und distanzierte Haltung zur eigenen Arbeit darzulegen, Veränderungen zu beschreiben, die eigene Arbeit differenziert zu analysieren, Entwicklungen zu erkennen, Perspektiven zu wechseln, (z.B. bei einer Gruppenarbeit). Neben der qualitativen Einschätzung der Produkte selbst tritt damit die Reflexionsfähigkeit über den vorausgehenden Arbeitsprozess als eigenständiges Qualitätsmerkmal von Portfolios hervor.

Schriftliche Reflexion des Prozesses

Dieser vorausgehende Arbeitsprozess ist unmittelbar an die Struktur des Unterrichts gekoppelt. Damit wird der enge Zusammenhang zum Unterricht deutlich, ebenso die Hoffnung, mittels Portfolio eine kopernikanische Wende in der schulischen Leistungsbewertung zu erreichen. Während ein Produktportfolio ohne reflektierende und kommentierende Dokumente als reine Sammlung aus fast jedem Unterricht entstehen kann, setzt ein Prozessportfolio eine veränderte Grundhaltung gegenüber schulischem Lernen voraus – sowohl bei Lehrerinnen und Lehrern als auch bei Schülerinnen und Schülern. Grundlegende Unterrichtsmerkmale sind:

Grundlegende Unterrichtsmerkmale

- ein erweiterter Lern- und Leistungsbegriff,
- vielfältige Unterrichtsformen, die vielfältige und gleichzeitig in ihrer Struktur wiederkehrende Lernerfahrungen ermöglichen, sodass ein Fortschritt möglich und dokumentierbar ist,
- hoher Stellenwert der Beratung, etwa beim Erstellen oder gemeinsamen Reflektieren über das Portfolio,
- Fokus auf Individualität bei Lernentwicklung und -fortschritt,
- Freiraum für individuelle Lernwege und -interessen,
- zunehmender Anteil an selbstständigem Lernen,
- hohes Maß an Verantwortung und Beteiligung der Lernenden,
- gegenseitige Präsentation und kritisch-konstruktive Unterstützung beim Gestalten und Verfassen einzelner Portfolioelemente,
- begleitende Verwendung von Portfolio im alltäglichen Unterricht,
- systematische Förderung der (schriftlichen) Reflexionsfähigkeit.

Portfolio vermag Leistungen der Schülerinnen und Schüler hervorzubringen und hervorzuheben, die im traditionellen Unterricht ungenutzt bleiben. Die Merkmale verdeutlichen die hohe Affinität zwischen Offenem Unterricht und Portfolio. Beispielsweise setzt eine fundierte Reflexion, etwa über Probleme und vermeintliche Fehler im Lernprozess, einen gewissen Anspruch an die Komplexität der Aufgabenstellung, d.h. anspruchsvolle, problemorientierte Aufgaben mit unterschiedlichen Lösungswegen eröffnen mehr Reflexionsmöglichkeiten, vor allem dann, wenn innerhalb eines Schuljahres bewusst mehrere, z.B. projektorientierte Phasen vorgesehen sind. Der Einstieg in Portfolio ist gleichwohl kleinschrittig und über kleinere Projekte sinnvoll, etwa über die Dokumentation und Reflexion eines Referates oder über eine Buchbesprechung.

Unübersichtlichkeit des schulischen Alltags überwinden

Portfolio eignet sich ausgezeichnet als integrierendes Leistungsfeststellungs- und Bewertungsverfahren – integrierend insofern, als sämtliche kleineren Reflexions- und Bewertungsformen (z.B. Bewertungsbogen aus einem Projektunterricht, Selbstbewertungsbogen) aufgenommen und reflektiert werden können. Portfolio hilft, die Unübersichtlichkeit des unterrichtlichen und schulischen Alltags zu überwinden, einen roten Faden durch ein Schuljahr zu legen und dabei die individuelle Entwicklung und individuelle Stärken zu honorieren.

> An dieser Stelle sei auf eine besondere Chance des Portfolios verwiesen. Betrachtet man die aktuelle Literatur und praxisnahe Beispiele zu Portfolio, so zeigt sich, dass die schriftliche Reflexion durchweg als wichtig erachtet wird. Auffällig ist jedoch der hohe Anteil an gymnasialen Unterrichtsbeispielen – hier ist die schriftliche Reflexion über den eigenen Lernprozess vergleichsweise unproblematisch möglich. Ebenso ist der Anteil schriftsprachlicher Reflexionsprozesse im Rahmen der Erwachsenen- oder Lehrerbildung auffällig. Offensichtlich wird die Fähigkeit, sich schriftlich differenziert ausdrücken zu können, vielfach vorausgesetzt. Damit stellt Portfolio in seiner anspruchsvollen Form schreib- und leseschwache Schülerinnen und Schüler vor besondere Probleme. Anders formuliert: Portfolio könnte insbesondere für diese Gruppe genutzt werden, um Prozesse der Lese- und Schreibkompetenz systematisch zu fördern. Angesichts der bei PISA konstatierten, erschreckend großen Gruppe der Risikoschülerinnen und Risikoschüler, fast 10 Prozent der 15-Jährigen liegen unterhalb der Lesekompetenzstufe I, fast 23 Prozent unterhalb der Kompetenzstufe II, könnte mittels Portfolio eine umfassende Lese- und Schreibförderung strukturiert und begleitet werden. Zudem stellt sich die Frage, auf welche Weise Reflexionsprozesse nicht-schriftlich initiiert und begleitet werden können, etwa durch mündliche Reflexion oder durch Argumentations- oder Diskussionsvarianten. Gerade durch den Fokus auf die Reflexionsfähigkeit und Prozesshaftigkeit eignet sich Portfolio, um auch die schwachen Leistungen in den Subskalen Reflektieren und Bewerten der PISA-Studie zu verbessern.

PISA und Portfolio

Damit zeitigt Portfolio Konsequenzen für die Unterrichts- und Schulentwicklung einer Einzelschule und erfordert entsprechende Konzepte auf Schulebene. Beispielsweise ist das Verhältnis von Fachportfolios zu überfachlichen Portfolios angesprochen. Bei fehlender Konzeption kann es hier zu einem unübersichtlichen Nebeneinander kommen. Des Weiteren ist Klarheit bezüglich der Relevanz in Abschlussklassen oder für Bewerbungen notwendig.

Schulentwicklung

Bewertung von Portfolios

In der bisherigen Darstellung wurde deutlich, dass Portfolio gut geeignet ist, um Lernprozesse zu begleiten und über sie zu reflektieren. Die Qualität eines Portfolios kann nun auf unterschiedliche Weise und von unterschiedlichen Personen (Selbstbewertung, Bewertung durch Mitschülerinnen und Mitschüler, durch Lehrkräfte oder andere Personen) bewertet werden. Grundsätzlich können Noten, auch verbale Beurteilungen, skalierte Raster oder Mischformen verwendet werden.

Abbildung 34 zeigt eine skalierte Bewertungsvariante, ergänzt um verbale Hinweise. Diese bezieht sich auf das gesamte Portfolio und muss darüber hinaus nach Anzahl und Art der einzelnen Dokumente differenziert werden. Die einzelnen Dokumente können, etwa zum Schuljahresende, in ihrer Art und Qualität durchaus variieren. Daher sind getrennt dokumentierte Einschätzungen sinnvoll.

Abb. 34:
Qualitätseinschätzung eines Portfolios
(n. Winter 2000a)

Portfolio von		
Klasse	Schuljahr	Zeitraum der Bearbeitung
1. Wie viele Dokumente enthält das Portfolio?		
2. Gesamteinschätzung des Portfolios a) strukturierende Elemente vorhanden ☐ ☐ ☐ nicht vorhanden b) Gestaltung sorgfältig ☐ ☐ ☐ nachlässig c) fachliche Substanz hoch ☐ ☐ ☐ gering d) Kommentare/Reflexion sorgfältig ☐ ☐ ☐ nachlässig e) Fortschritt erkennbar ☐ ☐ ☐ nicht erkennbar		
Weitere Hinweise		
3. Einschätzung des Dokuments zum Thema _____ a) Umfang hoch ☐ ☐ ☐ gering b) Gliederung gut ☐ ☐ ☐ weniger gut c) fachliche Tiefe hoch ☐ ☐ ☐ gering d) fachliche Breite hoch ☐ ☐ ☐ gering e) Gestaltung sorgfältig ☐ ☐ ☐ nachlässig f) Quellenangaben vollständig ☐ ☐ ☐ nicht vollständig g) Kommentare/Reflexion sorgfältig ☐ ☐ ☐ nachlässig		
Weitere Hinweise zu diesem Dokument:		
4. Einschätzung des Dokuments zum Thema _____ a) Umfang hoch ☐ ☐ ☐ gering (...)		
5. Einschätzung des Dokuments zum Thema _____ a) Umfang hoch ☐ ☐ ☐ gering (...)		
Portfoliogespräch am		
Datum Unterschrift		

An diesem Bogen wird deutlich, wie wichtig die sorgfältige Unterscheidung zwischen Häufigkeits- und Intensitätsskalierungen ist (vgl. S. 70). Im obigen Beispiel wurden fast durchweg intensitätsbezogene verbale Hinweise verwenden, bis auf z.B. 3f) Quellenangaben (vollständig – nicht vollständig). Diese Vorgehensweise setzt voraus, dass das Merkmal bei den einzelnen Dokumenten beobachtbar ist. Ein freies Feld kann flexibel für gezielte verbale Ergänzungen genutzt werden. So könnte eine Anmerkung zu 3g lauten: »Keine schriftlichen Kommentare vorhanden.« Die Einschätzung der Lehrkraft sollte in einem Beratungsgespräch mit den einzelnen Schülerinnen und Schülern erläutert und diskutiert werden. Diesem Gespräch kann auch ein Selbsteinschätzungsbogen der Schülerinnen und Schüler zu Grunde liegen.

Die Frage der Notengebung erzeugt ein neues Spannungsfeld: In Sinne von Vierlinger (1999) wurde Portfolio explizit als Alternative zur Zensurengebung konzipiert. Allerdings zeigt sich an vielen Unterrichtsbeispielen, dass staatliche Schulen durchaus Zensuren für Portfolios erteilen, wobei offensichtlich der Gedanke zu Grunde liegt, über den Ersatz traditioneller Bewertungsinstrumente wie Klassenarbeiten unterrichtliche Freiräume eröffnen zu können. Die ursprünglich gedachte Individualisierung und Entwicklungsbezogenheit des Portfolios wird damit wieder eingeschränkt und in der Regel durch eine sachorientierte Bezugsnorm ersetzt.

Portfolios zensieren?

Zusammenfassung

- Portfolio dringt erst in jüngster Zeit in den deutschsprachigen Raum ein. Damit sind vielfältige Reformmöglichkeiten des Unterrichts und der Leistungsbewertung noch ungenutzt.
- Ein verkürztes, instrumentelles Verständnis von Portfolio wird den immanenten Möglichkeiten nicht gerecht und legt eher ein Scheitern dieser Entwicklungschance nahe. Gleichzeitig stehen die Möglichkeiten des Portfolios in einem Spannungsfeld zu schulischen Zensierungs- und Selektionsverfahren.
- Portfolio kann fünf inhaltliche Kategorien enthalten: 1. strukturierende und ordnende Elemente (z.B. Inhaltsverzeichnis), 2. unterrichtliche und schulische Pflichtdokumente (z.B. Klassenarbeiten), 3. zusätzliche und freiwillig erstellte Dokumente (z.B. Leselisten), 4. Kommentare und schriftliche Reflexionen des Lernenden (z.B. Begründung der Auswahl eines Dokuments), 5. Kommentare und ggfs. Bewertungen der Lehrkraft (z.B. Hinweise zum Lernfortschritt).
- Folgende Stichworte kennzeichnen Essentials der Portfolioarbeit: Dialog, Lernprozess, Partizipation, (schriftliche) Reflexion, Lernfortschritt, Unterrichtskonzeption, Schulentwicklung.
- Portfolio steht in einem unauflöslichen Zusammenhang zum Unterricht. Die Potenziale, z.B. die Dokumentation des Lernfortschritts oder schriftliche Reflexionen, sind überhaupt erst entfaltbar, wenn der vorausgehende Unterricht entsprechend ausdifferenziert ist. Damit wird deutlich, dass Portfolio nicht beliebig einsetzbar ist.
- Angesichts des hohen Anspruchs an die Schreibkompetenz, z.B. bei der schriftlichen Reflexion über einen längeren Arbeitsprozess, muss die Lese- und Schreibfähigkeit von Kindern und Jugendlichen besonders gefördert werden. Ansonsten könnten anspruchsvolle Portfolios auf gymnasiale oder erwachsenenpädagogische Bereiche begrenzt bleiben. Anders formuliert: Portfolio könnte damit Teil einer an-

spruchsvollen schulpädagogischen und didaktischen Reaktion auf das schlechte Abschneiden der deutschen Schülerinnen und Schüler bei der PISA-Studie sein.

- Zur Bewertung von Portfolio eignet sich eine Kombination aus skalierten Rastern und gezielten verbalen Anmerkungen. Die Zensierung eines Portfolios, an staatlichen Sekundarschulen durchaus üblich, steht in Kontrast zum Anliegen zahlreicher Portfolioanhängerinnen und Portfolioanhänger, z.B. Ruprecht Vierlinger. Sie verstehen Portfolio explizit als Alternative zur Zensurengebung.
- Der Einsatz von Portfolio an einer Einzelschule ist auf konzeptionelle und programmatische Vereinbarungen angewiesen, sonst besteht die Gefahr konkurrierender Unterrichts- und Bewertungsmodelle, etwa bei Abschlussklassen.

11. Schlussbemerkung

In diesem Band wurde der Versuch unternommen, Verfahren des Prüfens und Bewertens im Offenen Unterricht theoretisch zu verorten und durch zahlreiche Anwendungsbeispiele zu konkretisieren. Die Entwicklung der verschiedenen Bewertungsverfahren ist noch lange nicht abgeschlossen, vielmehr scheint sie erst am Anfang zu stehen. Beispielsweise ist eine stringente Steigerung des Leistungsanspruches im Offenen Unterricht und die daran anknüpfende Bewertung und Dokumentation über alle Schuljahre hinweg ein erhebliches Entwicklungsfeld. Selten ist für den Offenen Unterricht eine methodisch-didaktisch fundierte und curricular angeordnete Progression erkennbar (die z.B. von vorbereitenden Formen freien Arbeitens zunehmend in projektorientierte Verfahren übergeht); noch sind in allen Bundesländern differenzierte Bewertungsverfahren (Rasterzeugnisse, verbale Beurteilungen, Zeugnisbeilagen) konsequent schulrechtlich verankert. In einigen Ländern wurden bereits einige Reformen durchgeführt, so in Thüringen mit einer kompetenzbezogenen Einschätzung im Zeugnis oder in Baden-Württemberg auf Grund der eingeführten Projektprüfung an Hauptschulen.

Entwicklungsfelder

Für Lehrkräfte an Sekundarschulen wird zunächst die Erprobung und zunehmende Routinisierung der Bewertungsverfahren im Vordergrund stehen. Dies ist anspruchsvoll genug: Verfahren des Prüfens und Bewertens im Offenen Unterricht sind in ihrer inneren Struktur wesentlich komplexer als beispielsweise die Korrektur von Klassenarbeiten. Allerdings: Auf Grund der eher seltenen Anwendung stoßen die Bewertungsverfahren auf hohe Akzeptanz bei Schülerinnen und Schülern (vgl. Grunder/Bohl 2001) und stellen daher nach wie vor gute Entwicklungsmöglichkeiten dar.

Ob Offener Unterricht und entsprechende Bewertungsverfahren den Unterrichtsalltag über eine gelegentliche Anwendung hinaus prägen werden, ist derzeit nicht absehbar. Legt man empirische Befunde der Pädagogischen Psychologie zu Grunde (Weinert 1998, S. 29), dann offenbaren die Vorteile neuer Lernverfahren zunächst die Schwächen des traditionellen (einseitig lehrerzentrierten) Unterrichts, ohne dass sie in der derzeitigen Form bereits eine fertige praktische oder theoretische Alternative wären. Daher deutet vieles auf den zielgerichteten Einsatz unterschiedlichster Verfahren hin, ihre jeweiligen Stärken nutzend. Diese Stär-

Nur gelegentliche Anwendung?

ken müssen möglicherweise in einem bisher nicht gekannten Maße im Detail betrachtet werden. Einige Beispiele: Welche fachspezifischen und fächerübergreifenden Lern- und Arbeitsmethoden sollen erlernt werden? Ist dabei ein angeleitetes Verfahren oder selbstständiges Handeln sinnvoller? Welche Schülerinnen und Schüler der Lerngruppe können bereits selbstständig arbeiten, wer benötigt (noch) eine stärkere Anleitung? Welche alters- und entwicklungsgemäßen Ziele können für inhaltliches und strategisches Lernen überhaupt definiert werden? In jedem Fall sind auch Diagnose- und Bewertungsverfahren auszudifferenzieren, sie sind ansonsten nicht mehr mit den Unterrichtsverfahren kompatibel.

Perspektive: mehr Freiheit ...

... und mehr Kontrolle

Die Weiterentwicklung von Unterrichts- und Bewertungsverfahren wird zukünftig von zwei Tendenzen geprägt sein. Einerseits erhält die Einzelschule eine stärkere Gestaltungsfreiheit: Mitbestimmung bei der Einstellung von Lehrkräften, Freiheit zur Entwicklung eigener Programme und Curricula etc. Auf der anderen Seite werden die Vorgaben und zu erreichenden Standards deutlicher gesetzt und kontrolliert werden: Verpflichtung zur Formulierung von Schulprogrammen, Rechenschaft über erzielte Standards, zügige Umsetzung äußerer Vorgaben (z.B. neue Konzepte im Fremdsprachenunterricht) etc. In der Konsequenz wird die Einzelschule weniger als Handlungseinheit (Fend 1986), vielmehr als Leistungseinheit (Rolff/Schley 2000) wahrgenommen werden. Entscheidende Bedeutung erlangt daher die Fähigkeit der Mitglieder einer Einzelschule, gemeinsam Strategien für die Unterrichts- und Schulentwicklung zu entwickeln und umzusetzen, u.a. auch für Bewertungs- und Dokumentationsformen. Dazu sind sowohl entsprechende Aus- und Fortbildungsbedingungen (z.B. stärkere Berücksichtigung der diagnostischen Kompetenz) als auch Arbeitsbedingungen (z.B. zeitliche Freiräume zur Unterrichts- und Schulentwicklung) notwendig.

Portfolio stellt einen viel versprechenden Ansatz dar. Sofern es nicht rein instrumentell, sondern im Rahmen einer konsequenten Unterrichtsentwicklung eingesetzt wird, können verschiedene kleinere Bewertungsformen integriert und reflektiert werden. Im Rahmen von Portfolio zeigt sich deutlich, was für alle Bewertungsformen gilt und sich wie ein roter Faden durch die Kapitel dieses Bandes zieht:

> **Die Passung der Bewertung zum vorausgehenden und zum nachfolgenden Unterricht sollte eng und geschmeidig sein. Zunächst sollten die einzelnen Kompetenzen vermittelt und erst dann bewertet werden. Nimmt man diese Vorgabe ernst, dann vollzieht sich die Unterrichtsentwicklung fundiert, wenn auch möglicherweise in einem eigenen Tempo. Umfangreiche Bewertungsbögen und vielfach diskutierte Kontrollmechanismen oder Vergleichsarbeiten erdrücken dieses Passungsverhältnis eher, als dass sie es fördern.**

Literaturverzeichnis

Akademie für Lehrerfortbildung Dillingen: Freies Arbeiten. Auer, Donauwörth 1994.

Artel, C./Demmrich, A./Baumert, J.: Selbstreguliertes Lernen. In: Deutsches PISA-Konsortium (Hrsg.): PISA 2000. Basiskompetenzen von Schülerinnen und Schülern im internationalen Vergleich. Leske + Budrich, Opladen 2001, S. 271–298.

Aurin, K. (Hrsg.): Gute Schulen – worauf beruht ihre Wirksamkeit? Klinkhardt, Bad Heilbrunn 1990.

Bambach, H.: Ermutigungen. Nicht Zensuren. Libelle, Lengwil 1994.

Bartnizky, H.: Ohne Noten oder mit Noten? Aktuelle Trends in den Bundesländern. In: Friedrich-Jahresheft XIV: Prüfen und Beurteilen. Friedrich Verlag, Seelze 1996, S. 130–136.

Bastian, J./Gudjons, H. (Hrsg.): Das Projektbuch. Theorie – Praxis – Erfahrungen. Bergmann und Helbig, Hamburg ³1991.

Bastian, J./Gudjons, H. (Hrsg.): Das Projektbuch II. Über die Projektwoche hinaus – Projektlernen im Fachunterricht. Bergmann und Helbig, Hamburg ²1993.

Bastian, J./Helsper, W.: Professionalisierung im Lehrberuf – Bilanzierung und Perspektiven. In: Bastian, J./Helsper, W./Reh, S./Schelle, C. (Hrsg.): Professionalisierung im Lehrerberuf. Leske + Budrich, Hamburg 2000, S. 167–192.

Bastian, J./Petram, E./Affelt, M./Gessert, R.: Sollen Projekte zensiert werden oder nicht? Lehrer diskutieren. In: Westermanns Pädagogische Beiträge, 32. Jg./1980/Heft 3, S. 116–119.

Bauer, K.-O.: Konzepte pädagogischer Professionalität. In: Bastian, J./Helsper, W./Reh, S./Schelle, C. (Hrsg.): Professionalisierung im Lehrerberuf. Leske + Budrich, Hamburg 2000, S. 55–72.

Bauer, K.-O./Kanders, M.: Unterrichtsentwicklung und professionelles Selbst von Lehrerinnen und Lehrern. In: Rolff, H.-G./Bos, W./Klemm, K./Pfeiffer, H./Schulz-Zander, R. (Hrsg.): Jahrbuch der Schulentwicklung, Bd. 11. Juventa, Weinheim und München 2000, S. 297–326.

Bauer, R.: Schülergerechtes Arbeiten in der Sekundarstufe I: Lernen an Stationen. Cornelsen Scriptor, Berlin 1997.

Baumert, J./Schmitz, B./Sang, F./Roeder, P.M.: Zur Kompatibilität von Leistungsförderung und Divergenzminderung in Schulklassen. In: Zeitschrift für Entwicklungspsychologie und Pädagogische Psychologie, 19. Jg./1987/Heft 3, S. 249–265.

Baumert, J./Klieme, E./Neubrand, M./Prenzel, M./Schiefele, U./Schneider, W./Tillmann, K.-J./Weiß, M.: Erfassung fächerübergreifender Problemlösekompetenzen in PISA. Max-Planck-Institut für Bildungsforschung, Berlin. Online: URL: http://www.mpib-berlin.mpg.de/pisa/natgrundkonzeption.html 1999.

Becker, K./Groeben, A. v. d./Lenzen, K.-D./Winter, F. (Hrsg.): Leistung sehen, fördern, werten. Vollständige Dokumentation zur gleichnamigen Tagung, veranstaltet von der Laborschule und dem Oberstufen-Kolleg am 21.–23.9.2000 in Bielefeld. Klinkhardt, Bad Heilbrunn 2002.

Bendler, A.: Leistungsbeurteilung in Offenen Unterrichtsformen. In: Pädagogik, 47. Jg./1995/Heft 3, S. 10–13.

Bennett, N.: Unterrichtsstil und Schülerleistung. Klett, Stuttgart 1979.
Bloom, B.S.: Human characteristics and school learning. MacGraw-Hill, New York 1976.
Boekaerts, M.: Self-regulated learning: A new concept embraced by researchers, policy makers, educators, teachers and students. In: Learning and Instruction, 7. Jg./1997/Heft 2, S. 161–186.
Bohl, T.: Offene Unterrichtsformen in der Sekundarstufe I. In: Die Unterrichtspraxis. Beilage zu Bildung und Wissenschaft, 32. Jg./Heft 1/22. Januar 1998, S. 5–8.
Bohl, T.: Unterrichtsmethoden in der Realschule. Klinkhardt, Bad Heilbrunn 2000.
Bohl, T.: Theoretische Strukturierung – Begründung neuer Beurteilungsformen. In: Grunder, H.-U./Bohl, T. (Hrsg.): Neue Formen der Leistungsbeurteilung in den Sekundarstufen I und II. Schneider Verlag Hohengehren, Baltmannsweiler 2001a, S. 10–50.
Bohl, T.: Analyse der Fallstudien. In: Grunder, H.-U./Bohl, T. (Hrsg.): Neue Formen der Leistungsbeurteilung in den Sekundarstufen I und II. Schneider Verlag Hohengehren, Baltmannsweiler 2001b, S. 273–356.
Bohl, T.: Zusammenfassung und Empfehlungen. In: Grunder, H.-U./Bohl, T. (Hrsg.): Neue Formen der Leistungsbeurteilung in den Sekundarstufen I und II. Schneider Verlag Hohengehren, Baltmannsweiler 2001c, S. 357–370.
Bohl, T.: Wie verbreitet sind offene Unterrichtsmethoden? In: Pädagogische Rundschau, 55. Jg./2001d/Heft 3, S. 271–288.
Bohl, T.: Ressourcen in Schulentwicklungsprozessen. In: Grunder, H.-U.: Schulentwicklung durch Kooperation und Vernetzung – Schule verändern. Unter Mitarbeit von Gerd Schubert. Klinkhardt, Bad Heilbrunn 2002, S. 207–224.
Bohl, T.: Aktuelle Regelungen zur Leistungsbeurteilung und zu Zeugnissen an deutschen Sekundarschulen. Eine vergleichende Studie aller Bundesländer – Darstellung und Diskussion wesentlicher Ergebnisse. In: Zeitschrift für Pädagogik, 49. Jg./2003/Heft 4, S. 550–566.
Bollnow, O.F.: Existenzphilosophie und Pädagogik. Kohlhammer, Stuttgart 1959.
Bortz, J./Döring, N.: Forschungsmethoden und Evaluation. Springer, Berlin und Heidelberg ²1995.
Bräuer, G.: Portfolios: Lernen durch Reflektieren. In: Informationen zur Deutschdidaktik, 22. Jg./1998/Heft 4, S. 80–91.
Bräuer, G.: Schreiben als reflexive Praxis: Tagebuch, Arbeitsjournal, Portfolio. Fillibach, Freiburg i.B. 2000.
Brophy, J.E./Good, T.E.: Teacher behavior and student achievement. In: Wittrock, M.C. (Hrsg.): Handbook of research on teaching. Macmillan, New York ³1986, S. 328–375.
Brügelmann, H.: Öffnung des Unterrichts – Befunde und Probleme der empirischen Forschung. Bericht No. 10a. Projekt OASE »Offene Arbeits- und Sozialformen entwickeln«. Fachbereich 2 der Universität-Gesamthochschule Siegen. September 1996.
Brügelmann, H.: Wie viele Lehrerinnen und Lehrer öffnen ihren Unterricht wirklich? In: Die Grundschulzeitschrift, 11. Jg./1997a/Heft 105, S. 62f.
Brügelmann, H.: Öffnung des Unterrichts aus der Sicht von LehrerInnen. Bericht No. 3a (Informelle Zwischenfassung). Projekt OASE »Offene Arbeits- und Sozialformen entwickeln«. Fachbereich 2 der Universität-Gesamthochschule Siegen. September 1997b.
Brügelmann, H.: Öffnung des Unterrichts. Befunde und Probleme der empirischen Forschung. In: Brügelmann, H./Fölling-Albers, M./Richer, S. (Hrsg.): Jahrbuch Grundschule 1998. Friedrich Verlag, Seelze 1998, S. 8–42.

Brunner, I./Schmidinger, E.: Portfolio – ein erweitertes Konzept der Leistungsbeurteilung. In: Erziehung und Unterricht, 147. Jg./Heft 10/Dezember 1997, S. 1072–1086.

Bund-Länder-Kommission für Bildungsplanung und Forschungsförderung (Hrsg.): Gutachten zur Vorbereitung des Programms »Steigerung der Effizienz des mathematisch-naturwissenschaftlichen Unterrichts«. Materialien zur Bildungsplanung und zur Forschungsförderung. Heft 60. Bonn. 1997.

Combe, A./Leue-Schack, K./Pingel, K.: Unterrichtsentwicklung. In: Arnold, E./Bastian, J./Combe, A./Schelle, C./Reh, S. (Hrsg.): Schulentwicklung und Wandel der Lehrerarbeit. Bergmann und Helbig, Hamburg 2000, S. 35–78.

Dann, H.-D./Diegritz, T./Rosenbusch, H.S.: Gruppenunterricht im Schulalltag. Realität und Chancen. Erlanger Forschungen Reihe A Band 90. Universitätsbund Erlangen-Nürnberg e.V., Erlangen 1999.

Daur, H.: Leistungsbeurteilung im Rahmen der Freiarbeit. In: Grunder, H.-U./Bohl, T. (Hrsg.): Neue Formen der Leistungsbeurteilung in den Sekundarstufen I und II. Schneider Verlag Hohengehren, Baltmannsweiler 2001, S. 119–138.

Delphi-Studie: Potenziale und Dimensionen der Wissensgesellschaft – Auswirkungen auf Bildungsprozesse und Bildungsstrukturen. Durchgeführt im Auftrag des Bundesministeriums für Bildung und Forschung. Integrierter Abschlussbericht. München/Basel 1996/98.

Deutscher Bildungsrat (Hrsg.): Strukturplan für das Bildungswesen. Empfehlungen der Bildungskommission. Klett, Stuttgart 1970.

Dietrich, I. (Hrsg.): Handbuch Freinet Pädagogik. Eine praxisbezogene Einführung. Beltz, Weinheim und Basel 1995.

Dohse, W.: Das Schulzeugnis. Beltz, Weinheim und Berlin ²1967.

Dumke, D.: Die hierarchische Strukturierung von Unterrichtsinhalten als Lernhilfe in der Grundschule. In: Psychologie in Erziehung und Unterricht, 31. Jg./1984/Heft 1, S. 43–49.

Eberle, G./Hillig, A. (Hrsg.): Meyers kleines Lexikon Pädagogik. Meyers Lexikonverlag, Mannheim/Weinheim/Zürich 1988.

Eberwein, H.: Die Beobachtung von Kindern im Unterricht als Methode des Fremdverstehens und zur Unterstützung von Lernprozessen. In: Eberwein, H./Knauer, S. (Hrsg.): Handbuch Lernprozesse verstehen. Wege einer neuen (sonder-)pädagogischen Diagnostik. Beltz, Weinheim und Basel 1998, S. 194–208.

Eberwein, H./Knauer, S. (Hrsg.): Handbuch Lernprozesse verstehen. Wege einer neuen (sonder-)pädagogischen Diagnostik. Beltz, Weinheim und Basel 1998.

Edeler, U.-C./Ritter, H.: Leistung nach Maß. Die Bewertung von Schülerleistungen in Offenen Unterrichtsformen. Teil I. In: Deutsche Lehrerzeitung, Special, Heft 6–7/1998, S. 56–70.

Eggert, D.: Von der Testdiagnose zur qualitativen Diagnose in der Sonderpädagogik. In: Eberwein, H./Knauer, S. (Hrsg.): Handbuch Lernprozesse verstehen: Wege einer neuen (sonder-)pädagogischen Diagnostik. Beltz, Weinheim und Basel 1998, S. 16–38.

Einsiedler, W.: Unterrichtsqualität und Leistungsentwicklung. Literaturüberblick. In: Weinert, F.E./Helmke, A. (Hrsg.): Entwicklung im Grundschulalter. Psychologie-VerlagsUnion, Weinheim 1997, S. 225–240.

Einsiedler, W.: Von Erziehungs- und Unterrichtsstilen zur Unterrichtsqualität. In: Schweer, M.K.W. (Hrsg.): Pädagogisch-psychologische Aspekte des Lehrens und Lernens in der Schule. Leske + Budrich, Opladen 2000, S. 109–128.

Engstler, K.: Versuche mit anderen Bewertungsformen – Pensenbuch und Portfolio. In: Becker, K./Groeben, A. v. d./Lenzen, K.-D./Winter, F. (Hrsg.): Leistung sehen, fördern, werten. Vollständige Dokumentation zur gleichnamigen Tagung, veranstaltet von der Laborschule und dem Oberstufen-Kolleg am 21.–23.9.2000 in Bielefeld. Klinkhardt, Bad Heilbrunn 2002, S. 295–299.

Fend, H.: Gute Schulen – schlechte Schulen. Die einzelne Schule als pädagogische Handlungseinheit. In: Die Deutsche Schule, 78. Jg./1986/Heft 3, S. 275–293.

Fend, H.: Qualität im Bildungswesen. Schulforschung zu Systembedingungen, Schulprofilen und Lehrerleistung. Juventa, Weinheim und München 1998.

Flechsig, K.-H.: Was ist ein Lernprojekt? In: Flechsig, K.-H./Haller, D. (Hrsg.): Einführung in didaktisches Handeln. Klett, Stuttgart 1975, S. 327–352.

Freinet, C.: Die moderne französische Schule. Besorgt von Hans Jörg. Schöningh, Paderborn 1965.

Frey, K.: Die Projektmethode. In: Wiechmann, J. (Hrsg.): Zwölf Unterrichtsmethoden. Beltz, Weinheim und Basel 1999, S. 155–162.

Gage, N.L./Berliner, D.C.: Pädagogische Psychologie. PsychologieVerlagsUnion, Weinheim und München ^{5}1996.

Gardner, H.: Der ungeschulte Kopf. Klett-Cotta, Stuttgart 1993.

Garlichs, A.: Kennen Sie Rasterzeugnisse? Eine Empfehlung zur Nachahmung. In: Grundschulzeitschrift, 14. Jg./2000/Heft 135/136, S. 78–79 sowie S. 52–58.

Garlichs, A.: Alltag im offenen Unterricht. In Zusammenarbeit mit Ulla Beck und Karola Ring. AK Grundschule, Frankfurt a.M./ Novuprint, Hannover ^{3}1993.

Giesecke, H.: Wozu ist die Schule da? Die neue Rolle von Eltern und Lehrern. Klett, Stuttgart 1997.

Goetsch, K.: Projektunterricht bewerten. In: Bastian, J./Gudjons, H. (Hrsg.): Das Projektbuch II. Bergmann und Helbig, Hamburg 1993, S. 257–265.

Gonon, P. (Hrsg.): Schlüsselqualifikationen kontrovers. Sauerländer, Aarau 1996.

Greve, W./Wentura, D.: Wissenschaftliche Beobachtung. Eine Einführung. PsychologieVerlagsUnion, Weinheim 1997.

Greving, J./Meyer, H./Paradies, L.: Gruppenunterricht. Oldenburg: Oldenburger Vor-Drucke des Zentrum für pädagogische Berufspraxis, Heft 191/1993.

Groß, E. (Hrsg.): Freies Arbeiten in weiterführenden Schulen. Auer, Donauwörth 1992.

Grow, G. O.: Teaching learners to be self-directed. In: Adult Education Quarterly, 41. Jg./1991, S. 125–149.

Gruehn, S.: Vereinbarkeit kognitiver und nichtkognitiver Ziele im Unterricht. In: Zeitschrift für Pädagogik, 41. Jg./1995/Heft 4, S. 531–553.

Grunder, H.-U.: Reform der Erziehung. In: Zeitschrift für Pädagogik, 40. Jg./ 1994/Heft 6, S. 926–939.

Grunder, H.-U./Bohl, T. (Hrsg.): Neue Formen der Leistungsbeurteilung in den Sekundarstufen I und II. Schneider Verlag Hohengehren, Baltmannsweiler 2001.

Gudjons, H.: Handlungsorientiert lehren und lernen. Klinkhardt, Bad Heilbrunn ^{3}1992.

Gudjons, H.: Frontalunterricht – neu entdeckt. Integration in offene Unterrichtsformen. Klinkhardt, Bad Heilbrunn 2003.

Gunsser, U.: Leistungsbeurteilung im Rahmen eines projektorientierten Unterrichts. In: Grunder, H.-U./Bohl, T. (Hrsg.): Neue Formen der Leistungsbeurteilung in den Sekundarstufen I und II. Schneider Verlag Hohengehren, Baltmannsweiler 2001, S. 139–158.

Günther, H.: Kritik des Offenen Unterrichts. LDEZ, Bielefeld 1996.

Häcker, T.: Portfolioarbeit in der Lehrer/innen-Bildung. Eine Literaturdurchsicht mit besonderem Blick auf deutsch- und englischsprachige Veröffentlichungen. In: Journal für LehrerInnenbildung, 1. Jg./2001/Heft 4, S. 68–75.

Häcker, T.: Der Portfolioansatz – die Wiederentdeckung des Lernsubjekts? Rezeption und Entwicklungen im deutschen Sprachraum. In: Die Deutsche Schule, 94. Jg./2002/Heft 2, S. 204–217.
Häcker, T.: Portfolio als Entwicklungsinstrument. Online: URL: http://www.portfolio-schule.de/index.cfm?D497FE97E5534CAF95AF1D3E58626A8F [Manuskript datiert auf 25.07.2003] 2003.
Hage, K./Bischoff, H./Dichanz, H./Eubel, K.-D./Oehlschläger, H.-J./Schwittmann, D.: Das Methoden-Repertoire von Lehrern. Eine Untersuchung zum Schulalltag der Sekundarstufe I. Leske + Budrich, Opladen 1985.
Hanke, P./Becher, H.R.: Grundschule in Europa. In: Becher, H.R./Bennack, J. (Hrsg.): Taschenbuch Grundschule. Schneider Verlag Hohengehren, Baltmannsweiler 1993, S. 355–365.
Hänsel, D.: Was ist Projektunterricht, und wie kann er gemacht werden? In: Hänsel, D./Müller, H. (Hrsg.): Das Projektbuch Sekundarstufe. Beltz, Weinheim und Basel 1988, S. 11–48.
Heidegger, G.: Von Schlüsselqualifikationen zu Schlüsselkompetenzen. In: Gonon, P. (Hrsg.): Schlüsselqualifikationen kontrovers. Sauerländer, Aarau 1996, S. 101–106.
Helmke, A.: Leistungssteigerung und Ausgleich von Leistungsunterschieden in Schulklassen: unvereinbare Ziele? In: Zeitschrift für Entwicklungspsychologie und Pädagogische Psychologie, Band XX, Heft 1, 1988, S. 45–76.
Helmke, A./Weinert, F.E.: Unterrichtsqualität und Schulleistung. In: Weinert, F.E./Helmke, A. (Hrsg.): Entwicklung im Grundschulalter. PsychologieVerlags-Union, Weinheim 1997, S. 241–251.
Hentig, H. v.: Die Krise des Abiturs und eine Alternative. Klett, Stuttgart 1980.
Herold, M.: Leistungsbeurteilung im Rahmen des Konzepts »Selbstorganisiertes Lernen«. In: Grunder, H.-U./Bohl, T. (Hrsg.): Neue Formen der Leistungsbeurteilung in den Sekundarstufen I und II. Schneider Verlag Hohengehren, Baltmannsweiler 2001, S. 241–254.
Herold, M./Landherr, B.: SOL – Selbstorganisiertes Lernen. Ein systemischer Ansatz für Unterricht. Schneider Verlag Hohengehren, Baltmannsweiler 2003.
Hilligen, W.: Zur Didaktik des politischen Unterrichts. Wissenschaftliche Voraussetzungen, didaktische Konzeptionen, unterrichtspraktische Vorschläge. Leske + Budrich, Opladen 1985.
Huber, G.L.: Neue Perspektiven der Kooperation. Schneider Verlag Hohengehren, Baltmannsweiler 1993.
Huber, G.L.: Finden oder suchen? Lehren und Lernen in Zeiten der Ungewissheit. Ingeborg Huber, Schwangau 1999.
Inglin, O.: Erweiterte Beurteilungsformen. Lernberichte und Lerngespräche am Gymnasium Leonhard in Basel. In: Schulverwaltung spezial. Themenheft: Diagnostik, Sonderausgabe Nr. 2/2003a, S. 45–47.
Inglin, O.: Portfolio. Dokumentation des Gymnasiums Leonhard. Unveröffentlichtes Manuskript 2003b.
Ingenkamp, K.: Zeugnisse und Zeugnisreformen in der Grundschule aus der Sicht empirischer Pädagogik. In: Olechowski, R./Persy, E. (Hrsg.): Fördernde Leistungsbeurteilung. Jugend und Volk, Wien und München 1987, S. 22–37.
Ingenkamp, K.: Pädagogische Diagnostik in Deutschland 1885–1932 (Geschichte der pädagogischen Diagnostik, Bd. 1). Deutscher Studien Verlag, Weinheim 1990.
Ingenkamp, K. (Hrsg.): Die Fragwürdigkeit der Zensurengebung. Beltz, Weinheim und Basel ^{9}1995a.

Ingenkamp, K.: Diagnose (Leistungsmessung). In: Haft, H./Kordes, H. (Hrsg.): Methoden der Erziehungswissenschaft. Enzyklopädie Erziehungswissenschaft, Bd. 2. Klett, Stuttgart 1995b, S. 333–334.

Jachmann, M.: Noten oder Berichte? Die schulische Beurteilungspraxis aus der Sicht von Schülern, Lehrern und Eltern. Leske + Budrich, Opladen 2003.

Jachmann, M./Tillmann, K.-J.: Sind Noten gerechter als Berichtszeugnisse? Wie Schüler. Lehrer und Eltern die schulische Beurteilungspraxis erleben. In: Pädagogik, 52. Jg./2000/Heft 9, S. 36–43.

Jervis, K.: The Concept of Portfolios. Manuskript des Vortrags auf der Tagung »Leistung sehen, fördern, werten« am 23.09.2000 im Oberstufen-Kolleg der Universität Bielefeld 2000.

Jörg, H.: Freinet, die Bewegung »Moderne Schule« und das französische Schulwesen heute. In: Freinet, C.: Die moderne französische Schule. Besorgt von Hans Jörg. Schöningh, Paderborn 1965, S. 144–267.

Jürgens, E.: Der Schülerbeobachtungsbogen in der Orientierungsstufe des Landes Bremen. Eine empirische Untersuchung zur Beurteilung des Schülerbeobachtungsbogens durch Lehrer. Lang, Frankfurt a.M. 1983.

Jürgens, E.: Beobachtung, Beschreibung, Beurteilung – Ein Merkmalsbogen zur Lernverhaltensbeschreibung. In: Praxis Schule 5–10, 3. Jg./1992/Heft 2, S. 39–41 und 57–59.

Jürgens, E.: Leistung und Beurteilung in der Schule. Academia, Sankt Augustin ^{3}1992.

Jürgens, E. (Hrsg.): Erprobte Wochenplan- und Freiarbeits-Ideen in der Sekundarstufe I. Agentur Dieck, Heinsbach 1994.

Jürgens, E.: Die neue Reformpädagogik und die Bewegung Offener Unterricht. Academia, Sankt Augustin ^{2}1995.

Jürgens, E.: Offener Unterricht im Spiegel empirischer Forschung. In: Pädagogische Rundschau, 51. Jg./1997/Heft 6, S. 677–697.

Jürgens, E.: Didaktische Grundkonzepte in der Freiarbeitspraxis der Grundschule und der Sekundarstufe I. Oldenburger Vor-Drucke des Zentrums für pädagogische Berufspraxis, Oldenburg Heft 381/1998.

Jürgens, E.: Zeugnisse ohne Noten. Ein Weg zur differenzierten Leistungserziehung. Westermann, Braunschweig 1999.

Jürgens, E./Sacher, W.: Leistungserziehung und Leistungsbeurteilung. Luchterhand, Neuwied 2000.

Kanders, M.: Das Bild der Schule aus der Sicht der Schüler und Lehrer II. Institut für Schulentwicklung, Dortmund 2000.

Kanders, M./Rösner, E./Rolff, H.-G.: Das Bild der Schule aus der Sicht von Schülern und Lehrern – Ergebnisse zweier IFS-Repräsentativbefragungen. In: Rolff, H.-G./Bauer, K.-O./Klemm, K./Pfeiffer, H. (Hrsg.): Jahrbuch der Schulentwicklung Bd. 9. Juventa, Weinheim und München 1996, S. 57–114.

Kasper, H.: Die englische Grundschule. Neue Aspekte im Plowden Report. In: Zeitschrift für Pädagogik, 13. Jg./1967, S. 474–490.

Kempfert, G./Rolff, H.-G.: Pädagogische Qualitätsentwicklung. Beltz, Weinheim und Basel 1999.

Klafki, W.: Neue Studien zur Bildungstheorie und Didaktik. Beltz, Weinheim und Basel ^{3}1993, S. 209–249.

Klein-Landeck, M.: Freie Arbeit bei Maria Montessori und Peter Petersen. Lit Verlag, Münster 1997.

Klippert, H.: Methoden-Training. Beltz, Weinheim und Basel ^{2}1994.

Klippert, H.: Kommunikationstraining. Beltz, Weinheim und Basel 1995.

Klippert, H.: Teamentwicklung im Klassenraum. Beltz, Weinheim und Basel 1998.

Klippert, H.: Pädagogische Schulentwicklung. Beltz, Weinheim und Basel 2000.
Knoll, M.: Grundmodelle des Projektunterrichts. Versuch zur Klärung eines unübersichtlichen Konzepts. In: Pädagogisches Handeln, 4. Jg./2000/Heft 1, S. 67–76.
Koch, S.: Freie Arbeit als pädagogisches Motiv in der Reformpädagogik dargestellt anhand der pädagogischen Konzeptionen Maria Montessoris, Helen Parkhursts, Hugo Gaudigs, Peter Petersen und Célestin Freinet. [unveröffentlichte Dissertation, PH Ludwigsburg] 1996.
Krieger, C.G.: Mut zur Freiarbeit. Schneider Verlag Hohengehren, Baltmannsweiler 1994.
Krohne, H.: Angst- und Angstverarbeitung. Kohlhammer, Stuttgart 1975.
Kunert, K.: Theorie und Praxis des Offenen Unterrichts. Koesel, München 1978.
Lamnek, S.: Qualitative Sozialforschung. Bd. 1: Methodologie. PsychologieVerlagsUnion, Weinheim und Basel [3]1995a.
Lamnek, S.: Qualitative Sozialforschung. Bd. 2: Methoden und Techniken. PsychologieVerlagsUnion, Weinheim und Basel [3]1995b.
Landesinstitut für Schule und Weiterbildung Nordrhein-Westfalen: Freiarbeit in der Sekundarstufe I. Soester Verlagskontor, Soest [3]1993.
Landesinstitut für Schule und Weiterbildung Nordrhein-Westfalen: Europäisches Portfolio der Sprachen. Druckverlag Kettler, Soest 2000.
Langer, A./Langer, H./Theimer, H.: Lehrer beobachten und beurteilen Schüler. Prögel Praxis 181, Oldenbourg, München [5]1996.
Legutke, M./Lortz, W.: Mein Sprachenportfolio. Diesterweg, Frankfurt a.M. 2002.
Lewin, K.: Die Lösung sozialer Konflikte. Ausgewählte Abhandlungen über Gruppendynamik. ChristianVerlag, Bad Nauheim 1953.
Lienert, G. A.: Schulnoten – Evaluation. Athenäum, Frankfurt a.M. 1987.
Lienert, G./Raatz, U.: Testaufbau und Testanalyse. PsychologieVerlagsUnion, Weinheim [5]1994.
Lissmann, U.: Probleme und Möglichkeiten der Schülerbeurteilung – Folienatlas. Verlag Empirische Pädagogik, Landau 1998.
Lissmann, U.: Beurteilung und Beurteilungsprobleme bei Portfolios. In: Jäger, R. S. (Hrsg.): Von der Beobachtung zur Notengebung. Ein Lehrbuch. Diagnostik und Benotung in der Aus-, Fort- und Weiterbildung. Mit einem Beitrag von Urban Lissmann. Verlag Empirische Pädagogik, Landau 2000, S. 284–330.
Lissmann, U.: Die Schule braucht eine neue pädagogische Diagnostik. Formen, Bedingungen und Möglichkeiten der Portfoliobeurteilung. In: Die Deutsche Schule, 93. Jg./2001/Heft 4, S. 486–497.
Löwisch, D.-J.: Kompetentes Handeln. Bausteine für eine lebensweltbezogene Bildung. Wissenschaftliche Buchgesellschaft, Darmstadt 2000.
Lübke, S.-I.: Schule ohne Noten. Lernberichte in der Praxis der Laborschule. Leske + Budrich, Opladen 1996.
Lumpe, A./Meyer, M.E. (1999): Die »besondere Lernleistung«. In: Pädagogik, 51. Jg./ Heft 6, S. 38–41.
Mack, W.: Bildung und Bewältigung. Deutscher Studien Verlag, Weinheim 1999.
Mayer, W.G.: Freie Arbeit in der Primarstufe und in der Sekundarstufe bis zum Abitur. Agentur Dieck, Heinsberg 1992.
Mayring, P.: Einführung in die qualitative Sozialforschung. PsychologieVerlagsUnion, Weinheim und Basel [4]1999.
Mertens, D.: Schlüsselqualifikationen. Thesen zur Schulung für eine moderne Gesellschaft. In: Mitteilungen, 7. Jg./1974/Heft 1, S. 36–43.
Meyer, E.: Gruppenunterricht – Grundlegung und Beispiel. Wunderlich, Oberursel/Taunus [7]1975.

Meyer, M.A.: Prüfen und Beurteilen in anderen Ländern. Beispiele aus Frankreich, Dänemark, England und den USA. In: Friedrich-Jahresheft XIV: Prüfen und Beurteilen. Friedrich Verlag, Seelze 1996, S. 80–83.

Ministerium für Kultus, Jugend und Sport (MKJS) Baden-Württemberg (Hrsg.): Projektprüfung. Leistungsmessung in der Hauptschule. Stuttgart 2001.

Mollenhauer, K.: Das pädagogische Phänomen Beratung. In: Mollenhauer, K./Müller, C.W. (Hrsg.): Führung und Beratung in pädagogischer Sicht. Quelle & Meyer, Heidelberg 1965, S. 25–41.

Mollenhauer, K./Müller, C.W.: Führung und Beratung in pädagogischer Sicht. Quelle & Meyer, Heidelberg 1965.

Nuding, A.: Beurteilen durch Beobachten. Schneider Verlag Hohengehren, Baltmannsweiler 1997.

Oelkers, J.: Reformpädagogik. Eine kritische Dogmengeschichte. Juventa, Weinheim und München 1996.

Olechowski, R./Persy, E. (Hrsg.): Fördernde Leistungsbeurteilung. Jugend und Volk, Wien und München 1987.

Olechowski, R./Rieder, K. (Hrsg.): Motivieren ohne Noten. Jugend und Volk, Wien und München 1990.

Pasche, W.: Leistungsbeurteilung in einem Gerichtsprozessspiel. In: Grunder, H.-U./Bohl, T. (Hrsg.): Neue Formen der Leistungsbeurteilung in den Sekundarstufen I und II. Schneider Verlag Hohengehren, Baltmannsweiler 2001, S. 181–200.

Petersen, P.: Der kleine Jena-Plan. Beltz, Weinheim 42./46. Aufl. 1965.

Peterßen, W.: Lehreraufgabe Unterrichtsplanung. Das Weingartener Planungsmodell. Oldenbourg, München 2003.

Petri, G.: Idee, Realität und Entwicklungsmöglichkeiten des Projektlernens. Bundesministerium für Unterricht, Kunst und Sport, Zentrum für Schulversuche und Schulentwicklung, Abt. II., Graz 1991.

Popp, S.: Der Daltonplan in Theorie und Praxis. Klinkhardt, Bad Heilbrunn 1995.

Potthoff, W.: Grundlage und Praxis der Freiarbeit. Reformpädagogischer Verlag Jörg Potthoff, Freiburg i.Br. [4]1990.

Potthoff, W.: Beobachtung und Beurteilung von Schüler/innen im offenen Unterricht. Reformpädagogischer Verlag Jörg Potthoff, Freiburg i.Br. 1996.

Reusser, K.: Die Rolle von Lehrerinnen und Lehrern neu denken. Kognitionspädagogische Anmerkungen zur neuen Lernkultur. In: Beiträge zur Lehrerbildung, 12. Jg./1994/Heft 2, S. 19–37.

Rheinberg, F.: Soziale versus individuelle Leistungsvergleiche und ihre motivationalen Folgen in Lehr-Lernsituationen. In: Olechowski, R./Persy, E. (Hrsg.): Fördernde Leistungsbeurteilung. Jugend und Volk, Wien und München 1987, S. 80–115.

Rolff, H.-G./Schley, W.: Bezugstheorien aus der Personalentwicklung. In: Journal für Schulentwicklung, 2000, Heft 4, S. 44–59.

Rössler, M./Hermann, U.: Thema: Kopfnoten als Erziehungsmittel. Pädagogik – Kontrovers Pro. In: Pädagogik, 52. Jg./2000/Heft 10, S. 60–61.

Rotering-Steinberg, S.: Gruppenpuzzle und Gruppenrallye. Beispiele für kooperative Arbeitsformen. In: Pädagogik, 44. Jg./1992/Heft 5, S. 43–48.

Roth, L.: Effektivität von Unterrichtsmethoden. Empirische Untersuchungen zu Wirkungen der Organisationsformen von Lernbedingungen. Schroedel, Berlin und Hannover 1971.

Ruf, U./Gallin, P.: Dialogisches Lernen in Sprache und Mathematik. Bd. 1: Austausch unter Ungleichen. Grundzüge einer interaktiven und fächerübergreifenden Didaktik. Kallmeyer, Seelze-Velber 1999.

Ruf, U./Gallin, P.: Dialogisches Lernen in Sprache und Mathematik. Bd. 2: Spuren legen – Spuren lesen. Unterricht mit Kernideen und Reisetagebüchern. Kallmeyer, Seelze-Velber 1999.

Rutter, M./Maughan, B./Mortimer, P/Ouston, J.: Fünfzehntausend Stunden. Beltz, Weinheim 1979.

Sacher, W.: Leistungen entwickeln, überprüfen und beurteilen. Grundlagen, Hilfen und Denkanstöße für alle Schularten. 3., überarbeitete und erweiterte Auflage 2001.

Schallies, M./Wellensiek, A./Lembens, A.: Portfolio als Lehr- und Lerninstrument im Problemorientierten Unterricht. In: Ethik und Unterricht, 11. Jg./2000/Heft 3, S. 30–34.

Scheerer-Neumann, G.: Was kommt schon dabei raus? Lernen und Leisten in offenen Lernsituationen. In: Grundschule, 21. Jg./1989/Heft 1, S. 51–55.

Schratz, M.: Unterrichtsforschung als Beitrag zur Schulentwicklung. In: Rolff, H.-G. (Hrsg.): Zukunftsfelder der Schulforschung. Deutscher Studien Verlag, Weinheim 1995, S. 267–298.

Schratz, M.: Gemeinsam Schule lebendig gestalten. Beltz, Weinheim und Basel 1996.

Schratz, M./Iby, M./Radnitzky, E.: Qualitätsentwicklung. Verfahren, Methoden, Instrumente. Beltz, Weinheim und Basel 2000.

Schubert, G.: Schulentwicklung konkret. Beltz, Weinheim und Basel 1998.

Schulz von Thun, F.: Verfahren zur Selbstbeurteilung von Schülern. In: Klauer, K.J. (Hrsg): Handbuch der Pädagogischen Diagnostik (Studienausgabe), Bd. 2. Schwann, Düsseldorf 1982, S. 749–757.

Schwarz, J.: Die eigenen Stärken veröffentlichen. Portfolios als Lernstrategie und alternative Leistungsbeurteilung. In: Becker, G./Ilsemann, C. v./Schratz, M. (Hrsg.): Qualität entwickeln: evaluieren. Friedrich Jahresheft XIX. Friedrich, Seelze 2001, S. 24–27.

Sehrbrock, P.: Freiarbeit in der Sekundarstufe I. Cornelsen Scriptor, Frankfurt a.M. 1993.

Siebert, H.: Lernen als Konstruktion von Lebenswelten. Entwurf einer konstruktivistischen Didaktik. VAS, Frankfurt a.M. 1994.

Struck, P.: Neue Lehrer braucht das Land. Ein Plädoyer für eine zeitgemäße Schule. Wissenschaftliche Buchgesellschaft, Darmstadt 1994.

Terhart, E.: Lehrerberuf und Professionalität. In: Dewe, B./Ferchhoff, W./Radtke, E.O. (Hrsg.): Die Bildungsarbeiter. Juventa, Weinheim und München 1992, S. 171–201.

Terhart, E.: Schüler beurteilen – Zensuren geben. Wie Lehrerinnen und Lehrer mit einem leidigen aber unausweichlichen Element ihres Berufsalltags umgehen. In: Beutel, S.-I./Vollstädt, W. (Hrsg.): Leistung ermitteln und bewerten. Bergmann und Helbig, Hamburg 2000a, S. 39–50.

Terhart, E.: Perspektiven der Lehrerbildung in Deutschland. Abschlussbericht der von der Kultusministerkonferenz eingesetzten Kommission. Beltz, Weinheim und Basel 2000b.

Terhart, E./Czerwenka, K./Ehrich, K./Jordan, F./Schmidt, H.J.: Berufsbiographien von Lehrern und Lehrerinnen. Lang, Frankfurt a.M. 1994.

Traub, S.: Freiarbeit in der Realschule. Analyse eines Unterrichtsversuchs. Verlag Empirische Pädagogik, Landau 1997.

Uhl, S.: Zur Wirksamkeit neuer Lehr- und Lernverfahren. In: Lehren und Lernen, 22. Jg./1996/Heft 12, S. 14–27.

Ullrich, H.: Waldorfpädagogik und okkulte Weltanschauung. Eine bildungsphilosophische und geistesgeschichtliche Auseinandersetzung mit der Anthropologie Rudolf Steiners. Juventa, Weinheim und München 1986.

Vaupel, D.: Das Wochenplanbuch für die Sekundarstufe. Schritte zum selbstständigen Lernen. Beltz, Weinheim und Basel 1994.

Viebahn, P.: Schülerselbstbeurteilung in der Leistungsdiagnostik. In: Unterrichtswissenschaft, 10. Jg./1982, S. 59–72.

Vierlinger, R.: Leistung spricht für sich selbst. Direkte Leistungsvorlage (Portfolios) statt Ziffernzensuren und Notenfetischismus. Dieck-Verlag, Heinsberg 1999.

Wahl, D./Weinert, F.E./Huber, G.L.: Psychologie für die Schulpraxis. Koesel, München 1984.

Wahl, D./Wölfing, W./Rapp, G./Heger, D. (Hrsg.) (1992): Erwachsenenbildung konkret: mehrphasiges Dozententraining: eine neue Form erwachsenendidaktischer Ausbildung von Referenten und Dozenten. Weinheim: Deutscher Studienverlag.

Wallrabenstein, W.: Offene Schule – offener Unterricht. Rowohlt, Reinbek 1991.

Weigert, H./Weigert, E.: Schülerbeobachtung. Beltz, Weinheim und Basel 1993.

Weinert, F.E.: Lernen lernen und das eigene Lernen verstehen. In: Reusser, K./Reusser-Weyeneth, M. (Hrsg.): Verstehen – Psychologischer Prozess und didaktische Aufgabe. Huber, Bern 1994, S. 183–205.

Weinert, F. E./Helmke, A.: Learning from wise mother nature or big brother instructor: The wrong choice as seen from an educational perspective. In: Educational Psychologist, 30. Jg./1995, S.135–142.

Weinert, F.E.: Für und Wider die neuen Lerntheorien als Grundlagen pädagogisch-psychologischer Forschung. In: Zeitschrift für Pädagogische Psychologie, 10. Jg./1996/Heft 1, S. 1–12.

Weinert, F.E.: Vermittlung von Schlüsselqualifikationen. In: Matalik, S./Schade, D. (Hrsg.): Entwicklungen in Aus- und Weiterbildung. Nomos, Baden-Baden 1998, S. 23–43.

Weinert, F.E./Helmke, A.: Schulleistungen – Leistungen der Schule oder des Kindes? In: Steffens, U./Bargel, T. (Hrsg.): Untersuchungen zur Qualität des Unterrichts. Beiträge aus dem Arbeitskreis »Qualität von Schule« Heft 3. Hessisches Institut für Bildungsplanung und Schulentwicklung, Wiesbaden und Konstanz 1987, S. 17–31.

Wester, F.: Offener Unterricht und Leistungsbewertung. In: Beutel, S.-I./Vollstädt, W. (Hrsg.): Leistung ermitteln und bewerten. Bergmann und Helbig, Hamburg 2000, S. 113–128.

Winkel, R.: Offener oder Beweglicher Unterricht. In: Die Deutsche Schule, 70. Jg./1993/Heft 11, S. 12–14.

Winter, F.: Schüler lernen Selbstbewertung. Ein Weg zur Veränderung der Leistungsbeurteilung und des Lernens. Lang, Frankfurt a.M. 1991.

Winter, F.: Schülerselbstbewertung. Die Kommunikation über Leistung verbessern. In: Friedrich-Jahresheft XIV: Prüfen und Beurteilen. Friedrich Verlag, Seelze 1996, S. 34–37.

Winter, F.: Guter Unterricht zeigt sich in seinen Werken. In: Lernende Schule, 3. Jg./2000a/Heft 11, S. 42–46.

Winter, F.: Die »Gretchenfrage«. Wie halten wir es mit der Leistungsbeurteilung? In: Böttcher, W./Philipp, E. (Hrsg.): Mit Schülern Unterricht und Schule entwickeln. Beltz, Weinheim und Basel 2000b, S. 102–122.

Winter, F.: Chance für Schüler und Schule. Prüfung mit Portfolios. In: Erziehung und Wissenschaft, Heft 2, 2002, S. 22 und 27.

Winter, F.: Person – Prozess – Produkt. Das Portfolio und der Zusammenhang der Aufgaben. In: Friedrich Jahresheft XXI: Aufgaben. Lernen fördern – Selbstständigkeit entwickeln. Friedrich Verlag, Seelze 2003, S. 78–81.

Lehrerbildung

Jürgen Bennack
Schulaufgabe: Unterricht
Zeitgemäß unterrichten können
Beltz Pädagogik.
Studientexte für das Lehramt, Band 7.
Herausgegeben von Eiko Jürgens.
3., überarb. und erw. Auflage 2004.
130 Seiten. Broschiert.
ISBN 3-407-25294-3

Schülerorientierter Unterricht wird in seinen Grundzügen und zentralen didaktischen Fragestellungen praxisorientiert vorgestellt.

Schule ist Unterricht – Unterricht ist Schule! Auf diese knappe Formel lässt sich die öffentliche Wahrnehmung immer noch reduzieren, wenn von Schule die Rede ist oder über die Qualität dieser Institution debattiert wird.
Der Band leistet einen wichtigen Beitrag zur optimalen Qualifizierung von Lehrerinnen und Lehrern im Studium, im Referendariat oder in Fort- und Weiterbildung, um sie zu zeitgemäßem und bildungswirksamem Unterrichten zu befähigen.

Aus dem Inhalt: Ziele des Schulunterrichts; Bedingungen des Lehrens und Lernens in der Schule; Grundlagen der Unterrichtsgestaltung; Lehr-/Lernmethoden des Unterrichts; Planung schulischen Lehrens und Lernens; Planungsbeispiele; Lehr-/Lernanalyse.

»Ein exzellenter Text, um angehenden Lehrern die Ziele, die Bedingungen, die Grundlagen, die Methoden, Planungen und Analysen eines zeitgemäßen Unterrichts nahe zu bringen.«
(*PÄD-Forum*)

 Beltz Verlag · Postfach 100154 · 69441 Weinheim

Weitere Infos und Ladenpreis: www.beltz.de

Reihe »Studientexte für das Lehramt«

Zurzeit lieferbare Titel

Band 2
Jürgen Bennack
Schulproblem: Erziehung
Grundlagen, Beispiele, Lösungen.
156 Seiten. Broschiert.
ISBN 3-407-25289-7

Band 3
Ullrich Amlung/Uli Jungbluth
Seminarwerkstatt Offener Unterricht
Am Beispiel Adolf Reichweins lernen.
160 Seiten. Broschiert.
ISBN 3-407-25290-0

Band 5
Wilhelm Topsch
Grundkompetenz: Schriftspracherwerb
132 Seiten. Broschiert.
ISBN 3-407-25292-7

Band 6
Eiko Jürgens/ Werner Sacher
**Leistungserziehung
und Leistungsbeurteilung**
Schulpädagogische Grundlegung und
Anregung für die Praxis.
152 Seiten. Broschiert.
ISBN 3-407-25293-5

Band 7
Jürgen Bennack
Schulaufgabe: Unterricht
Zeitgemäss unterrichten können.
3., überarbeitete und erweiterte Auflage 2004.
130 Seiten. Broschiert.
ISBN 3-407-25294-3

Band 8
Karl-Heinz Arnold/Eiko Jürgens
Schülerbeurteilung ohne Zensuren
136 Seiten. Broschiert.
ISBN 3-407-25295-1

Band 9
Arnulf Hopf
**Lebensprobleme und Lernprobleme
von Schülern**
120 Seiten. Broschiert.
ISBN 3-407-25296-X

Band 10
Rainer Lersch
Gemeinsamer Unterricht
Schulische Integration Behinderter.
120 Seiten. Broschiert.
ISBN 3-407-25297-8

Band 11
Thorsten Bohl
**Prüfen und Bewerten
im Offenen Unterricht**
2., erweiterte Auflage 2004.
166 Seiten. Broschiert.
ISBN 3-407-25298-6

Band 14
Arnulf Hopf
Sexualerziehung
Unterrichtsprinzip in allen Fächern.
140 Seiten. Broschiert.
ISBN 3-407-25301-X

Band 15
Hannelore Faulstich-Wieland
Sozialisation in Schule und Unterricht
140 Seiten. Broschiert.
ISBN 3-407-25305-2

 Beltz Verlag · Postfach 100154 · 69441 Weinheim

Weitere Infos und Ladenpreise: www.beltz.de